상상 그 이상

모두의 새롭고 유익한 즐거움이
비상의 즐거움이기에

아무도 해보지 못한 콘텐츠를 만들어
학교에 새로운 활기를 불어넣고

전에 없던 플랫폼을 창조하여
배움이 더 즐거워지는 자기주도학습 환경을
실현해왔습니다

이제, 비상은
더 많은 이들의 행복한 경험과
성장에 기여하기 위해

글로벌 교육 문화 환경의
상상 그 이상을 실현해 나갑니다

상상을 실현하는 교육 문화 기업 비상

핵심만 빠르게~ 단기간에

내신 공부의 힘을 키운다

내공의 힘

사회·문화

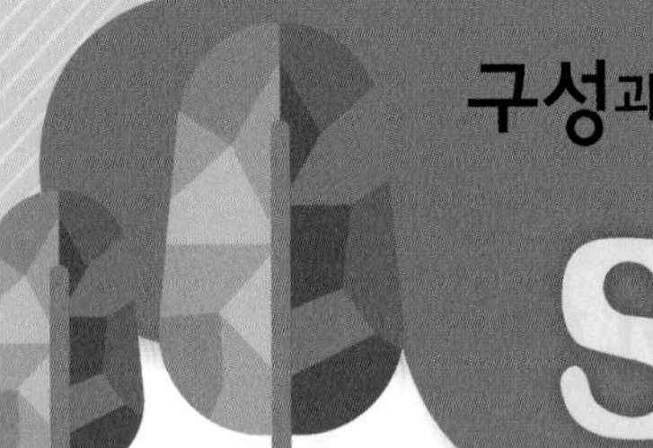

구성과 특징

STRUCTURE

내신 개념 정리

01 사회·문화 현상의 이해

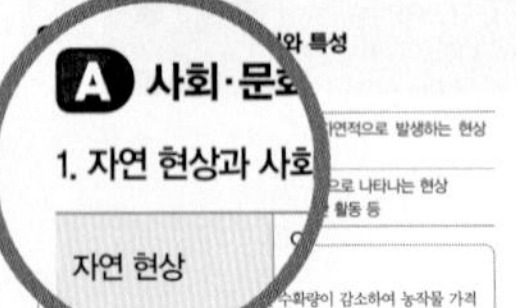

A 사회·문화 ...와 특성

1. 자연 현상과 사회 ...

자연 현상	...자연적으로 발생하는 현상
...	...으로 나타나는 현상 ... 활동 등

...수확량이 감소하여 농작물 가격

(나) 산업화 과정에서 화석 연료를 과도하게 사용하면서 지구의 기온이 크게 상승하였다.

(가)는 자연 현상이 사회·문화 현상에 영향을 미칠 수 있음을, (나)는 사회·문화 현상이 자연 현상에 영향을 미칠 수 있음을 보여 주는 사례이다. 이처럼 자연 현상과 사회·문화 현상은 별개로 존재하는 것이 아니라 서로 밀접하게 연관되어 있으며, 영향을 주고받는다.

★ 2. 자연 현상과 사회·문화 현상의 특성

(1) 자연 현상의 특성

'옳다.' 또는 '그르다.'와 같은 평가를 의미한다.

몰가치적	인간의 의지나 가치와 무관하게 존재함 → 가치 판단을 내릴 수 없음
존재 법칙	인간의 인식 여부와 상관없이 사실 그대로 존재하는 현상임
필연성과 인과 법칙	인과 관계가 분명하여 어떤 원인에 따른 결과가 필연적으로 발생함 → 법칙 발견을 통해 비교적 정확한 예측이 가능함
보편성	같은 조건에 따른 결과가 언제, 어디에서나 똑같이 나타남

(2) 사회·문화 현상의 특성

가치 함축적	인간의 의지와 가치가 내포되어 있음 → 가치 판단을 내릴 수 있음
당위 법칙	'마땅히 그러해야 한다.'와 같이 인간이 마땅히 지켜야 할 법칙이 있음
개연성과 확률의 원리	일정한 조건 아래에서 어떤 결과가 발생할 가능성이 확률적으로 높을 뿐이고, 그 인과 관계가 필연적인 것은 아님 → 현상의 원인과 결과에 있어 예외가 존재함
보편성과 특수성의 공존	모든 시대나 사회에서 동일한 현상이 나타난다는 점에서 보편성을 지니며, 그 구체적인 모습은 시대나 사회적 상황에 따라 다르게 나타난다는 점에서 특수성을 지님

B 사회 과학의 등장과 최근 연구 경향

1. 사회 과학의 발달 과정

(1) 사회 과학의 성립: 근대 이후 자연 과학의 발달로 사회·문화 현상에 관한 과학적 탐구가 이루어지게 됨

(2) 사회 과학의 발달: 사회 구조가 분화되고 사회·문화 현상이 복잡해지면서 사회 과학은 여러 학문으로 분화되어 더욱 체계적이고 과학적인 연구가 이루어졌음 (예 정치학, 경제학, 사회학, 문화 인류학 등)

2. 사회 과학의 연구 경향

(1) 전문화·세분화 경향: 특정 현상을 더욱 세밀하고 심층적으로 연구하는 경향이 나타남 (예 사회학이 도시 사회학, 농촌 사회학, 노인 사회학 등으로 분화하였다.)

(2) 간학문적 탐구 경향: 사회·문화 현상의 총체적 이해를 위해 개별 학문의 관점이나 연구 성과를 종합하는 경향이 나타남 (예 성 불평등 현상을 사회학, 경제학, 법학, 정치학 등 여러 학문의 이론과 방법을 사용하여 종합적으로 탐구한다.)

C 사회·문화 현상을 보는 관점

1. 거시적 관점과 미시적 관점

거시적 관점	미시적 관점
사회 제도나 구조에 초점을 두고 사회라는 큰 체계 속에서 사회·문화 현상을 이해하려는 관점 예 기능론, 갈등론	사회적 행위자인 개인 간의 상호 작용이나 개인의 행위에 초점을 맞추어 사회·문화 현상을 이해하려는 관점 예 상징적 상호 작용론

실업 문제를 바라보는 거시적 관점과 미시적 관점

- 갑: 실업은 산업 구조의 변화에 그 원인이 있습니다. 산업 구조의 중심이 섬유, 건설 등에서 반도체, 정보 기술(IT) 등과 같이 고용 창출 효과가 작은 산업으로 옮겨 갔기 때문입니다.
- 을: 실업 문제는 실업자가 주변 사람들과 상호 작용하면서 낙오자로 인식되는 과정에 초점을 두어야 합니다. 사회 구성원이 실업자를 무능력자, 낙오자, 게으른 사람 등으로 바라보면 실업자는 더욱더 위축되어 사회에 적응하지 못하게 됩니다.

갑은 거시적 관점, 을은 미시적 관점에서 실업 문제를 바라보고 있다. 거시적 관점은 사회 구성원의 행위가 그들이 속한 사회 구조적 특성으로부터 강한 영향을 받는다고 보는 반면, 미시적 관점은 인간이 자율성을 갖고 사회·문화 현상을 구성해 가는 주체라고 본다.

★ 2. 사회·문화 현상을 보는 다양한 관점

(1) 기능론

문제가 되는 부분이 원래의 기능을 회복하면 사회는 다시 안정을 이룬다고 본다.

사회에 대한 인식	사회를 하나의 살아 있는 유기체로 보고, 사회를 이루는 사회 제도나 집단 등이 상호 연관되어 있다고 봄
기본 입장	• 사회 각 부분의 기능과 역할은 사회 전체적으로 합의된 것임 • 사회의 통합과 안정, 조화와 균형을 중시함 → 사회 문제와 갈등은 사회 구성 요소가 제 기능을 수행하지 못해 발생하는 현상임
장점	사회 질서와 조화를 설명하는 데 유용함
한계	• 혁명과 같은 급진적인 사회 변동을 설명하기 어려움 • 지배 집단의 이익을 옹호하고 사회 변동을 거부하는 보수적인 논리로 이용될 우려가 있음

시험에 자주 나오는 주제를 선별하여 교과 내용을 정리하였습니다. 한눈에 들어오는 표, 흐름도, 자료 등으로 단원의 핵심 개념을 효율적으로 학습할 수 있습니다.

단계적 문제 풀이

★ 표시는 시험 전에 확인해 주세요.

(가) A + B → A

(나) A + B → A B

(다) A + B → C

• A, B, C는 문화 요소, +는 접촉 ➡는 결과를 의미함

문화 변동의 다양한 모습 | (가)는 한 사회의 문화가 다른 사회의 문화 체계 속에 흡수되는 문화 동화를 나타낸다. (나)는 서로 다른 문화 요소가 한 사회의 문화 체계 속에 공존하는 문화 공존(문화 병존)을 나타내며, (다)는 서로 다른 문화 요소가 결합하여 새로운 문화 요소가 등장한 문화 융합을 나타낸다. 이때 문화 공존이나 문화 융합과 달리 문화 동화는 문화가 변동하는 과정에서 자문화의 정체성을 상실할 우려가 있다.

C 문화 변동 과정의 문제점과 대응 방안

1. 문화 변동 과정에서 발생하는 문제점

아노미 현상	문화 변동 과정에서 기존의 전통적 규범과 가치관이 무너졌으나, 이를 대체할 새로운 규범이 아직 정립되지 못하여 혼란과 무규범 상태에 빠지는 현상
문화 지체	물질문화의 빠른 변동 속도를 비물질문화의 변동 속도가 따라가지 못하여 나타나는 문화 요소 간의 부조화 현상
집단 간 갈등	새로운 문화 요소가 등장하였을 때 이를 받아들이려는 집단과 기존 문화를 유지하려는 집단 간에 갈등이 발생할 수 있음
문화 정체성 혼란	외래문화가 문화 변동을 주도할 경우 고유문화의 정체성이 약화하거나 정체성 혼란이 발생할 수 있음

문화 지체의 사례

최근 무인 항공기인 '드론'이 대중화되면서 드론을 취미나 여가 활동에 활용하는 사람들이 급격하게 늘어났다. 그러나 드론은 사람의 머리 위에서 아무런 제한 없이 촬영할 수 있기 때문에 초상권이나 사생활을 침해하는 등 심각한 사회 문제를 유발하고 있다.

제시된 사례에서는 드론과 같은 기술은 발달하였지만, 이를 사용하는 사람들의 예절 및 의식 수준이 그에 미치지 못하는 문화 지체 현상이 나타나 있다. (드론 → 물질문화, 예절 및 의식 수준 → 비물질문화)

2. 문화 변동의 문제점에 대한 대응 방안

(1) 관용의 자세: 다양한 문화 요소의 특징과 차이를 인지하고 문화 요소 간의 조화와 공존을 위해 노력해야 함

(2) 능동적·주체적 수용: 새로운 문화 요소 중 자기 문화에 필요하다고 판단되는 것은 적극적으로 수용하면서도 자문화의 정체성을 유지하기 위해 노력해야 함

(3) 새로운 사회 규범이나 제도 확립: 물질문화의 변동을 뒷받침할 수 있는 새로운 사회 규범이나 제도를 확립해야 함

1단계 개념 짚어 보기 (정답과 해설 20쪽)

01 ㉠, ㉡에 들어 ...각각 쓰시오.

> 문화는 새로운 ...나 다른 문화와의 접촉을 통해 끊임없이 ... 변동을 일으키는 내재적 요인에는 ... 새로운 문화 요소를 만들어 ...하고 있었지만 아직 알려 ...)이 있다.

02 ... 알맞은 말에 ○표를 하시오.

(1) 대중 매체를 통해 우리나라의 대중문화 요소가 외국에 전파되는 것은 (직접 전파, 간접 전파)에 해당한다.

(2) 다른 사회의 문화 요소에서 아이디어를 얻어 새로운 문화 요소를 만들어 내는 것을 (간접 전파, 자극 전파)라고 한다.

03 다음 빈칸에 들어갈 내용을 쓰시오.

(1) (　　　) 문화 접변은 정복이나 식민 지배 등과 같이 강제적인 힘에 의해 일어난다.

(2) 스스로의 필요에 의해 다른 사회의 문화 요소를 자기 사회의 문화 체계 속으로 받아들임으로써 나타나는 문화 변동을 (　　　) 문화 접변이라고 한다.

04 다음 사례에 해당하는 문화 변동 양상을 〈보기〉에서 골라 기호를 쓰시오.

보기: ㄱ. 문화 공존　ㄴ. 문화 동화　ㄷ. 문화 융합

(1) 아메리카 대륙의 원주민들은 백인 문화와 접촉하면서 고유의 문화를 상실하였다. (　　)

(2) 미국에서 아프리카 흑인 음악의 리듬과 유럽 백인 음악의 악기가 만나 재즈가 탄생하였다. (　　)

(3) 미국의 식민 지배를 받은 필리핀에서는 필리핀 고유어인 타갈로그어와 영어를 함께 사용하고 있다. (　　)

05 다음 설명이 맞으면 ○표, 틀리면 ×표를 하시오.

(1) 문화 변동으로 새로 유입되는 문화 요소는 변형하지 않고 있는 그대로 받아들여야 한다. (　　)

(2) 문화 변동으로 기존의 가치 규범이 무너졌지만 새로운 가치 규범이 형성되지 않아 혼란이 초래되는 현상을 아노미 현상이라고 한다. (　　)

1단계 개념 짚어 보기

단원의 핵심 개념을 잘 이해했는지 단답형 문제를 통해 꼼꼼하게 체크할 수 있습니다.

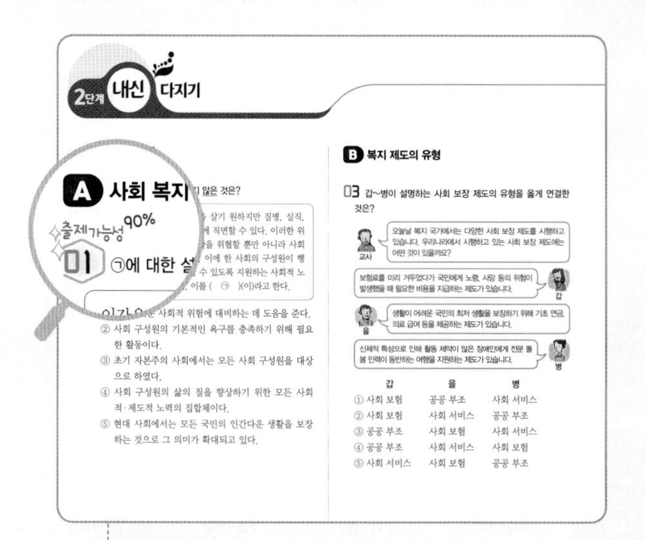

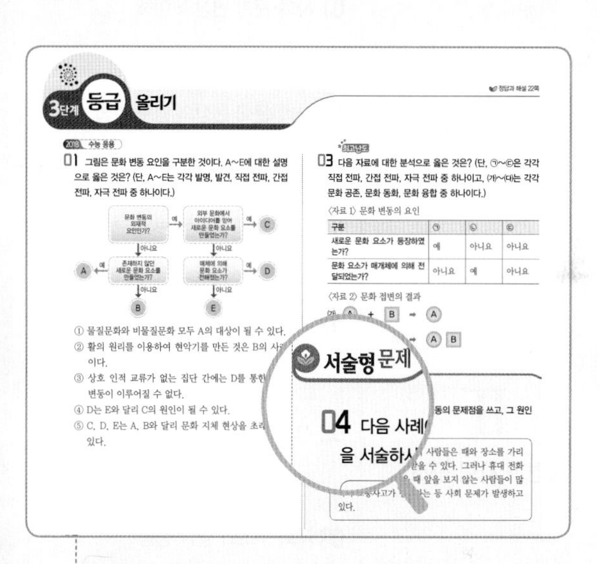

2단계 내신 다지기

교과서를 철저히 분석하여 학교 시험에 출제될 가능성이 높은 문제로만 구성하였습니다. 핵심 자료를 활용한 다양한 문제로 실전 감각을 키울 수 있습니다.

3단계 등급 올리기

내신 1등급 달성에 도움을 주는 통합형 문제와 서술형 문제를 구성하였습니다. 고난도 문제를 통해 사고력과 응용력을 향상시킬 수 있습니다.

내공 점검

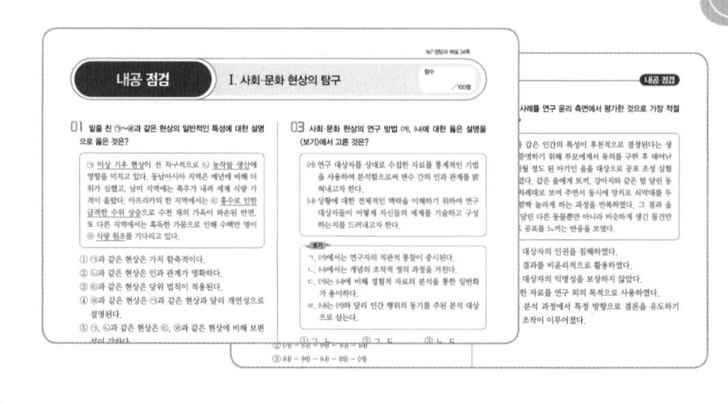

- 대단원별로 시험 대비 실전 문제를 구성하였습니다. 중간·기말 고사 직전에 자신의 실력을 최종 점검할 수 있습니다.

내공과 내 교과서 단원 비교하기

단원명		내공	비상교육	미래엔	천재교육	지학사
Ⅰ 사회·문화 현상의 탐구	01 사회·문화 현상의 이해	8~13	10~21	12~21	12~21	12~19
	02 사회·문화 현상의 탐구 방법	14~21	22~33	22~33	22~35	20~37
	03 사회·문화 현상의 탐구 절차와 태도	22~27	34~45	34~43	36~49	38~45
Ⅱ 개인과 사회 구조	01 사회적 존재로서의 인간	28~35	50~61	50~67	54~65	52~67
	02 사회 집단과 사회 조직	36~41	62~73	68~77	66~77	68~77
	03 사회 구조와 일탈 행동	42~47	74~85	78~87	78~89	78~85
Ⅲ 문화와 일상생활	01 문화의 이해	48~55	90~99	94~105	94~103	92~101
	02 현대 사회의 문화 양상	56~61	100~111	106~117	104~117	102~117
	03 문화 변동의 양상과 대응	62~67	112~121	118~125	118~125	118~125

차례

CONTENTS

I 사회·문화 현상의 탐구

II 개인과 사회 구조

III 문화와 일상생활

사회 계층과 불평등

현대의 사회 변동

내공 점검

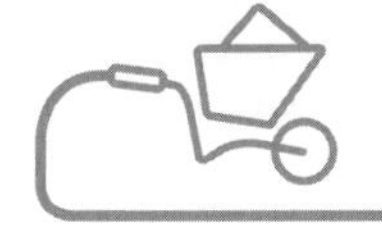

01 사회·문화 현상의 이해

A 사회·문화 현상의 의미와 특성

1. 자연 현상과 사회·문화 현상의 의미

자연 현상	인간의 의지와 상관없이 자연적으로 발생하는 현상 예) 폭염, 장마, 눈사태 등
사회·문화 현상	인간의 의지에 따라 인위적으로 나타나는 현상 예) 댐 건설, 교통 체증, 생산 활동 등

자연 현상과 사회·문화 현상의 관계

(가) 가뭄으로 농작물이 해를 입으면 수확량이 감소하여 농작물 가격이 크게 오른다.

(나) 산업화 과정에서 화석 연료를 과도하게 사용하면서 지구의 기온이 크게 상승하였다.

(가)는 자연 현상이 사회·문화 현상에 영향을 미칠 수 있음을, (나)는 사회·문화 현상이 자연 현상에 영향을 미칠 수 있음을 보여 주는 사례이다. 이처럼 자연 현상과 사회·문화 현상은 별개로 존재하는 것이 아니라 서로 밀접하게 연관되어 있으며, 영향을 주고받는다.

★ 2. 자연 현상과 사회·문화 현상의 특성

(1) 자연 현상의 특성

'옳다.' 또는 '그르다.'와 같은 평가를 의미한다.

몰가치적	인간의 의지나 가치와 무관하게 존재함 → 가치 판단을 내릴 수 없음
존재 법칙	인간의 인식 여부와 상관없이 사실 그대로 존재하는 현상임
필연성과 인과 법칙	인과 관계가 분명하여 어떤 원인에 따른 결과가 필연적으로 발생함 → 법칙 발견을 통해 비교적 정확한 예측이 가능함
보편성	같은 조건에 따른 결과가 언제, 어디에서나 똑같이 나타남

(2) 사회·문화 현상의 특성

가치 함축적	인간의 의지와 가치가 내포되어 있음 → 가치 판단을 내릴 수 있음
당위 법칙	'마땅히 그러해야 한다.'와 같이 인간이 마땅히 지켜야 할 법칙이 있음
개연성과 확률의 원리	일정한 조건 아래에서 어떤 결과가 발생할 가능성이 확률적으로 높을 뿐이고, 그 인과 관계가 필연적인 것은 아님 → 현상의 원인과 결과에 있어 예외가 존재함
보편성과 특수성의 공존	모든 시대나 사회에서 동일한 현상이 나타난다는 점에서 보편성을 지니며, 그 구체적인 모습은 시대나 사회적 상황에 따라 다르게 나타난다는 점에서 특수성을 지님

B 사회 과학의 등장과 최근 연구 경향

1. 사회 과학의 발달 과정

(1) 사회 과학의 성립: 근대 이후 자연 과학의 발달로 사회·문화 현상에 관한 과학적 탐구가 이루어지게 됨

(2) 사회 과학의 발달: 사회 구조가 분화되고 사회·문화 현상이 복잡해지면서 사회 과학은 여러 학문으로 분화되어 더욱 체계적이고 과학적인 연구가 이루어졌음

예) 정치학, 경제학, 사회학, 문화 인류학 등

2. 사회 과학의 연구 경향

(1) 전문화·세분화 경향: 특정 현상을 더욱 세밀하고 심층적으로 연구하는 경향이 나타남

예) 사회학이 도시 사회학, 농촌 사회학, 노인 사회학 등으로 분화하였다.

(2) 간학문적 탐구 경향: 사회·문화 현상의 총체적 이해를 위해 개별 학문의 관점이나 연구 성과를 종합하는 경향이 나타남

예) 성 불평등 현상을 사회학, 경제학, 법학, 정치학 등 여러 학문의 이론과 방법을 사용하여 종합적으로 탐구한다.

C 사회·문화 현상을 보는 관점

1. 거시적 관점과 미시적 관점

거시적 관점	미시적 관점
사회 제도나 구조에 초점을 두고 사회라는 큰 체계 속에서 사회·문화 현상을 이해하려는 관점 예) 기능론, 갈등론	사회적 행위자인 개인 간의 상호 작용이나 개인의 행위에 초점을 맞추어 사회·문화 현상을 이해하려는 관점 예) 상징적 상호 작용론

실업 문제를 바라보는 거시적 관점과 미시적 관점

- 갑: 실업은 산업 구조의 변화에 그 원인이 있습니다. 산업 구조의 중심이 섬유, 건설 등에서 반도체, 정보 기술(IT) 등과 같이 고용 창출 효과가 작은 산업으로 옮겨 갔기 때문입니다.
- 을: 실업 문제는 실업자가 주변 사람들과 상호 작용하면서 낙오자로 인식되는 과정에 초점을 두어야 합니다. 사회 구성원이 실업자를 무능력자, 낙오자, 게으른 사람 등으로 바라보면 실업자는 더욱더 위축되어 사회에 적응하지 못하게 됩니다.

갑은 거시적 관점, 을은 미시적 관점에서 실업 문제를 바라보고 있다. 거시적 관점은 사회 구성원의 행위가 그들이 속한 사회 구조적 특성으로부터 강한 영향을 받는다고 보는 반면, 미시적 관점은 인간이 자율성을 갖고 사회·문화 현상을 구성해 가는 주체라고 본다.

★ 2. 사회·문화 현상을 보는 다양한 관점

(1) 기능론

문제가 되는 부분이 원래의 기능을 회복하면 사회는 다시 안정을 이룬다고 본다.

사회에 대한 인식	사회를 하나의 살아 있는 유기체로 보고, 사회를 이루는 사회 제도나 집단 등이 상호 연관되어 있다고 봄
기본 입장	• 사회 각 부분의 기능과 역할은 사회 전체적으로 합의된 것임 • 사회의 통합과 안정, 조화와 균형을 중시함 → 사회 문제와 갈등은 사회 구성 요소가 제 기능을 수행하지 못해 발생하는 현상임
장점	사회 질서와 조화를 설명하는 데 유용함
한계	• 혁명과 같은 급진적인 사회 변동을 설명하기 어려움 • 지배 집단의 이익을 옹호하고 사회 변동을 거부하는 보수적인 논리로 이용될 우려가 있음

★ 표시는 시험 전에 확인해 주세요.

(2) 갈등론

사회에 대한 인식	사회를 사회적 희소가치(• 부, 명예, 권력 등)를 둘러싼 사회 구성원 간 갈등과 대립의 장이라고 봄
기본 입장	• 사회 각 부분의 기능과 역할은 지배 집단이 자신의 이익을 위해 규정한 것이며, 불평등을 재생산하는 도구에 불과함 • 갈등은 사회의 본질적인 속성이며, 자연스러운 현상임 → 갈등은 사회 변화와 사회 발전의 원동력이 됨
장점	사회 속에 존재하는 지배와 피지배의 관계와 갈등의 측면을 이해하는 데 유용함
한계	• 사회 각 부분 간의 복잡한 관계를 지배와 피지배의 관계로 단순화함 • 지나치게 갈등을 강조함으로써 현실 속에 존재하는 협동과 조화의 현상을 경시함

법을 바라보는 기능론과 갈등론의 입장

- 갑: 법은 사회 구성원 모두의 합의를 반영하여 제정됩니다. 이러한 법이 있으므로 사회 구성원 모두의 권리와 이익이 보장될 수 있고, 사회 질서를 유지할 수 있습니다.
- 을: 법은 지배 집단의 의도와 가치관을 반영하여 제정됩니다. 따라서 법은 지배 집단의 이익을 보장하고, 지배 집단이 피지배 집단을 억압하고 통제하기 위한 수단에 불과합니다.

갑은 사회의 유지에 도움을 주는 법의 기능과 역할을 강조하고 있으므로, 기능론의 입장에 해당한다. 을은 법을 지배 집단의 기득권을 유지하는 수단으로 보고 있으므로, 갈등론의 입장에 해당한다. 기능론은 사회의 본질을 조화와 균형이라고 보는 반면, 갈등론에서는 대립과 갈등이라고 본다.

(3) 상징적 상호 작용론

사회에 대한 인식	사회는 사람들이 다양한 상징(• 언어, 기호, 몸짓 등)을 활용하여 의미를 주고받는 상호 작용이 다양하게 얽혀서 나타나는 곳임
기본 입장	• 인간은 자신의 상황에 대해 각자 의미를 부여하고 해석하는 상황 정의를 토대로 행동함 • 사회·문화 현상의 의미는 그것이 발생하는 상황 맥락에 따라 달라질 수 있음 • 상징을 활용한 상호 작용과 사회 구성원인 인간 개인의 능동성을 강조함
장점	개인의 행위에 초점을 두어 사회·문화 현상을 심층적으로 이해할 수 있음
한계	개인의 행위에 영향을 미치는 사회 구조나 사회 제도의 측면을 소홀히 함

3. 사회·문화 현상을 보는 관점들의 조화와 균형

(1) 필요성: 각 관점은 특정한 측면에 초점을 두고 현상을 분석하므로 다른 측면을 소홀히 할 수 있음 → 어느 한 관점만이 타당하다고 보기 어려움

(2) 다양한 관점의 조화와 균형: 특정 관점이 갖는 장점과 한계를 비교하면서 여러 관점을 균형 있게 적용해야 함

정답과 해설 2쪽

01 다음 괄호 안의 내용 중 알맞은 말에 ○표를 하시오.

(1) 물이 위에서 아래로 흐르는 현상은 (자연, 사회·문화) 현상에 해당한다.

(2) 사회·문화 현상은 자연 현상과 달리 (당위 법칙, 존재 법칙)의 지배를 받는다.

(3) 사회·문화 현상은 시대나 사회에 따라 서로 다른 모습으로 나타난다는 점에서 (보편성, 특수성)을 갖는다.

02 자연 현상과 사회·문화 현상의 특성을 옳게 연결하시오.

(1) 자연 현상 •　　• ㉠ 몰가치적
　　　　　　　　• ㉡ 가치 함축적
(2) 사회·문화 현상 •　　• ㉢ 필연성과 인과 법칙
　　　　　　　　• ㉣ 개연성과 확률의 원리

03 다음 빈칸에 들어갈 내용을 쓰시오.

(1) 사회·문화 현상을 총체적으로 이해하기 위해 개별 학문의 연구 성과를 종합하는 (　　　　) 탐구가 등장하였다.

(2) 사회·문화 현상을 탐구할 때 사회 제도나 구조에 초점을 두는 것은 (　　　　) 관점이고, 개인 간의 상호 작용에 초점을 두는 것은 (　　　　) 관점이다.

04 다음 설명이 맞으면 ○표, 틀리면 ×표를 하시오.

(1) 기능론은 사회의 각 기능과 역할은 지배 집단이 자신의 이익을 위해 규정한 것이라고 본다. (　　)

(2) 갈등론은 사회의 구성 요소가 주어진 역할을 제대로 수행하지 못할 때 사회 문제가 발생한다고 본다. (　　)

(3) 상징적 상호 작용론은 인간이 자율성을 갖고 사회·문화 현상에 의미를 부여하는 주체라는 점을 강조한다. (　　)

05 다음 내용에 해당하는 사회·문화 현상을 바라보는 관점을 〈보기〉에서 골라 쓰시오.

보기
ㄱ. 기능론　　ㄴ. 갈등론　　ㄷ. 상징적 상호 작용론

(1) 갈등은 사회 변화와 발전의 원동력이다. (　　)

(2) 사회 각 부분의 기능과 역할은 사회 전체적으로 합의된 것이다. (　　)

(3) 인간은 어떤 상황을 규정하고 해석하는 상황 정의를 내리고 이에 따라 행동한다. (　　)

A 사회·문화 현상의 의미와 특성

01 (가)와 같은 현상과 달리 (나)와 같은 현상이 갖는 일반적인 특성으로 적절한 것을 <보기>에서 고른 것은?

(가)  (나) 

보기
ㄱ. 인과 관계를 파악하기 쉽다.
ㄴ. 존재 법칙의 지배를 받는다.
ㄷ. 인간의 의지가 개입되어 나타난다.
ㄹ. 현상의 원인과 결과의 관계에 있어서 예외가 존재한다.

① ㄱ, ㄴ ② ㄱ, ㄷ ③ ㄴ, ㄷ
④ ㄴ, ㄹ ⑤ ㄷ, ㄹ

02 (가), (나)와 같은 현상의 일반적인 특성에 대한 설명으로 옳은 것은?

(가) 이상 고온 현상으로 벚꽃이 예년에 비해 일찍 개화하였다.
(나) 벚꽃 축제를 즐기려는 사람들이 증가하면서 극심한 교통 체증이 나타났다.

① (가)와 같은 현상은 개연성의 원리가 주로 적용된다.
② (나)와 같은 현상은 당위 법칙의 적용을 받는다.
③ (가)와 같은 현상은 (나)와 같은 현상과 달리 가치 함축적이다.
④ (가)와 같은 현상은 (나)와 같은 현상과 달리 인과 관계가 나타난다.
⑤ (나)와 같은 현상은 (가)와 같은 현상에 비해 결과의 예측이 용이하다.

출제가능성 90%

03 밑줄 친 ㉠~㉣과 같은 현상의 일반적인 특성에 대한 설명으로 옳은 것은?

오늘도 ㉠ 폭염은 계속됩니다. 어제 영남 지방에는 폭염 특보 시행 이래 처음으로 5월에 ㉡ 폭염주의보가 내려졌습니다. 오늘도 전국이 대체로 맑겠지만 중부 지방은 안개와 먼지가 뒤엉켜 남아 있는 곳이 있겠습니다. 또 동해안 지방은 ㉢ 건조 특보가 발효 중인 가운데 대기가 무척 건조하겠습니다. 월요일 밤부터 수요일 오전 사이에는 전국에 ㉣ 비가 내리겠습니다.

① ㉠과 같은 현상은 당위 법칙이 지배한다.
② ㉡과 같은 현상은 인과 관계가 명확하다.
③ ㉢과 같은 현상은 필연성의 원리가 적용된다.
④ ㉠과 같은 현상은 ㉡과 같은 현상과 달리 몰가치적이다.
⑤ ㉣과 같은 현상은 ㉢과 같은 현상과 달리 시·공간적 특수성을 띤다.

04 다음 글을 통해 알 수 있는 사회·문화 현상의 특성으로 가장 적절한 것은?

대부분의 사회에서는 사람의 죽음을 애도하는 관습을 가지고 있다. 캐나다의 오지바족 남성들은 뾰족한 물체로 자신의 살갗을 찌르는 것으로 죽은 자에 대한 슬픔을 표현한다. 발리에서는 어린아이가 죽으면 나무에 구멍을 만들어 그 안에 시신을 넣어 두며, 중국인들은 죽은 자를 위해 그가 생전에 쓰던 생필품을 함께 태운다.

① 법칙 발견과 예측이 쉽다.
② 가치 판단을 내릴 수 없다.
③ 보편성과 특수성을 동시에 지닌다.
④ 인간의 의지와 무관하게 나타난다.
⑤ 시대에 따라 특수한 모습으로 나타난다.

05 다음 글을 통해 알 수 있는 사회·문화 현상의 특성으로 가장 적절한 것은?

> '상품의 가격이 상승하면 수요량이 감소하고 가격이 하락하면 수요량이 증가한다.'라는 수요 법칙은 일반적으로 나타나는 사회·문화 현상이다. 그러나 일반적인 수요 법칙과는 다르게 물건 가격이 계속 오르는데도 사재기를 하거나 비쌀수록 잘 팔리는 현상이 나타나기도 한다.

① 개연성과 확률의 원리가 작용한다.
② 원인과 결과가 필연적 관계에 있다.
③ 자연 현상과 밀접하게 연관되어 있다.
④ 같은 조건에서는 동일한 결과가 나타난다.
⑤ 개인의 행동에 절대적인 영향을 미치는 경향이 있다.

B 사회 과학의 등장과 최근 연구 경향

06 다음 사례에 나타난 사회 과학의 연구 경향의 특징으로 가장 적절한 것은?

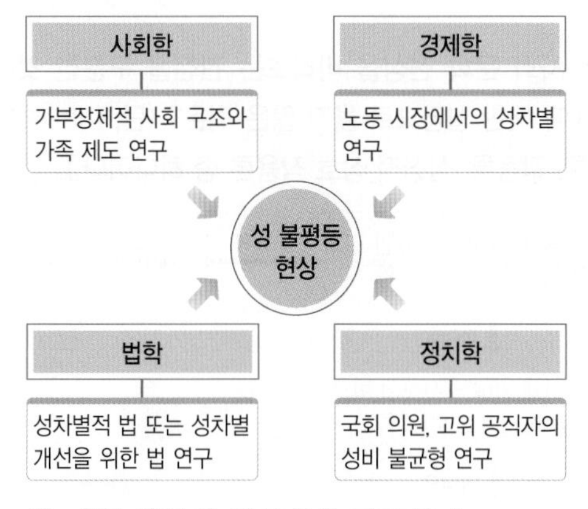

① 개별 학문의 전문성을 강조한다.
② 규칙성을 발견하여 미래를 예측한다.
③ 특정 현상에 대한 부분적 이해의 중요성을 강조한다.
④ 각각의 학문 영역에 적합한 특정한 연구 대상이 존재한다.
⑤ 다양한 학문적 관점에서 사회·문화 현상을 종합적으로 탐구하고자 한다.

C 사회·문화 현상을 보는 관점

출제가능성 90%

07 다음 글에 나타난 사회·문화 현상을 바라보는 관점에 대한 옳은 설명을 〈보기〉에서 고른 것은?

> 생물 유기체의 각 기관은 생존을 위해 존재하고, 생물 유기체의 소멸은 각 기관 혹은 부분의 소멸을 의미한다. 사회도 이와 마찬가지로 사회 각 부분은 사회 전체의 질서와 통합을 위해 존재하며 기능하는 것이다.

보기

ㄱ. 사회 각 부분 간의 조화와 균형을 강조한다.
ㄴ. 사회 갈등을 사회 발전의 원동력이라고 본다.
ㄷ. 인간 행위의 주관적인 동기와 의미에 대한 해석을 중시한다.
ㄹ. 사회 각 부분의 기능과 역할이 사회 전체적으로 합의된 것이라고 본다.

① ㄱ, ㄴ ② ㄱ, ㄹ ③ ㄴ, ㄷ
④ ㄴ, ㄹ ⑤ ㄷ, ㄹ

[08~09] 다음 글을 읽고 물음에 답하시오.

> 사회는 사회적 희소가치를 둘러싼 사회 구성원 간의 갈등과 대립의 장이다. 사회적 희소가치를 획득한 지배 집단은 부와 권력을 이용하여 기존의 지배 관계를 유지하려고 하지만, 피지배 집단은 이에 도전하므로 갈등과 대립은 항상 존재할 수밖에 없다.

08 윗글에 나타난 사회·문화 현상을 바라보는 관점을 쓰시오.

09 윗글에 나타난 사회·문화 현상을 바라보는 관점의 한계로 가장 적절한 것은?

① 급격한 사회 변동을 설명하기 어렵다.
② 사회의 안정과 합의를 지나치게 강조한다.
③ 사회에서 나타나는 협동과 조화를 경시한다.
④ 사회 구조나 제도와 같은 측면의 영향을 간과한다.
⑤ 사회 변화를 부정적으로 바라보는 보수적 관점이다.

10 사회·문화 현상을 바라보는 갑, 을의 관점에 대한 옳은 설명을 〈보기〉에서 고른 것은?

> • 갑: 법은 사회 구성원 모두의 합의를 반영하여 제정됩니다. 이러한 법이 있으므로 사회 구성원 모두의 권리와 이익이 보장될 수 있고, 사회 질서를 유지할 수 있습니다.
> • 을: 법은 지배 집단의 의도와 가치관을 반영하여 제정됩니다. 따라서 법은 지배 집단의 이익을 보장하고, 지배 집단이 피지배 집단을 억압하고 통제하기 위한 수단에 불과합니다.

보기
ㄱ. 갑의 관점은 사회의 각 부분이 상호 유기적 관계를 맺고 있다고 본다.
ㄴ. 을의 관점은 사회 갈등을 비정상적인 현상으로 인식한다.
ㄷ. 을의 관점은 사회의 구성 요소들이 불평등을 재생산하는 도구에 불과하다고 본다.
ㄹ. 갑의 관점은 을의 관점과 달리 사회·문화 현상을 사회 구조적 측면에서 바라본다.

① ㄱ, ㄴ ② ㄱ, ㄷ ③ ㄴ, ㄷ
④ ㄴ, ㄹ ⑤ ㄷ, ㄹ

11 다음 글에 나타난 사회·문화 현상을 바라보는 관점에 부합하는 진술로 옳은 것은?

> 전통 사회에서는 노인에게 지혜롭고 존경의 대상이라는 의미를 부여하였다. 그러나 현대 사회에서는 노인에게 늙고 의존적인 대상이라고 의미를 부여하는 경우가 많다. 노인을 이렇게 부정적인 대상으로 이해함으로써 노인 스스로도 자신을 가정과 사회에서 쓸모없는 존재로 인식하게 되고, 이는 노인을 더욱더 무능하고 수동적인 존재로 만들게 된다.

① 개인은 합의된 규범에 따라 행동한다.
② 개인과 사회는 상호 대립하기 마련이다.
③ 사회의 각 부분은 고유의 역할을 수행한다.
④ 돈, 권력 등의 획득을 둘러싼 집단 간 대립과 갈등은 필연적이다.
⑤ 사회는 개인들이 주관적인 의미 규정과 해석을 주고받는 과정에서 형성되고 변화한다.

12 사회·문화 현상을 바라보는 다음 글의 관점에서 ‘축제’에 대해 옳게 진술한 사람은?

> 인간은 어떤 상황에 아무렇게나 반응하는 것이 아니라, 그 상황을 규정하고 해석하는 상황 정의를 내리고 이에 따라 행동한다. 따라서 사회·문화 현상은 사람들이 상징을 통해 상호 작용한 결과로 발생한, 주관적인 의미가 담긴 현상이라고 할 수 있다.

① 갑: 축제는 구성원 간 통합을 이끌어 내지.
② 을: 축제에 참여한 사람들은 축제에 제각각의 의미를 부여해.
③ 병: 축제를 통해 사회 질서가 유지되고, 사회는 안정을 되찾아가지.
④ 정: 지배 집단은 피지배 계층의 불만을 잠재우기 위해 축제를 개최해.
⑤ 무: 축제를 통해 구성원들은 서로에게 동질감을 느끼며 결속력을 다지게 되지.

출제가능성 90%

13 그림은 사회·문화 현상을 바라보는 관점을 구분한 것이다. (가)~(다)에 대한 설명으로 옳지 않은 것은? (단, (가)~(다)는 각각 기능론, 갈등론, 상징적 상호 작용론 중 하나이다.)

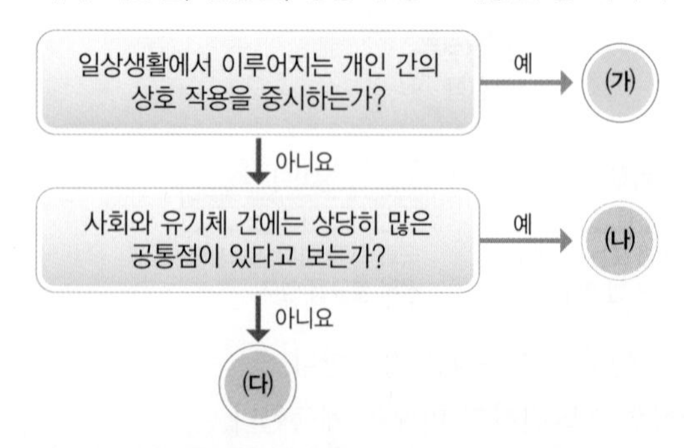

① (가)는 사회 구성원의 능동성을 중시한다.
② (나)는 다양한 제도들이 상호 의존하는 관계에 주목한다.
③ (다)는 사회 구성원 간 갈등 관계에 주목한다.
④ (가)는 미시적 관점, (나), (다)는 거시적 관점에 해당한다.
⑤ (다)는 (가), (나)와 달리 사회 통합과 안정을 중시한다.

2018 수능 응용

01 밑줄 친 ㉠, ㉡과 같은 현상의 일반적인 특성을 구분하기 위해 A, B에 들어갈 수 있는 질문으로 옳은 것은?

> 철새의 이동 방식에는 과학적 원리와 지혜가 숨어 있다. 한 연구 팀이 철새에게 측정 장비를 달아 ㉠ 위치와 속도, 날갯짓 횟수 등을 분석한 결과, V자 대형으로 날 때 ㉡ 앞선 새가 만드는 상승 기류로 인해 에너지 소모를 줄이는 효과가 있었다.

질문 \ 답변	예	아니요
A	㉠	㉡
B	㉡	㉠

① A: 몰가치적인 현상인가?
② A: 보편성과 특수성이 공존하는가?
③ A: 동일 조건하에서 동일 현상이 발생하는가?
④ B: 가치 판단이 가능한가?
⑤ B: 확률의 원리가 적용되는가?

최고난도

02 사회·문화 현상을 바라보는 (가), (나) 관점에 대한 설명으로 옳은 것은?

> (가) 개인은 학교 교육을 통해 사회에서 공유되는 가치를 배울 수 있다. 또한 학교에서는 개인이 직업을 갖는 데 필요한 능력을 전수하여 사회 구성원으로 잘 적응하게 한다.
> (나) 학교에서 학생들은 학교가 시키는 대로 규칙을 따르고 공부를 한다. 이 과정에서 학생들은 권위에 복종하고 묵묵하게 규칙을 지키며 수직적인 위계질서를 자연스럽게 받아들이게 된다.

① (가)의 관점은 사회가 본질적으로 변동을 지향한다고 본다.
② (나)의 관점은 사회가 스스로 균형을 유지하려는 속성을 지닌다고 본다.
③ (가)의 관점은 (나)의 관점과 달리 기득권층의 이익을 대변하는 논리로 사용된다는 비판을 받는다.
④ (나)의 관점은 (가)의 관점과 달리 인간이 의미를 추구하는 존재임을 가정한다.
⑤ (가), (나) 모두 개인의 행위에 미치는 사회 구조의 영향력을 간과한다.

03 다음 글에 나타난 사회·문화 현상을 바라보는 관점에 부합하는 진술로 옳은 것은?

> 누군가 주먹을 굳게 쥔 상황을 떠올려 보자. 밤중에 좁은 골목길에서 어떤 사람이 계속 쫓아오면서 인상을 쓰고 주먹을 들어 보이면 대부분 사람은 그 사람의 표정과 몸짓으로부터 주먹의 의미가 폭력을 상징한다는 것을 알고 도망칠 것이다. 반면 월드컵 축구 경기에서 우리 대표 팀 선수가 주먹을 굳게 쥐어 보인다면 우리 국민은 그 모습에 박수를 보내며 응원할 것이다.

① 사회 규범은 특정 집단에 의해 강요된 것이다.
② 사회의 각 부분은 상호 유기적인 관계를 맺는다.
③ 각 개인은 상황 정의에 기초해 판단하고 행동한다.
④ 사회적으로 합의된 규범에 의해 사회 질서가 유지된다.
⑤ 사회·문화 현상을 이해하려면 사회 구조나 제도에 주목해야 한다.

서술형 문제

04 다음 글을 읽고 물음에 답하시오.

> 최근 도심에 ㉠ 새끼 멧돼지가 먹이를 찾아 자주 출몰하고 있다. 그 이유는 ㉡ 사람들이 주거지를 개발하면서 멧돼지의 서식지가 파괴되어 먹이가 부족해졌기 때문이다.

(1) 밑줄 친 ㉠, ㉡을 자연 현상과 사회·문화 현상으로 구분하여 쓰시오.

(2) ㉠과 구별되는 ㉡의 일반적인 특성을 두 가지 이상 서술하시오.

02 사회·문화 현상의 탐구 방법

A 사회·문화 현상의 연구 방법

1. 사회·문화 현상의 과학적 탐구

(1) 과학적 지식: 개인적인 믿음이나 상식과 달리 엄격한 절차와 방법에 따른 체계적인 연구를 통해 얻은 결과물

(2) 과학적 탐구의 필요성: 편견에 근거한 지식은 사회·문화 현상을 정확히 인식하는 것을 어렵게 함 → 과학적 탐구를 통해 객관적이고 과학적인 지식을 쌓아야 함

(3) 사회·문화 현상의 과학적 탐구 방법

방법론적 일원론	방법론적 이원론
사회·문화 현상은 자연 현상과 같이 내재된 법칙이 있으므로, 자연 과학과 동일한 방법으로 연구해야 한다는 입장	사회·문화 현상은 자연 현상과 본질적으로 다르므로, 자연 과학과 다른 방법으로 연구해야 한다는 입장

★ 2. 양적 연구 방법(실증적 연구 방법)

(1) 의미: 경험적 자료를 계량화하여 사회·문화 현상을 분석하는 방법
- 계량화: 어떤 특성이나 경향을 객관적인 수량으로 나타내는 것

(2) 전제: 자연 과학의 연구 방법을 사회 과학에 적용할 수 있다고 보는 방법론적 일원론에 기초함

(3) 목적: 사회·문화 현상에 존재하는 일반적인 법칙을 발견하고자 함

(4) 연구 방법: 개념의 조작적 정의를 통해 계량화된 자료를 수집함 → 수집한 자료를 통계적으로 분석하여 인과 관계를 파악하고 일반화된 법칙을 도출함
- 일반화: 자료 분석을 통해 얻은 연구 결과를 사회 전체에 적용하는 것

(5) 장점과 한계

장점	• 정확하고 정밀한 연구가 가능하며, 연구자의 주관적인 가치가 개입되는 것을 막을 수 있음 • 사회·문화 현상의 일반적인 법칙을 발견하고 현상을 예측하는 데 유용함
한계	• 계량화하기 어려운 인간의 주관적이고 정신적인 영역을 연구하는 데 제약이 있음 • 인간의 동기나 가치로부터 사회·문화 현상을 분리하여 연구함으로써 심층적인 이해가 어려움

> **개념의 조작적 정의**
> • 학업 성취도라는 개념을 중간고사와 기말고사 성적으로 정의한다.
> • 부모와 자녀의 친밀도를 일주일 동안 부모와 자녀가 대화한 시간으로 정의한다.

제시된 사례에서처럼 추상적인 개념이나 용어를 측정 가능한 구체적인 지표로 바꾸는 것을 개념의 조작적 정의라고 한다. 양적 연구에서는 이렇게 수치화된 자료를 통계적으로 분석함으로써 사회·문화 현상 속에 담긴 인과 관계를 파악하고 이를 토대로 하여 일반화된 법칙을 끌어낸다.

★ 3. 질적 연구 방법(해석적 연구 방법)

(1) 의미: 연구자의 직관적 통찰을 통해 사회·문화 현상의 이면에 담긴 의미를 해석하고 이해하려는 방법

(2) 전제: 사회·문화 현상은 가치 함축적이므로 자연 과학과는 다른 방법으로 탐구해야 한다는 방법론적 이원론에 기초함

(3) 목적: 사회·문화 현상에 담긴 인간 행위의 주관적 동기나 의미를 해석하고 이해하고자 함

(4) 연구 방법

① 연구자의 경험과 지식, 직관적 통찰을 통해 인간 내면을 심층적으로 이해함
- 직관적 통찰: 현상 자체에 담겨 있는 의미를 꿰뚫어 보는 것

② 개인이 처한 상황이나 사회적 맥락 등을 고려하여 현상을 이해함 → 감정 이입적 이해 추구

③ 인간 행위의 의미를 깊이 탐구할 수 있는 일기, 편지, 대화록, 관찰 일지 등의 비공식적인 자료를 중요하게 활용함

(5) 장점과 한계

장점	• 계량화하기 어려운 영역을 연구할 수 있음 • 겉으로 드러난 행위 이면에 담긴 사회·문화 현상의 의미를 심층적으로 이해할 수 있음
한계	• 연구자의 주관이 개입될 소지가 있어 연구의 객관성에 대한 문제 제기를 받을 수 있음 • 연구 결과를 일반화하기 어려움

4. 양적 연구 방법과 질적 연구 방법의 상호 보완

필요성	양적 연구 방법과 질적 연구 방법은 각각 장단점이 있어 어느 한쪽이 더 우월하다고 볼 수 없음

⬇

상호 보완적 활용	각 연구 방법을 보완적으로 같이 활용할 경우 사회·문화 현상의 객관적 분석 및 심층적 이해가 가능해지므로 현상을 보다 정확히 파악할 수 있음

B 다양한 자료 수집 방법

1. 자료의 유형

(1) 1차 자료와 2차 자료

1차 자료	연구 진행 과정에서 연구 대상에게서 직접 구한 원자료
2차 자료	기존의 자료를 활용하여 연구자가 자신의 연구 목적에 따라 새롭게 구성한 자료

(2) 양적 자료와 질적 자료

양적 자료	조작적 정의에 비추어 계량화하기 유용한 자료
질적 자료	수치화되지 않은 문서나 대화 중 녹음 등으로 기록된 자료

2. 다양한 자료 수집 방법

★ (1) 질문지법

① 의미: 조사 내용을 질문지로 구성한 후 연구 대상자에게 답변을 얻어 자료를 수집하는 방법

② 특징: 구조화된 자료 수집 방법으로, 통계 분석을 위한 양적 자료를 수집할 때 활용함

③ 연구 방법: 일반적으로 모집단을 대표할 수 있는 표본을 선정하여 자료를 수집함

- 연구 대상이 되는 집단 전체를 모집단이라고 하며, 그중 실제 조사를 위해 선택한 집단을 표본이라고 한다.

④ 장단점

장점	• 비교적 짧은 시간에 다수의 대상자에게서 자료를 얻을 수 있음 • 조사 결과의 통계적인 분석과 비교 분석이 용이함
단점	• 문맹자에게 활용하기 어려움 • 연구 대상자가 무성의하게 응답하거나 질문지 회수율이 낮으면 자료의 신뢰도가 떨어질 수 있음

질문지 작성 시 유의 사항

- 응답 보기 간에 중복된 내용이 없어야 한다. (응답 항목 간에 배타성이 있어야 한다.)
- 응답 가능한 모든 보기를 제시해야 한다. (응답 항목이 포괄성을 갖추어야 한다.)
- 모호한 표현을 쓰지 않아야 한다.
- 한 문항에는 한 가지 질문만 해야 한다.
- 특정 응답을 유도하는 질문을 하지 않아야 한다.

(2) 실험법

① 의미: 가상의 상황을 설정하여 인위적인 자극을 가한 다음 그에 따른 변화를 관찰하여 자료를 수집하는 방법

② 연구 방법: 동일한 조건의 연구 대상을 실험 집단과 통제 집단으로 나누고, 실험 집단에 인위적인 자극을 가한 후 그 자극에 따른 변화를 통제 집단과 비교하여 파악함

③ 장단점

- 독립 변수: 인위적인 자극이 된 변수
- 종속 변수: 독립 변수의 영향을 받는 변수

장점	독립 변수와 종속 변수 간의 인과 관계를 비교적 정확히 파악할 수 있음 → 법칙 발견에 유리함
단점	• 완벽히 통제된 실험이 어려움 • 인간이 실험 대상이므로 윤리적인 문제가 발생할 수 있음

실험법의 사례

영어 토론 수업으로의 전환이 학업에 미치는 효과를 알아보기 위해 학업 성적이 유사한 학생들을 실험 집단과 통제 집단으로 나눈 후, 실험 집단에게만 영어 토론 수업을 실시하였다. 일정 시간이 지난 후 두 집단의 학업 성적을 비교하여 자료를 얻었다.

제시된 실험법의 적용 사례에서 영어 토론 수업 여부는 독립 변수, 학업 성적 향상 정도는 종속 변수가 된다. 실험법을 사용할 때 연구자는 독립 변수 이외에 다른 변수가 종속 변수에 영향을 미치지 않도록 실험 집단과 통제 집단이 어느 정도 동질적인 특성을 가지도록 구성해야 한다.

★ (3) 면접법

① 의미: 연구자가 연구 대상자와 대화하면서 질문을 통해 얻은 응답을 바탕으로 자료를 수집하는 방법

② 특징: 심층적인 조사를 위해 소수를 대상으로 함

- 신뢰 관계를 기반으로 허용적인 분위기를 조성하는 것이 조사 목적 달성에 중요한 역할을 한다.

③ 장단점

장점	• 문맹자에게도 실시할 수 있음 • 무성의한 응답이나 악의적인 응답을 줄일 수 있음 • 추가 질문을 할 수 있어 심층적인 자료 수집이 가능함
단점	• 시간과 비용이 많이 듦 • 연구자의 편견이나 주관적 가치가 개입될 수 있음 • 연구 목적에 적합한 면접 대상자를 선정하기 어려움

★ (4) 참여 관찰법

① 의미: 연구자가 연구 대상자와 함께 생활하면서 관찰을 통해 자료를 수집하는 방법

② 장단점

장점	• 생동감 있고 깊이 있는 정보를 직접 파악할 수 있음 • 언어가 다른 사회의 사람이나 유아처럼 의사소통이 곤란한 대상에 대해서도 실시할 수 있음
단점	• 시간과 비용이 많이 듦 (관찰하고자 하는 현상이 나타날 때까지 기다려야 하기 때문이다.) • 연구자의 편견이나 주관적 가치가 개입할 우려가 있음 • 예상치 못한 돌발 상황이 발생할 경우 통제가 어려움

참여 관찰법의 사례

한 연구자는 유아들에게 자연 속에서 뛰어노는 '자연 놀이'의 경험이 어떤 의미를 지니는지 알아보고자 1년간 매주 3회씩 한 어린이집을 방문하여 3~4세 유아 32명을 참여 관찰하였다. 연구자는 유아들의 자연 놀이 활동에 참여하여 활동 모습을 녹화하기도 하고, 관찰한 바를 공책에 기록하기도 하였다. 관찰의 결과, 연구자는 자연 놀이의 경험이 유아들에게는 '탐색과 발견의 경험'이고 '상상과 창조의 경험'이라고 결론 내렸다.

참여 관찰법을 활용할 때는 관찰을 시작하기 전에 연구 대상자들이 관찰자를 경계하지 않도록 신뢰감을 주어야 한다. 또한 연구자는 관찰 과정에서 인위적인 조작이나 통제를 해서는 안 된다.

(5) 문헌 연구법

① 의미: 기존의 연구 결과물이나 통계 자료, 기록물 등을 활용하여 2차 자료를 수집하는 방법

② 특징: 최근 연구 동향이나 현재까지의 연구 성과를 살펴본다는 점에서 모든 연구의 기초가 되기도 함

③ 장단점

장점	• 시·공간적 제약을 극복하여 자료를 수집할 수 있음 • 직접 조사하는 것보다 시간과 비용을 절약할 수 있음
단점	• 문헌의 신뢰성이 낮으면 연구 신뢰도에 문제가 생길 수 있음 • 수집한 자료를 연구자가 주관적으로 해석할 수 있음

1단계 개념 짚어 보기

정답과 해설 4쪽

01 다음 빈칸에 들어갈 내용을 쓰시오.

(1) 추상적인 개념이나 용어를 측정 가능한 구체적인 지표로 바꾸는 것을 (　　　　)라고 한다.

(2) (　　　　) 연구 방법은 사회·문화 현상에 담긴 인간 행위의 동기나 의미 파악을 목적으로 한다.

02 다음 내용이 양적 연구 방법에 해당하면 '양', 질적 연구 방법에 해당하면 '질'이라고 쓰시오.

(1) 방법론적 일원론에 기초한다. (　　)

(2) 연구자의 주관이 개입될 우려가 있다. (　　)

(3) 일반화나 인과 법칙 발견이 용이하다. (　　)

(4) 계량화하기 어려운 영역을 탐구할 수 있다. (　　)

03 다음 설명이 맞으면 ○표, 틀리면 ×표를 하시오.

(1) 면접법은 문맹자에게도 실시할 수 있다. (　　)

(2) 실험법은 윤리적 문제가 발생할 수 있다. (　　)

(3) 질문지법은 인간의 주관적 영역에 대한 깊이 있는 정보 수집이 용이하다. (　　)

(4) 참여 관찰법은 조사 대상 규모가 크고 계량화된 자료를 수집할 때 주로 활용된다. (　　)

04 ㉠, ㉡에 들어갈 내용을 각각 쓰시오.

> 실험법은 (㉠　　　　)에 인위적인 자극을 가한 후 그에 따른 변화를 (㉡　　　　)과 비교하여 자료를 수집하는 방법이다.

05 다음 괄호 안의 내용 중 알맞은 말에 ○표를 하시오.

(1) (면접법, 질문지법)은 연구자의 주관이 개입될 가능성이 크다.

(2) 문헌 연구법은 주로 (1차 자료, 2차 자료)를 수집할 때 유용하게 활용된다.

(3) (면접법, 참여 관찰법)은 의사소통이 어려운 집단을 대상으로 자료를 수집할 수 있다.

(4) (질문지법, 참여 관찰법)은 비교적 짧은 시간에 적은 비용으로 대량의 자료를 수집할 수 있다.

2단계 내신 다지기

A 사회·문화 현상의 연구 방법

출제가능성 90%

01 다음에서 사용된 사회·문화 현상의 연구 방법에 대한 설명으로 옳은 것은?

> • 연구 목적: 부모와 자녀의 친밀도가 자녀의 학업 성적에 미치는 영향을 알아보고자 한다.
> • 연구 내용: 학생들에게 일주일간 부모와 대화한 횟수를 조사하고 학업 성취도 평가 점수를 알아본 후, 이들 간 상관관계를 파악한다.
> • 결론: 부모와 자녀의 친밀도가 높을수록 자녀의 학업 성적이 높아진다.

① 방법론적 이원론에 기초한다.
② 연구자의 감정 이입적 이해가 중시된다.
③ 경험적 자료의 분석을 통한 일반화가 용이하다.
④ 직관적 통찰을 통해 사회·문화 현상을 해석한다.
⑤ 자료 분석 과정에서 연구자의 주관이 개입될 가능성이 크다.

02 다음 주장에 부합하는 사회·문화 현상의 연구 방법을 적용하기에 적절한 연구 주제를 〈보기〉에서 고른 것은?

> 사회·문화 현상은 일정한 원리나 규칙성에 따라 발생한다는 점에서 자연 현상과 본질적인 특성이 동일하다. 따라서 자연 과학의 방법처럼 수량화된 자료를 분석하여 사회·문화 현상의 법칙을 발견해야 한다.

보기

> ㄱ. 물가 상승률과 실업률의 상관관계
> ㄴ. 결혼 이민자가 겪는 문화 차이와 갈등 양상
> ㄷ. 가출 청소년의 가출 동기 및 심리 상태 파악
> ㄹ. 토의 수업으로의 전환이 성적 향상에 미치는 효과

① ㄱ, ㄴ　② ㄱ, ㄹ　③ ㄴ, ㄷ
④ ㄴ, ㄹ　⑤ ㄷ, ㄹ

03 다음에서 사용된 사회·문화 현상의 연구 방법에 대한 설명으로 적절한 것은?

> 본 연구는 청소년이 이성 친구를 사귀면서 겪는 체험의 본질과 의미를 연구함으로써 청소년기의 이성 교제를 깊이 있게 이해하고자 한다. 이를 위해 16세 이상 18세 이하의 청소년 16명(남 8명, 여 8명)을 대상으로 심층 면담을 하고, 그들의 그림이나 일기 등을 수집하였다. 또한 청소년의 이성 교제 체험을 총체적으로 이해하기 위해 예술 작품에서 청소년의 이성 교제를 표현한 다양한 참고 자료를 수집하였다.

① 일반적인 법칙 발견을 목적으로 한다.
② 경험적 자료를 계량화하여 현상을 분석한다.
③ 연구 대상이 처한 상황이나 사회적 맥락을 고려한다.
④ 인간 행위의 주관적인 측면에 대한 깊이 있는 이해가 곤란하다.
⑤ 사회·문화 현상을 행위자의 동기나 가치와 엄격히 분리하여 연구한다.

출제가능성 90%

04 사회·문화 현상의 연구 방법 A, B에 대한 설명으로 옳지 않은 것은?

> A는 연구자의 경험, 지식, 직관적 통찰을 활용하여 사회적 맥락에서 관찰 행위에 대한 의미 해석을 시도한다. 이 과정에서 대화록, 관찰 일지, 편지 등의 자료가 중요하게 활용된다. B는 경험적 자료를 토대로 현상을 증명하는 것을 강조한다. 이를 위해 개념의 조작적 정의를 통해 계량화된 자료를 수집한다.

① A는 수치화하기 어려운 영역을 탐구할 수 있다.
② B는 일반화나 인과 법칙 발견이 용이하다.
③ B는 자연 현상과 사회·문화 현상의 본질적인 특성이 같음을 전제한다.
④ A는 B에 비해 현상에 대한 예측이 용이하다.
⑤ B는 A와 달리 연구 과정에서 연구자의 주관이 개입되는 것을 막을 수 있다.

05 갑과 을의 연구 방법에 대한 옳은 설명을 〈보기〉에서 고른 것은?

> • 사회자: 청소년 팬덤 현상을 어떻게 탐구할지 각자 계획을 이야기해 봅시다.
> • 갑: 저는 2,000명의 청소년을 대상으로 설문 조사를 하여 그들의 연예인에 대한 태도, 팬클럽 가입 여부 및 활동 수준을 통해 팬덤 정도를 파악할 생각입니다. 그리고 팬덤 정도가 청소년의 자아 정체성 인식, 사회성 등과 어떤 상관관계가 있는지 알아보겠습니다.
> • 을: 저는 연예인 팬클럽 활동을 열심히 하는 청소년 3명과 접촉하여 깊은 대화를 나누고 그들의 생생한 팬클럽 활동도 관찰할 생각입니다. 이 과정에서 연예인 팬이 된 계기와 팬으로 살아가게 하는 동력 등을 파악하여 연예인 팬덤 현상이 청소년들의 삶에서 어떤 의미인지 알아보겠습니다.

보기

ㄱ. 갑의 방법은 연구자의 직관적 통찰을 중시한다.
ㄴ. 갑의 방법은 연구 대상의 동기나 의도를 객관화할 수 있다고 본다.
ㄷ. 을의 방법은 개념의 조작적 정의 과정을 거친다.
ㄹ. 갑의 방법은 방법론적 일원론, 을의 방법은 방법론적 이원론에 기초한다.

① ㄱ, ㄴ　② ㄱ, ㄹ　③ ㄴ, ㄷ
④ ㄴ, ㄹ　⑤ ㄷ, ㄹ

B 다양한 자료 수집 방법

06 다음 연구에서 사용된 자료 수집 방법의 일반적인 특징에 대한 설명으로 옳은 것은?

> 청소년 일탈을 연구하기 위해 가족 간 대화 빈도와 일탈 행동을 측정할 수 있는 설문 문항을 개발하여 전국의 중·고등학생 2,000명을 대상으로 조사를 실시하였다.

① 문맹자에게 실시할 수 있다.
② 연구자의 가치가 개입되기 쉽다.
③ 질적 연구 방법에서 많이 활용된다.
④ 연구 대상에 대해 심층적으로 파악하기 용이하다.
⑤ 비교적 짧은 시간에 대량의 자료를 수집할 수 있다.

[07~08] 다음 대화를 보고 물음에 답하시오.

> • 교사: 우리 지역 공공 도서관에 관한 조사 계획을 말해 볼까요?
> • 갑: 저는 우리 지역 주민들의 공공 도서관 이용 실태와 만족도 등에 관한 질문지를 작성하여 연구 대상자에게 직접 답변을 기재하게 할 예정입니다.
> • 을: 저는 우리 지역 공공 도서관을 자주 활용하는 사람들과 직접 면담을 하여 이들에게 도서관이 어떤 의미를 가진 공간인지 심층적으로 알아보려고 합니다.

주관식

07 위 대화에서 갑이 선택한 자료 수집 방법을 쓰시오.

08 위 대화에서 을이 선택한 자료 수집 방법의 일반적인 특징에 대한 설명으로 옳은 것은?

① 시간과 비용을 절약할 수 있다.
② 연구자의 주관이 개입될 우려가 있다.
③ 글을 모르는 사람에게 사용하기 곤란하다.
④ 다수를 대상으로 자료를 수집하기 용이하다.
⑤ 무성의하거나 악의적인 응답이 나타날 수 있다.

09 다음 사례에서 갑이 사용한 자료 수집 방법을 〈보기〉에서 고른 것은?

> 연구자 갑은 양성평등 교육이 고등학생의 양성평등 의식에 어떤 영향을 미치는지 검증해 보고자 하였다. 갑은 ○○ 고등학교 남녀 학생 100명을 무작위로 추출하여 두 집단으로 나눈 후, 한 학기 동안 한 집단의 학생들에게는 새로 개발한 양성평등적인 내용의 학습 자료로 수업하고, 나머지 한 집단은 기존의 교과서 자료로 수업을 진행하였다. 그리고 한 학기를 마친 후 학생들의 양성평등 의식을 측정하는 질문지를 통해 조사한 결과, 양성평등적인 학습 자료로 수업한 집단 학생들의 양성평등 의식이 더 높은 것으로 나타났다.

보기
ㄱ. 실험법　　ㄴ. 면접법
ㄷ. 질문지법　　ㄹ. 문헌 연구법

① ㄱ, ㄴ　② ㄱ, ㄷ　③ ㄴ, ㄷ
④ ㄴ, ㄹ　⑤ ㄷ, ㄹ

10 밑줄 친 ㉠~㉥에 대한 옳은 설명을 〈보기〉에서 고른 것은?

> 연구자 갑은 보건 교육 실시가 노인들의 생활 습관에 미치는 영향을 알아보기 위한 실험을 하였다. □□ 종합복지관을 이용하는 ㉠ 노인 200명을 선정하여 ㉡ 성별, 건강 상태 등에서 차이가 나지 않도록 조정하여 각각 100명씩 A, B 두 집단으로 구성한 후 사전 검사를 실시하였다. 이후 ㉢ A 집단에게는 건강한 생활 습관을 주제로 하는 ㉣ 보건 교육을 실시하고, ㉤ B 집단에게는 이를 실시하지 않았다. 30일 후 두 집단을 대상으로 ㉥ 생활 습관 변화를 조사한 결과 A 집단이 더 건강한 생활 습관을 가지게 되었음을 알 수 있었다.

보기
ㄱ. ㉠은 모집단에 해당한다.
ㄴ. ㉡은 독립 변수 이외의 다른 변수를 통제하기 위한 작업이다.
ㄷ. ㉢은 실험 집단, ㉤은 통제 집단에 해당한다.
ㄹ. ㉣은 종속 변수, ㉥은 독립 변수에 해당한다.

① ㄱ, ㄴ　② ㄱ, ㄹ　③ ㄴ, ㄷ
④ ㄴ, ㄹ　⑤ ㄷ, ㄹ

출제가능성 90%

11 다음 연구에서 사용된 자료 수집 방법의 일반적인 특징에 대한 설명으로 옳지 않은 것은?

> 비행 청소년들이 어떠한 생각을 갖고 있는지를 알아보기 위해 그들과 함께 생활하면서 그들의 행동을 살펴보았다. 우선 학교 수업이 끝난 후 그들이 자주 가는 곳을 함께 방문하였고, 친한 친구들과 대화를 나누는 모습도 가까이서 지켜보았다.

① 시간과 비용이 많이 든다.
② 연구자의 편견이 개입될 가능성이 크다.
③ 언어를 매개로 한 상호 작용이 필수적이다.
④ 실제성이 높은 생생한 자료를 확보하기 용이하다.
⑤ 예상치 못한 돌발 상황이 발생할 경우 통제하기가 어렵다.

12 다음 연구에서 사용된 자료 수집 방법의 일반적인 특징에 대한 옳은 설명을 〈보기〉에서 고른 것은?

- 연구 주제: 상담 사례에 나타난 시대별 청소년의 고민 유형 변화
- 자료 수집 과정: 시대별 청소년의 고민 유형을 파악하고자 청소년 기관의 상담 사례집을 조사하였다.

보기

ㄱ. 시간과 비용 측면에서 비효율적이다.
ㄴ. 기존 연구의 경향성 파악에 용이하다.
ㄷ. 실제성이 높은 현장 자료를 얻기 용이하다.
ㄹ. 연구자의 주관적 가치가 개입될 가능성이 크다.

① ㄱ, ㄴ ② ㄱ, ㄷ ③ ㄴ, ㄷ
④ ㄴ, ㄹ ⑤ ㄷ, ㄹ

출제가능성 90%

13 (가), (나)에서 사용된 자료 수집 방법의 일반적인 특징에 대한 옳은 설명을 〈보기〉에서 고른 것은?

(가) 과거의 문화 인류학자들은 상인, 여행자, 선교사 등에 의한 기행문 또는 보고와 기술(記述) 등의 진기한 자료 등을 수집한 후, 그 자료를 토대로 하여 연구하였다.
(나) 말리노프스키는 1914년 뉴기니 부근의 트로브리안드 군도에 직접 가서 2년간 연구를 하였다. 그는 트로브리안드 군도에서 현지어를 습득하여 섬의 원주민들과 일상생활을 같이 하면서 그곳 원주민의 생활을 면밀하게 조사하였다.

보기

ㄱ. (가)는 (나)와 달리 1차 자료를 수집하는 데 사용된다.
ㄴ. (가)는 (나)에 비해 시·공간적 제약을 적게 받는다.
ㄷ. (나)는 (가)보다 수집한 자료의 실제성이 더 높다.
ㄹ. (가), (나) 모두 자료 해석 시 연구자의 주관을 배제하기에 용이하다.

① ㄱ, ㄴ ② ㄱ, ㄷ ③ ㄴ, ㄷ
④ ㄴ, ㄹ ⑤ ㄷ, ㄹ

14 그림은 자료 수집 방법의 종류를 구분한 것이다. (가)에 들어갈 질문으로 가장 적절한 것은?

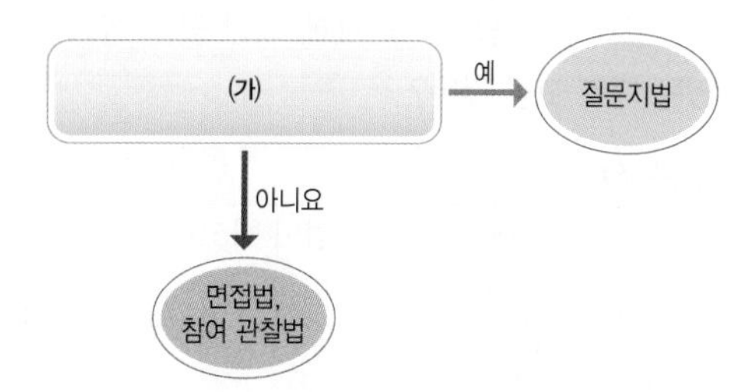

① 주로 질적 자료 수집을 위해 활용됩니까?
② 다수를 대상으로 대량의 자료 수집에 유리합니까?
③ 연구 대상자로부터 깊이 있는 답변을 유도하기에 적합합니까?
④ 의사소통이 곤란한 사람들을 대상으로 활용하기에 적합합니까?
⑤ 인위적으로 통제된 상황에서 변수의 효과를 관찰하는 방법입니까?

15 표는 자료 수집 방법을 구분한 것이다. A~C의 일반적인 특징에 대한 설명으로 옳은 것은? (단, A~C는 각각 면접법, 질문지법, 참여 관찰법 중 하나이다.)

질문 \ 자료 수집 방법	A	B	C
질적 자료를 수집하는 데 용이합니까?	예	예	아니요
자료 수집에서 연구 대상자의 응답이 필수 요건입니까?	예	아니요	예

① A는 대규모 집단을 대상으로 자료를 수집하기 용이하다.
② B는 글을 모르는 사람에게는 사용하기 곤란하다.
③ C는 일상생활을 심층적으로 파악하기 용이하다.
④ B는 C보다 예상치 못한 상황에 대한 통제가 용이하다.
⑤ C는 A, B에 비해 분석 기준이 명확하고 통계 처리가 용이하다.

01 사회·문화 현상의 연구 방법 (가), (나)에 대한 옳은 설명만을 〈보기〉에서 있는 대로 고른 것은?

연구 방법	연구 주제
(가)	• 사회 과목에서의 토론 수업이 사고력 향상에 미치는 효과 검증 • 인터넷 게임 시간과 청소년의 폭력적인 성향 간의 상관관계 연구
(나)	• 집단 따돌림을 당한 학생들의 심리 상태 연구 • 국내 공개 입양 가족들이 경험하는 삶에 대한 생애사 연구

보기

ㄱ. (가)는 경험적 자료를 통해 연구 대상자의 가치나 태도를 객관적으로 파악하고자 한다.
ㄴ. (나)는 직관적 통찰을 통해 주로 인간 행위의 이면보다 행위 자체를 분석하고자 한다.
ㄷ. 일기나 편지와 같은 비공식적 자료는 (가)보다 (나)에서 더 중시된다.
ㄹ. (가)는 방법론적 일원론, (나)는 방법론적 이원론에 기초한다.

① ㄱ, ㄴ ② ㄴ, ㄹ ③ ㄷ, ㄹ
④ ㄱ, ㄷ, ㄹ ⑤ ㄴ, ㄷ, ㄹ

2016 수능 응용

02 다음 연구에 대한 분석으로 옳지 않은 것은?

연구 주제	특정 지역의 문화와 그 지역 주민들의 폭력적 행동 양식 간의 관련성 연구
연구 대상	공식 통계로 확인된 폭력 범죄율이 높은 지역(A)과 낮은 지역(B) 각각에 거주하는 주민
자료 수집	각 지역에서 주민들과 함께 생활하면서 있는 그대로의 삶의 모습을 심층적으로 관찰함
연구 결과	B 지역 주민들과 달리 A 지역 주민들이 타인으로부터 자신을 보호하고 자존감을 지키기 위해 폭력에 의존하게 되는 맥락적인 이유를 밝혀 그들만의 문화적 특징을 이해하게 됨

① 수량화된 2차 자료를 활용하였다.
② 질적 자료를 활용하여 양적 연구를 수행하였다.
③ 인간 행위의 의미를 직관적 통찰을 통해 파악하였다.
④ 사회·문화 현상의 의미가 인식 주체에 의해 다르게 규정된다고 본다.
⑤ 실제성이 높은 생생한 자료를 수집하기에 용이한 방법이 사용되었다.

03 다음 질문지에 대한 분석으로 옳지 않은 것은?

방과 후 학원 수업 실태 조사

1. 일주일 동안 방과 후 학원 수업에 참여하는 시간은 얼마나 됩니까?
① 1시간 미만 ② 2시간 이상~4시간 미만
③ 5시간 이상
2. 방과 후 학원에서 영어와 수학을 공부합니까?
① 예 ② 아니요
3. 방과 후 학원에 다니는 것은 자기 주도적 학습 능력을 해칩니다. 방과 후 학습에 대해 찬성합니까?
① 찬성한다 ② 반대한다

① 특정 대답을 유도하는 문항이 있다.
② 연구자의 가치가 개입되어 있는 문항이 있다.
③ 한 문항에서 두 가지 내용을 묻는 문항이 있다.
④ 답지가 모든 응답 가능성을 포함하지 못하는 문항이 있다.
⑤ 답지가 상호 배타적이지 않은 문항이 있어 응답에 혼란을 줄 수 있다.

04 다음 연구에 대한 옳은 설명만을 〈보기〉에서 있는 대로 고른 것은?

연구자 갑은 음악 감상과 우울증 개선 간의 관계를 알아보기 위한 연구에 착수하였다. 갑은 ㉠ 실험 집단과 ㉡ 통제 집단을 구성하여 실험을 하였고, 그들의 행동이나 태도 등을 관찰하여 우울증 정도의 변화를 ㉢ 점수화하여 자료를 수집하였다. 이를 토대로 ㉣ 음악 감상이 우울증 개선에 기여한다는 결론을 내렸다.

보기

ㄱ. ㉠은 우울증을 앓고 있는 집단, ㉡은 음악 감상을 하게 될 집단이다.
ㄴ. ㉢은 1차 자료에 해당한다.
ㄷ. ㉣은 독립 변수에 해당한다.
ㄹ. 연구자가 설정한 상황을 바탕으로 연구 대상자를 관찰하는 자료 수집 방법을 사용하였다.

① ㄱ, ㄴ ② ㄴ, ㄹ ③ ㄷ, ㄹ
④ ㄱ, ㄷ, ㄹ ⑤ ㄴ, ㄷ, ㄹ

최고난도

05 다음 연구에 대한 분석으로 옳지 않은 것은?

- 연구 주제: 우리나라 고등학생들의 학업 성취도와 유명 상품 선호도의 관련성
- 연구 가설: 학업 성취도가 높은 학생일수록 유명 상품 선호도가 높을 것이다.
- 연구 설계: A 고등학교 학생 100명을 대상으로 질문지를 배포하여 중간고사 성적과 유명 상품 선호도를 조사한다.
- 자료 분석 결과

성적 \ 유명 상품 선호도	상	중	하
상위 25% 이내	3명	10명	12명
25% 미만~76% 이상	10명	30명	10명
하위 75% 이하	20명	3명	2명

① 개념의 조작적 정의가 이루어졌다.
② 자료 분석 결과 이 연구의 가설은 기각될 것이다.
③ 표본의 대표성을 확보하지 못하여 연구 결과를 일반화하기 어렵다.
④ 연구 대상의 주관적인 인식을 파악할 수 없는 자료 수집 방법을 사용하였다.
⑤ 사회·문화 현상을 계량화하여 분석할 수 있다는 전제를 바탕으로 이루어졌다.

06 자료 수집 방법 A~C의 일반적인 특징에 대한 설명으로 옳은 것은? (단, A~C는 각각 면접법, 질문지법, 참여 관찰법 중 하나이다.)

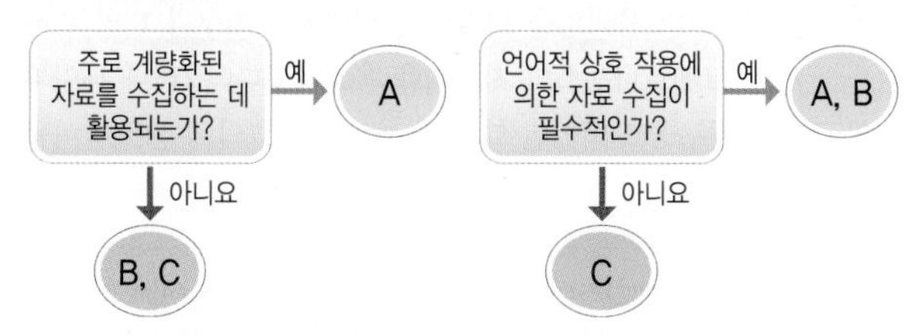

① A는 B에 비해 무성의한 응답을 방지하기 용이하다.
② B는 A에 비해 자료 수집에 대한 통제 수준이 높다.
③ C는 A에 비해 구조화된 대량의 자료를 얻는 데 유용하다.
④ C는 B와 달리 연구 대상에 대한 연구자의 감정 이입을 중시한다.
⑤ B, C는 A에 비해 연구 대상과 연구자 간 신뢰감 형성의 중요성이 강조된다.

서술형 문제

07 다음 글을 읽고 물음에 답하시오.

자연 현상에 대한 우리의 지식은 항상 외부로부터 온다. 우리는 단지 그 현상을 관찰하고 법칙을 발견할 뿐이다. 사회·문화 현상도 마찬가지이다. 사회·문화 현상은 자연 현상과 본질적으로 다르지 않으므로 동일한 연구 방법을 적용해야 한다.

(1) 윗글에서 설명하는 사회·문화 현상의 연구 방법을 쓰시오.

(2) (1)의 장점을 두 가지 이상 서술하시오.

08 다음 연구에서 사용된 자료 수집 방법을 쓰고, 그 단점을 두 가지 이상 서술하시오.

초등학생의 음악 활동과 사회성 간의 관계를 연구하기 위해 초등학생 20명과 심층 인터뷰를 하여 오케스트라 활동이 친구 관계에 미치는 영향을 탐구하였다.

09 다음 연구를 통해 알 수 있는 실험법의 문제점을 서술하시오.

교사의 폭력적인 언어 사용이 학생들의 인격 형성에 미치는 영향을 알아보기 위해 두 학급을 선정한 후 한 학급 학생들에게는 폭력적인 언어를 사용하여 수업하게 하고, 다른 학급 학생들에는 평소와 같이 수업하게 하였다.

03 사회·문화 현상의 탐구 절차와 태도

A 사회·문화 현상의 탐구 절차

★ 1. 양적 연구의 탐구 절차

단계	내용
연구 문제 인식	기존 이론을 바탕으로 새로운 이론을 개발하거나 현실 생활에서 부딪히는 문제를 해결하기 위해 무엇이 문제인지 인식하고 연구 주제를 선정함
가설 설정	연구 주제와 관련 있는 기존의 이론과 연구물을 검토하고, 이를 바탕으로 가설을 설정함
연구 설계	• 연구 대상과 연구 기간, 자료 수집 방법, 자료 분석 방법 등을 결정함 • 수량화된 자료 수집이 용이한 질문지법이나 실험법 등을 주로 선택함
자료 수집 및 분석	연구 설계에서 결정된 방법을 통해 자료를 수집함 → 주로 통계 기법을 이용하여 수집된 자료를 분류하고, 이를 분석함
가설 검증 및 결론 도출	자료 분석 결과를 바탕으로 가설을 검증하여 가설을 수용할지 또는 기각할지 결정함 → 이를 토대로 결론을 도출하며, 가설이 수용될 경우 이 가설을 전체 연구 집단의 특성에 적용하는 일반화를 시도함

가설의 조건
- 구체적인 내용으로 진술되어야 한다.
- 변수 간의 인과 관계가 명확해야 한다.
- 과학적인 연구 방법을 통해 경험적으로 검증 가능한 진술이어야 한다.
- 가치 중립적이어야 한다. 가치가 개입된 당위적 진술은 객관적 관찰이 불가능하므로 가설은 사실과 관련된 진술이어야 한다.

가설이란 두 개 이상의 변수 간의 관계를 검증 가능한 형태로 서술하는 것으로, 연구 주제에 대한 잠정적 결론을 의미한다. 양적 연구의 과정은 연구자가 연구 주제에 관한 가설을 설정하고 이를 검증하는 방식으로 이루어진다. 가설 검증을 통해 가설이 수용되면 이것이 하나의 이론이 될 수 있고, 기각되더라도 의미 있는 연구가 될 수도 있으므로, 양적 연구에서 가설은 매우 중요하다.

2. 질적 연구의 탐구 절차

단계	내용
연구 문제 인식	사회·문화 현상의 의미를 이해하고 해석하기 위해 문제를 인식하고 연구 주제를 선정함
연구 설계	• 연구 대상과 연구 기간, 자료 수집 방법, 자료 분석 방법을 결정하며, 일반적으로 가설을 설정하지 않음 • 심층적인 자료를 얻기 위해 주로 면접법, 참여 관찰법 등을 선택함
자료 수집 및 해석	연구 설계에서 결정된 방법을 통해 자료를 수집함 → 연구자의 직관적 통찰과 감정 이입적 이해를 통해 자료를 해석함
결론 도출	자료를 바탕으로 해석한 행위자의 주관적 세계가 가지는 의미를 종합하여 결론을 도출함 → 결론이 특정 상황에 관한 것이므로, 이를 다른 상황에 그대로 일반화하기 어려움

결론 도출: 연구 대상을 이해하는 새로운 관점을 제시하거나 대안적 이론을 제안하기도 한다.

B 사회·문화 현상의 탐구 태도와 연구 윤리

1. 사회·문화 현상을 탐구하는 태도

★ (1) 객관적 태도

구분	내용
의미	연구 과정에서 자신의 주관이나 가치, 이해관계를 떠나 제삼자의 관점에서 있는 그대로 현상을 관찰하는 태도
필요성	연구자가 자신의 선입견, 주관적 가치, 이해관계 등을 연구에 개입시키면 연구 결과가 왜곡될 수 있음

★ (2) 개방적 태도

구분	내용
의미	자신의 주장과 다른 주장이 존재할 수 있음을 인정하고, 자신의 주장에 대한 비판을 허용하며 타당성이 있는 다른 주장을 받아들이는 태도
필요성	사회·문화 현상은 끊임없이 변화하고 상황에 따라 달라질 수 있음
유의점	특정 주장이나 이론을 무조건 추종하거나 배격하지 말고, 경험적 증거로 확인되기 전까지는 가설로만 받아들여야 함

(3) 상대주의적 태도

구분	내용
의미	사회·문화 현상을 연구할 때 그 현상이 나타나는 사회의 특수성을 인식하고, 그 현상이 지닌 고유한 가치와 의미를 그 사회의 맥락에서 이해하는 태도
필요성	같은 사회·문화 현상이더라도 시대와 사회에 따라 다른 의미를 지닐 수 있음

(4) 성찰적 태도 — 연구자 자신이 연구 절차나 연구 방법 등을 제대로 지키고 있는지 되짚어 보게 한다.

구분	내용
의미	사회·문화 현상을 수동적으로 받아들이지 않고 현상의 이면에 담겨 있는 의미나 인과 관계를 살펴보는 태도
필요성	아무런 의문이나 반성 없이 사회·문화 현상을 무조건 수용하면 그 발생 원인이나 의미를 제대로 파악하기 어려움

개방적 태도의 필요성
망원경으로 별의 움직임을 관찰한 갈릴레이는 지구가 태양 주위를 돈다는 코페르니쿠스의 지동설을 옹호하였다. 그러나 태양계의 중심이 지구라고 믿었던 그 당시 사람들은 그의 주장을 받아들이지 않았다.

제시된 사례를 통해 대다수의 사람들이 상식적으로 받아들이는 주장이라도 경험적인 증거에 의해 검증될 때까지는 하나의 가설로 받아들이는 개방적 태도를 갖추어야 한다는 점을 알 수 있다.

2. 사회·문화 현상 탐구에서의 가치 개입과 가치 중립

(1) 가치 개입과 가치 중립

구분	내용
가치 개입	연구자가 자신의 주관이나 가치를 연구 과정에 개입하여 탐구하는 것
가치 중립	연구자가 주관적인 가치나 이해관계를 배제하고 객관적 증거에 따라 탐구하는 것

★ 표시는 시험 전에 확인해 주세요.

★ (2) 연구 과정에서의 가치 개입과 가치 중립

연구 단계	가치문제	내용
연구 문제 인식 및 연구 설계	가치 개입	연구자가 중요하다고 생각하는 문제를 연구 주제로 선정하고, 연구 대상과 자료 수집 방법 등을 결정함
자료 수집 및 분석	가치 중립	• 연구의 객관성을 유지하기 위해 가치 중립이 필요함 • 자신의 이해관계에 따라 왜곡해서 자료를 수집하고 분석해서는 안 됨
결론 도출	가치 중립	연구 결과를 해석하는 데 자신의 가치를 개입하면 왜곡된 결론이 도출되므로 가치 중립을 유지해야 함
연구 결과 활용	가치 개입	연구 결과를 적절하게 활용하기 위해서는 바람직한 가치 판단 및 가치 개입이 필요함

사회·문화 현상 탐구에서 '가치 중립'의 중요성

사회 과학의 객관성을 확보하기 위해 가치 중립이 중요하다. 연구자가 연구 주제를 선택하는 단계에서는 연구자의 가치나 감정이 개입할 수 있지만, 이것이 연구의 객관성을 해치는 것은 아니다. 그러나 자료를 수집하고 분석하여 결론을 도출하는 과정에서는 가치 판단을 배제하고 철저히 사실 판단에 따라야 한다. – 베버(Weber, M.)

사회·문화 현상을 탐구할 때 연구자는 주관적인 가치와 이해관계를 배제하는 가치 중립적 태도를 지녀야 한다. 탐구 과정에서의 가치 중립은 연구자가 어떠한 가치도 가져서는 안 된다는 것이 아니라, 주관적 가치 때문에 연구 과정이나 결과가 왜곡되어서는 안 된다는 것이다.

★ 3. 사회·문화 현상의 탐구와 연구 윤리

(1) 연구 대상자에 대한 윤리

사전 동의를 받지 못한 경우 연구가 끝난 뒤에 반드시 연구에 대한 정보를 알리고 양해를 구해야 한다.

연구 대상자의 자발적 참여	연구 대상자에게 사전에 연구 목적을 알리고, 조사 참여에 관한 동의를 얻어야 함
연구 대상자의 인권 보호	• 연구 대상자에게 수치심을 주는 질문을 하거나 강제로 답변을 요구하면 안 됨 • 연구 대상자에게 해로운 영향을 줄 수 있는 실험을 해서는 안 됨
연구 대상자의 사생활 보호	• 연구 대상자의 익명성과 비밀을 보장해야 함 • 수집한 자료 및 연구 대상자의 개인 정보를 연구 이외의 다른 목적으로 활용해서는 안 됨

(2) 연구 과정 및 연구 결과 활용에서의 윤리

① 자료 수집 과정에서 자료를 편파적으로 수집하거나 의도적으로 조작해서는 안 됨

② 결과를 발표하는 과정에서 연구 결과를 확대하거나 축소하여 결과를 왜곡해서는 안 됨

③ 연구 과정과 결과를 보고할 때 타인의 연구 결과를 도용하여 저작권을 침해해서는 안 됨

④ 연구 결과가 비윤리적으로 활용되지 않도록 유의해야 함

1단계 개념 짚어 보기

정답과 해설 7쪽

01 다음 빈칸에 들어갈 내용을 쓰시오.

(1) 양적 연구에서는 연구 주제에 관한 잠정적인 결론인 (　　　　)을 설정하고, 이를 검증하는 절차를 거친다.

(2) (　　　　) 연구는 '연구 문제 인식 → 연구 설계 → 자료 수집 및 해석 → 결론 도출'의 단계를 거쳐 이루어진다.

02 다음 괄호 안의 내용 중 알맞은 말에 ○표를 하시오.

(1) (양적, 질적) 연구에서는 질문지법, 실험법 등과 같은 자료 수집 방법을 주로 사용한다.

(2) 질적 연구에서는 자료를 수집한 후 (직관적 통찰, 가설 검증)을 통해 자료를 해석하여 결론을 도출한다.

03 다음 내용에 해당하는 사회·문화 현상의 탐구 태도를 <보기>에서 골라 기호를 쓰시오.

보기

ㄱ. 객관적 태도　　ㄴ. 개방적 태도
ㄷ. 성찰적 태도　　ㄹ. 상대주의적 태도

(1) 새로운 주장의 가능성을 인정해야 한다. (　　)

(2) 제삼자의 입장에서 있는 그대로 사회·문화 현상을 관찰해야 한다. (　　)

(3) 사회·문화 현상의 이면에 담겨 있는 의미나 인과 관계를 살펴보아야 한다. (　　)

(4) 동일한 사회·문화 현상이라도 시대나 사회에 따라 다른 의미를 지닐 수 있음을 인정해야 한다. (　　)

04 사회·문화 현상의 탐구에서 가치 개입이 불가피한 연구 단계와 가치 중립이 요구되는 연구 단계를 옳게 연결하시오.

(1) 가치 개입 •　　• ㉠ 연구 문제 인식 및 설계
　　　　　　　　• ㉡ 자료 수집 및 분석
(2) 가치 중립 •　　• ㉢ 결론 도출
　　　　　　　　• ㉣ 연구 결과 활용

05 사회·문화 현상의 연구 윤리에 대한 설명이 맞으면 ○표, 틀리면 ×표를 하시오.

(1) 연구 목적을 연구 대상자에게 알려주어서는 안 된다. (　　)

(2) 연구 과정에서 연구 대상자의 사생활을 보호해야 한다. (　　)

(3) 연구자의 의도에 맞게 연구 결과를 확대하거나 축소하는 것이 바람직하다. (　　)

A 사회·문화 현상의 탐구 절차

01 다음은 사회·문화 현상의 탐구 과정 중 일부를 나타낸 것이다. 이와 같은 과정이 이루어지는 단계로 옳은 것은?

> 우리나라는 빠른 속도로 고령화 사회에 진입하였으며, 2026년 초고령 사회에 진입할 것으로 전망하고 있다. 과거에는 노인의 삶의 만족도를 높이는 주요 요인으로 노인의 경제력, 교육 수준 등을 꼽았지만, 최근에는 노인의 인간관계를 주요 요인으로 보고 있다. 따라서 노인의 인간관계와 삶의 만족도의 관계에 대해 연구를 하고자 한다.

① 연구 설계　② 가설 설정
③ 연구 문제 인식　④ 자료 수집 및 분석
⑤ 가설 검증 및 결론 도출

출제가능성 90%

02 다음 연구에 대한 분석으로 옳은 것은? (단, (가)~(라)는 연구 과정을 순서 없이 나열한 것이다.)

> • 연구 문제 인식: 연구자 갑은 소득 수준과 삶의 만족도 간 관계에 대해 알아보기로 하였다.
> (가) 30세 이상 성인 중 300명을 대상으로 구조화된 질문지를 통해 자료를 수집하였다.
> (나) 소득 수준은 연 소득으로, 삶의 만족도는 주당 화를 내는 횟수로 측정하기로 하였다.
> (다) '소득 수준이 높은 사람일수록 삶의 만족도가 높을 것이다.'라는 잠정적 결론을 내렸다.
> (라) 자료 분석 결과 연 소득이 많을수록 주당 화를 내는 횟수가 적게 나타남을 확인할 수 있었다.

① (가)에서 질적 연구에 적합한 자료 수집 방법이 사용되었다.
② (나)에서 소득 수준과 삶의 만족도를 측정하기 위한 조작적 정의가 이루어졌다.
③ (다)에서 결론이 도출되었다.
④ (라)로 보아 가설은 기각되었을 것이다.
⑤ '(다) – (라) – (가) – (나)'의 순서로 연구가 진행되었다.

03 다음 연구에 대한 옳은 설명을 〈보기〉에서 고른 것은?

> • 연구 문제 인식: 고등학생의 아르바이트 경험은 그들에게 어떤 의미로 남을지 알아보기로 하였다.
> • 연구 설계: A 지역의 고등학생 10명을 대상으로 아르바이트를 통해 얻은 것이 무엇인지 심층 면접을 통해 자료를 수집하기로 하였다.
> • 자료 수집 및 분석: 연구 대상의 학교 근처에서 2회 이상, 1회당 2시간 정도의 심층 면접을 하였다. 학생들은 아르바이트를 통해 경제관념이나 성취감 등을 배웠으며, 아르바이트를 통해 일탈 행동을 하게 되는 경우도 있었다고 답변하였다.
> • 결론 도출: 고등학생의 아르바이트 경험은 단순히 돈을 벌기 위한 수단이 아니라 살아 있는 사회 경험으로 보아야 한다.

보기
ㄱ. 개념의 조작적 정의가 이루어졌다.
ㄴ. 가설을 검증하기 위한 연구 설계가 이루어졌다.
ㄷ. 연구자의 직관적 통찰을 통한 자료 해석이 이루어졌다.
ㄹ. 연구 대상자의 주관적 가치를 측정하고자 하는 연구 방법이 사용되었다.

① ㄱ, ㄴ　② ㄱ, ㄹ　③ ㄴ, ㄷ
④ ㄴ, ㄹ　⑤ ㄷ, ㄹ

04 다음 조건을 모두 충족하는 가설로 가장 적절한 것은?

> • 가치 중립적이어야 한다.
> • 구체적인 내용으로 진술되어야 한다.
> • 변수 간의 인과 관계가 명확해야 한다.
> • 과학적인 연구 방법을 통해 경험적으로 검증이 가능한 진술이어야 한다.

① 농촌에는 노인들이 많이 거주할 것이다.
② 최근 10년간 외국인 이주민이 늘어났을 것이다.
③ 출산을 선택으로 생각하는 부부가 늘고 있을 것이다.
④ 부모의 교육 수준이 높을수록 자녀의 학업 성취도가 높을 것이다.
⑤ 바람직한 사회 발전을 위해 다문화 가정의 증가가 필수적일 것이다.

B 사회·문화 현상의 탐구 태도와 연구 윤리

출제가능성 90%

05 다음에서 공통으로 강조하는 사회·문화 현상의 탐구 태도에 대한 진술로 가장 적절한 것은?

> • 연구자는 사회·문화 현상을 정확하게 파악하기 위해 연구 과정에서 자신의 취향이나 선호를 반영해서는 안 된다.
> • 연구자는 특정 사회의 가치와 규범을 내면화하기 때문에 사회·문화 현상을 연구할 때 현상이 가진 사실에만 근거하여 파악해야 한다.

① 특정 가치를 반영한 주장을 받아들여야 한다.
② 과학적 연구의 결론이더라도 잠정적인 가설로 받아들여야 한다.
③ 사회·문화 현상은 그 현상이 발생한 맥락에 따라 다른 의미를 지닌다.
④ 사회·문화 현상을 연구할 때 주관적 가치, 이해관계 등을 배제해야 한다.
⑤ 사회·문화 현상의 이면에 담긴 의미나 인과 관계를 파악하려고 노력해야 한다.

06 갑, 을에게 요구되는 사회·문화 현상의 탐구 태도를 옳게 연결한 것은?

> • 갑은 자신에게 유리한 조사 결과만을 인용하여 논문을 썼다.
> • 을은 영어 조기 교육이 효과가 있다는 주장이 검증되지 않았는데도 그 주장을 맹목적으로 추종하였다.

	갑	을
①	객관적 태도	개방적 태도
②	객관적 태도	성찰적 태도
③	개방적 태도	객관적 태도
④	성찰적 태도	상대주의적 태도
⑤	상대주의적 태도	개방적 태도

[07~08] 다음 글을 읽고 물음에 답하시오.

> (가) 같은 사회·문화 현상이라도 시대와 사회에 따라 다른 의미를 지닐 수 있다. 따라서 연구자는 사회·문화 현상의 연구에서 역사적 전통과 사회적 맥락을 고려해야 한다.
> (나) 사회·문화 현상은 끊임없이 변화하고 상황에 따라 달라지므로, 자신의 연구는 완전하지 않고 언제든지 반증으로 진리가 아님이 밝혀질 가능성이 있다. 따라서 연구자는 자신의 연구 결과에 관한 다른 주장이 존재할 수 있음을 받아들여야 한다.

07 (가)에서 강조하는 사회·문화 현상의 탐구 태도를 쓰시오.

08 (나)에서 강조하는 사회·문화 현상의 탐구 태도에 대한 진술로 가장 적절한 것은?

① 개별 사회의 특수성을 인정해야 한다.
② 타인의 비판을 편견 없이 받아들여야 한다.
③ 사회·문화 현상을 있는 그대로 파악해야 한다.
④ 사회·문화 현상에 대한 깊이 있는 성찰이 필요하다.
⑤ 사회·문화 현상과 관련된 모든 요인 간의 관계를 종합적으로 파악해야 한다.

09 다음에서 강조하는 사회·문화 현상의 탐구 태도로 가장 적절한 것은?

> 우리 사회의 많은 가정에서는 제사를 지낼 때 음식은 주로 여자들이 차리고 절은 주로 남자들이 한다. 우리는 왜 이러한 관습이 오랫동안 행해지고 있는지 그 관습의 이면에 담긴 의미를 이해하고 의문을 제기할 수 있어야 한다.

① 객관적 태도 ② 개방적 태도
③ 성찰적 태도 ④ 총체적 태도
⑤ 상대주의적 태도

10 사회·문화 현상의 탐구에서 ㉠, ㉡이 적용되어야 할 연구 단계를 옳게 연결한 것은?

> 연구자는 사회·문화 현상의 연구 과정에서 가치 개입과 가치 중립의 문제에 직면한다. 연구자는 과학적이고 객관적인 연구를 위해 가급적 (㉠)을 지켜야 한다. 하지만 연구 과정에서 어떠한 가치 판단도 전제하지 않은 연구는 불가능하므로 연구자의 (㉡)이 작용하는 단계도 있다.

① ㉠ - 연구 문제 인식
② ㉠ - 연구 설계
③ ㉡ - 자료 수집 및 분석
④ ㉡ - 결론 도출
⑤ ㉡ - 연구 결과 활용

11 (가), (나)에 해당하는 연구 윤리에 대한 옳은 설명을 <보기>에서 고른 것은?

> (가) 연구자는 연구의 성격과 목적, 내용 등에 관한 정보를 연구 대상자에게 알려 주고, 연구 참여에 대한 동의를 얻어야 한다.
> (나) 연구자는 정직한 방법으로 자료를 수집해야 하고, 의도한 연구 결과를 이끌어 내기 위해 자료를 왜곡하여 분석해서는 안 된다.

보기
ㄱ. (가)에 따르면 연구 대상자의 자발적 참여를 보장해야 한다.
ㄴ. 공동 연구 성과를 단독 연구 성과로 발표하는 것은 (가)에 어긋난다.
ㄷ. 다른 연구자가 수행한 연구를 활용하면서 출처를 밝히지 않는 것은 (나)에 어긋난다.
ㄹ. (가)는 자료 분석 단계에서, (나)는 연구 결과 발표 단계에서 지켜야 할 연구 윤리를 강조하고 있다.

① ㄱ, ㄴ ② ㄱ, ㄷ ③ ㄴ, ㄷ
④ ㄴ, ㄹ ⑤ ㄷ, ㄹ

출제가능성 90%

12 다음 사례에 나타난 연구 윤리상의 문제점으로 가장 적절한 것은?

> ○○ 기업의 입사 시험을 보러 온 지원자에게 기업 관계자가 ○○ 기업의 이미지 연구를 위한 설문 조사에 강제로 응답하게 하였다.

① 타인의 연구 결과를 도용하였다.
② 연구 대상자의 사생활을 노출하였다.
③ 연구 대상자의 자발적 참여를 보장하지 않았다.
④ 수집한 자료를 연구 이외의 목적으로 활용하였다.
⑤ 연구자의 이익을 위해 자료를 조작하여 분석하였다.

13 다음 사례를 연구 윤리 측면에서 적절하게 평가한 것을 <보기>에서 고른 것은?

> 연구자 갑은 결혼 이주 여성의 한국 사회 적응 현황에 대해 알아보기로 하였다. 이를 위해 다문화 지원 센터 소장의 동의를 얻어 다문화 지원 센터를 방문한 결혼 이주 여성을 대상으로 설문 조사와 면접을 실시하였다. 그리고 본인에게는 알리지 않고 가족들로부터 결혼 이주 여성의 일기, 편지 등을 확보하였다. 수집한 자료 중 연구자가 기대한 것과 다른 내용이 있었지만 수정하지 않고 그대로 분석에 반영하였다. 연구 보고서를 제출할 때는 자료의 실제성을 보여 주기 위해 연구 대상의 이름을 모두 공개하였다. 그 후 사회 적응에 어려움을 겪는 결혼 이주 여성의 명단 등 조사 자료를 다문화 가정 전문 상담 기관에 제공하고 금전적 보상을 받았다.

보기
ㄱ. 연구 대상자의 동의를 구하지 않고 자료를 수집하였다.
ㄴ. 수집한 자료를 연구 이외의 목적으로 활용하지 않았다.
ㄷ. 원하는 결과를 얻기 위해 의도적으로 자료를 왜곡하였다.
ㄹ. 연구 결과 발표 시 연구 대상자의 익명성을 보장하지 않았다.

① ㄱ, ㄴ ② ㄱ, ㄹ ③ ㄴ, ㄷ
④ ㄴ, ㄹ ⑤ ㄷ, ㄹ

정답과 해설 8쪽

최고난도

01 밑줄 친 ㉠~㉦에 대한 설명으로 옳은 것은?

> 연구자 갑은 ㉠ 소득 수준과 물질주의 가치관이 ㉡ 행복감에 미치는 영향을 연구하기로 하였다. 이를 위해 전국의 ㉢ 30세 이상 성인 중 1,000명을 무작위로 추출한 후 ㉣ 설문 조사를 하였다. 분석 결과 삶에 대한 만족도는 ㉤ 월평균 수입 정도와 정(+)의 관계이지만, ㉥ 삶에서 돈이 중요하다고 생각하는 정도와는 ㉦ 부(−)의 관계를 보였다.

① ㉠은 종속 변수, ㉡은 독립 변수이다.
② ㉢은 표본이다.
③ ㉣에서는 연구 대상자의 주관적 인식을 묻지 않아야 한다.
④ ㉤, ㉥은 독립 변수를 조작적으로 정의한 것이다.
⑤ ㉦으로 보아 갑은 가설 검증에 실패하였다.

02 (가), (나)에서 강조하는 사회·문화 현상의 탐구 태도에 대한 설명으로 옳은 것은?

> (가) 사회 과학자는 사실과 가치의 영역을 구별하는 능력을 키워야 하며, 사실로부터 도출되는 진리를 발견하려는 학문적 의무에 충실해야 한다.
> (나) 연구자는 사회·문화 현상의 연구에서 얻은 결과를 잠정적 결론으로 보고 다른 연구자의 의견을 고려함으로써 좀 더 타당한 주장이나 결론으로 대체할 수 있음을 인정해야 한다.

① (가)는 현상이 지닌 고유한 가치에 대한 인정을 중시한다.
② (나)는 자신의 주장에 관한 비판을 허용하는 태도이다.
③ (가)는 (나)와 달리 연구자가 연구 절차나 방법이 제대로 수행되었는지 살펴보는 것을 강조한다.
④ (나)는 (가)와 달리 가치 중립적인 태도를 중시한다.
⑤ (가)는 제삼자의 관점, (나)는 연구 대상자의 관점을 중시한다.

2018 평가원 응용

03 다음 사례를 연구 윤리 측면에서 적절하게 평가한 것만을 〈보기〉에서 있는 대로 고른 것은?

> • 독신세 부과를 주장하던 갑은 독신세 도입에 대한 미혼자의 인식을 연구하였다. 결혼에 호의적인 미혼자를 대상으로 조사하여, 해당 자료를 엄격하게 분석한 후 75%가 독신세 부과에 찬성한다는 결과를 발표하고 독신세 도입을 촉구하였다. 이후 결혼 정보 회사를 운영하는 친구의 요청으로 연구 결과와 함께 연구 대상자의 개인 정보를 제공하였다.
> • 특정 기업의 주식을 소유한 을은 해당 기업의 주가 변동 예측 연구를 진행하였다. 해당 기업의 주식 관련 자료를 모두 수집한 후 주가 상승을 예측한 자료만을 근거 자료로 제시하면서 해당 기업의 주가가 단기간에 대폭 상승할 것이라고 결과를 발표하였다.

보기

ㄱ. 갑은 의도적으로 왜곡된 자료를 수집하였다.
ㄴ. 을은 원하는 결과를 얻기 위한 자의적인 자료 분석을 하지 않았다.
ㄷ. 갑은 을과 달리 수집한 자료를 연구 외의 목적으로 유출하였다.
ㄹ. 갑, 을 모두 자신의 이익을 추구하기 위해 분석 결과의 일부를 은폐하여 발표하였다.

① ㄱ, ㄷ ② ㄴ, ㄹ ③ ㄱ, ㄴ, ㄷ
④ ㄱ, ㄴ, ㄹ ⑤ ㄴ, ㄷ, ㄹ

서술형 문제

04 밑줄 친 '그 당시 사람들'에게 요구되는 사회·문화 현상의 탐구 태도를 쓰고, 그 필요성을 서술하시오.

> 망원경으로 별의 움직임을 관찰한 갈릴레이는 지구가 태양 주위를 돈다는 코페르니쿠스의 지동설을 옹호하였다. 그러나 태양계의 중심이 지구라고 믿었던 그 당시 사람들은 그의 주장을 받아들이지 않았다.

사회적 존재로서의 인간

A 개인과 사회의 관계

★ 1. 개인과 사회의 관계를 바라보는 관점

(1) 사회 실재론

구분	내용
기본 입장	• 사회는 개인의 단순한 합 이상이며, 개인은 사회를 이루는 구성 요소에 불과함 • 사회는 개인의 외부에 실제로 존재하며, 고유한 특성을 지니는 독립적 실체임
주요 내용	• 사회는 개인의 삶에 영향을 미치고 사고와 행동을 구속함 • 사회·문화 현상을 이해할 때 사회 구조나 사회 제도를 탐구해야 함 • 사회 문제의 해결책으로 사회 구조나 사회 제도의 개선을 강조함 (사회 문제의 원인이 사회 구조나 사회 제도에 있다고 보기 때문이다.)
관련 학설	사회 유기체설 (사회를 유기체에 비유하고 개인은 사회 유기체의 한 부분으로서 사회의 유지·존속을 위해 저마다의 역할을 수행한다고 설명하는 이론)
장점	사회가 개인의 행동에 어떤 영향을 미치는지 잘 설명할 수 있음
한계	• 인간의 주체적이고 능동적인 행위를 설명하기 곤란함 • 지나칠 경우 전체를 위해 개인의 희생을 정당화하는 전체주의로 흐를 수 있음

(2) 사회 명목론

구분	내용
기본 입장	• 사회는 개인들의 집합체에 붙여진 이름에 불과함 • 사회는 명목상으로 존재하며, 실제로 존재하는 것은 개인뿐임
주요 내용	• 개인은 자신의 의지에 따라 행동하고 사회의 구속을 받지 않음 • 사회·문화 현상의 분석 단위로 개인의 의식, 정서, 심리 상태 등을 중시함 • 사회 문제의 해결책으로 개인의 의식 개혁을 강조함 (사회 문제의 원인이 개인의 잘못된 의식에 있다고 보기 때문이다.)
관련 학설	사회 계약설 (국가는 개인 간의 계약에 따라 형성되었으므로 국가의 의무는 개인의 자유와 권리를 보장하는 것이라고 보는 이론)
장점	개인의 자유 의지에 기초한 능동적인 행동을 설명할 수 있음
한계	• 사회 제도나 사회 구조가 개인의 행위에 미치는 영향력을 간과할 수 있음 • 지나칠 경우 개인의 이익만이 강조되어 극단적 이기주의를 초래할 우려가 있음

2. 개인과 사회의 관계를 바라보는 바람직한 관점 개인과 사회는 서로 영향을 주고받음 → 사회·문화 현상을 제대로 이해하고 사회 문제를 해결하기 위해서는 사회 실재론과 사회 명목론을 조화롭게 취하여 균형 잡힌 시각으로 사회를 바라보아야 함

B 인간의 사회화 과정

1. 사회화의 의미와 특징

(1) 사회화: 한 개인이 다른 사람과의 상호 작용을 통해 그가 속한 사회에서 요구하는 행동 양식과 지식, 기능, 가치, 규범 등을 습득하는 과정

(2) 사회화의 특징: 평생에 걸쳐 이루어지며, 그 내용은 시대와 사회에 따라 다르게 나타남 (한 사회 내에서도 계층이나 지역 등에 따라 다르게 나타날 수 있다.)

2. 사회화의 기능

구분	내용
개인적 차원	• 사회생활에 필요한 행동 양식을 습득함 • 자아 정체성과 인성을 형성하면서 사회적 존재로 성장함
사회적 차원	그 사회의 문화를 공유하고, 규범과 가치를 세대 간 전승함 → 사회의 유지와 존속 및 발전에 기여함

★ 3. 사회화의 유형

구분	내용
1차적 사회화 (원초적 사회화라고도 한다.)	영·유아기에 이루어지는 사회화로서 개인이 사회적 존재로 성장하고 생활하는 데 필요한 가장 기초적이고 중요한 행동 양식을 습득하는 과정 → 개인이 자아 정체성과 인성을 형성하는 데 큰 영향을 줌
2차적 사회화	청소년기와 성년기에 들어선 후 영·유아기에 익힌 사회화의 내용을 심화하거나 전문화하여 새로운 규범과 문화를 습득하는 과정
재사회화	사회 변화나 새로운 환경에 적응하기 위해 이전과는 다른 규범이나 가치, 기능 등을 습득하는 과정 → 빠르게 변하는 현대 사회에서 재사회화의 중요성이 커지고 있음 ㉠ 정보 사회에 적응하기 위한 노인들의 컴퓨터 교육
예기 사회화	미래에 속하게 될 집단에서 요구되는 행동 양식을 미리 습득하는 과정 ㉠ 신입생 예비 교육, 신병 교육 등
탈사회화	새로운 문화나 환경에 적응하기 위해 기존에 습득한 규범이나 생활 방식을 버리는 과정 ㉠ 한국에 온 이민자가 이전의 생활 습관을 버리는 것

• 재사회화 과정에서 탈사회화가 동시에 나타나기도 한다.

4. 사회화 과정

• 사회화는 언어적 상호 작용, 보상과 처벌의 경험, 모방과 동일시 등의 방법을 통해 이루어진다.

구분	주요 사회화 내용
유아기	기본적인 욕구 충족 방법 및 정서적 반응 방식 습득
아동기	언어, 규칙, 가치관 습득
청소년기	지식과 기술 습득, 진로 및 직업 선택
성년기	새로운 지식과 기술, 생활 양식 습득

C 사회화 기관

1. 사회화 기관의 의미와 유형

(1) 사회화 기관: 개인의 사회화에 영향을 미치는 기관

(2) 사회화 기관의 유형

① 사회화의 내용에 따른 구분

구분	내용
1차적 사회화 기관	인성의 기본 틀을 형성하고 기초적인 행동 양식을 습득하는 데 영향을 미치는 기관 ㉠ 가족, 또래 집단 등
2차적 사회화 기관	전문적인 지식과 기능의 사회화를 담당하는 기관 ㉠ 학교, 직장, 대중 매체 등

② 형성 목적에 따른 구분

공식적 사회화 기관	사회화 자체를 목적으로 설립된 기관 예 학교, 직업 훈련소 등
비공식적 사회화 기관	사회화 이외의 목적으로 형성되었으나 사회화를 부수적으로 수행하는 기관 예 가족, 직장, 대중 매체 등

2. 사회화 기관의 특징과 기능

가족	• 가장 중요하고 기초적인 사회화 기관 • 언어, 예절 등 기본적인 생활 방식을 습득하고 인성의 기본 틀을 형성함 • 가족을 통해 이루어지는 사회화의 결과는 개인의 전 생애에 걸쳐 영향을 미침
또래 집단	• 비슷한 나이의 구성원들로 이루어진 집단 • 또래 집단과의 상호 작용을 통해 집단생활의 규칙이나 질서 의식을 습득함 • 청소년기의 자아 정체성 형성에 큰 영향을 미침
학교	• 학생의 발달 단계에 맞춰 지속적·체계적으로 교육을 담당하는 기관 → 공식적 사회화 기관 • 전문화된 지식과 기술 등을 습득하고 사회생활에 필요한 규칙을 배우며, 사회적 관계를 형성함
직장	• 업무에 필요한 지식과 기술을 배우고, 조직 사회 내에서의 규범과 행동 양식을 습득함 • 업무나 지위의 변화에 적응하기 위한 다양한 재사회화가 이루어짐
대중 매체	• 신문, 텔레비전, 인터넷 등을 통해 새로운 정보와 지식 등을 빠르게 습득함 • 오늘날 개인의 사회화 과정에 미치는 뉴 미디어의 영향력이 더욱 커지고 있음

뉴 미디어: 인터넷, 누리 소통망(SNS) 등

D 지위와 역할

1. 지위

(1) 지위: 한 개인이 집단이나 사회 속에서 차지하는 위치

(2) 지위의 종류

귀속 지위	개인의 능력이나 노력과 관계없이 가지게 되는 지위 예 딸, 아들, 맏이, 손자 등
성취 지위	개인의 의지나 노력으로 후천적으로 얻게 되는 지위 예 어머니, 아버지, 아내, 남편, 학생 등

(3) 지위의 특징

① 한 개인은 여러 집단에 소속되어 사회적 관계를 맺으므로 여러 개의 지위를 동시에 가짐

② 전통 사회에서는 귀속 지위가 중요했지만, 현대 사회로 올수록 성취 지위의 중요성이 더욱 커지고 있음

③ 지위는 개인의 사회적 정체성을 형성하고 다른 사람들과의 상호 작용에 영향을 미침

2. 역할과 역할 행동

(1) 역할: 일정한 지위에 대해 사회적으로 기대되는 행동 양식 → 사회가 변화함에 따라 역할이 달라지기도 함

(2) 역할 행동: 개인이 자신의 역할을 실제로 수행하는 구체적인 방식 → 동일한 지위를 가지고 있어도 개인에 따라 역할을 수행하는 방식이 다르기 때문에 역할 행동은 사람마다 다양하게 나타남

(3) 역할 행동에 따른 보상과 제재: 역할 행동이 사회적 기대에 부합하면 칭찬과 보상이 따르지만, 그렇지 않을 경우 사회적 비난이나 제재가 따름

보상과 제재: 사회 구성원이 사회적으로 바람직한 행동을 하도록 유도하고, 바람직하지 않은 행동을 하지 않도록 억제하는 기능을 한다.

★ 3. 역할 갈등

(1) 역할 갈등: 한 개인이 둘 이상의 서로 다른 지위에 따른 역할을 동시에 수행해야 하는 상황에서 역할 간 충돌이 발생하여 나타나는 심리적 갈등 예 가족 행사와 친구들과의 약속이 겹쳐 고민하는 학생의 상황

(2) 역할 갈등의 원인: 사회의 다원화로 인해 한 개인이 가지는 지위와 그에 따른 역할이 다양해지면서 역할 갈등이 증가하고 있음

역할 갈등의 사례

(가) 고등학생인 갑은 경영학과와 문화 인류학과 중 어느 학과에 원서를 내야 할지 고민하고 있다.

(나) 회사원인 을은 자녀의 담임 선생님과 상담하기로 약속한 날짜에 갑자기 출장을 가야 할 일이 생기면서 어떻게 해야 할지 고민하고 있다.

(가)는 어느 학과에 원서를 내야 할지 고민하고 있는 상황으로 단순한 내적 고민이라고 할 수 있다. 반면, (나)는 회사원으로서의 역할과 학부모로서의 역할이 동시에 요구되어 충돌하고 있으므로 역할 갈등 상황이라고 할 수 있다.

4. 역할 갈등의 해결

(1) 역할 갈등 해결의 필요성: 역할 갈등을 원만하게 해결하지 못하면 개인은 심리적으로 불안감을 느낄 수 있으며, 사회적으로는 혼란이 초래될 수 있음

(2) 역할 갈등의 해결 방안

개인적 측면	• 역할의 우선순위를 정하여 중요한 것부터 수행하거나 하나의 역할만을 선택함 • 갈등을 일으키는 지위와 역할을 분석하여 타협점을 찾음
사회적 측면	• 빈번하게 발생하는 역할 갈등에 대하여 어떤 역할을 우선하는 것이 바람직한지에 대한 사회적 합의를 마련함 • 여러 가지 역할을 동시에 수행할 수 있도록 사회 제도적 장치를 마련함 예 직장 내 보육 시설 설치 의무화 등

1단계 개념 짚어 보기

정답과 해설 9쪽

01 다음 내용이 사회 실재론에 해당하면 '실', 사회 명목론에 해당하면 '명'이라고 쓰시오.

(1) 사회는 개인의 외부에 실제로 존재한다. ( )
(2) 사회는 개인의 사고와 행위를 구속한다. ( )
(3) 개인의 자유 의지에 기초한 능동적인 행위를 설명할 수 있다. ( )
(4) 지나칠 경우 개인의 이익만이 강조되어 극단적 이기주의를 초래할 우려가 있다. ( )

02 개인과 사회의 관계를 바라보는 관점과 기본 입장을 옳게 연결하시오.

(1) 사회 명목론 • • ㉠ 사회 = 개인의 합
(2) 사회 실재론 • • ㉡ 사회 > 개인의 합

03 사회 변화나 새로운 환경에 적응하기 위해 이전과는 다른 규범이나 가치, 기능 등을 습득하는 과정을 ( )라고 한다.

04 표는 사회화 기관을 유형에 따라 분류한 것이다. ㉠, ㉡에 들어갈 내용을 각각 쓰시오.

구분	1차적 사회화 기관	2차적 사회화 기관
(㉠) 사회화 기관	–	학교, 직업 훈련소 등
(㉡) 사회화 기관	가족, 또래 집단 등	직장, 대중 매체 등

05 다음 괄호 안의 내용 중 알맞은 말에 ○표를 하시오.

(1) 아내와 남편은 (귀속 지위, 성취 지위)이다.
(2) (역할, 역할 행동)이 사회적 기대에 부합하지 않을 경우 사회적 비난이나 제재가 따를 수 있다.

06 다음 빈칸에 들어갈 내용을 쓰시오.

(1) 개인이 자신의 역할을 실제로 수행하는 구체적인 방식을 ( )이라고 한다.
(2) 한 개인이 둘 이상의 서로 다른 지위에 따른 역할을 동시에 수행해야 하는 상황에서 역할 간 충돌이 발생하여 나타나는 심리적 갈등을 ( )이라고 한다.

2단계 내신 다지기

A 개인과 사회의 관계

출제가능성 90%

01 다음 글에 나타난 개인과 사회의 관계를 바라보는 관점에 대한 설명으로 옳은 것은?

> 법이나 관습, 종교 생활, 화폐 체계와 같은 사회적 사실은 개인의 심리에서 발견할 수 없는 개인 외부의 실재이고, 개인적 사실로 환원될 수 없다. 따라서 사회적 사실은 개인과 무관할 뿐만 아니라 개인에 외재하면서 개인을 제약하는 객관적 실재이다.

① 사회는 개인들의 합에 불과하다.
② 공익보다 개인의 이익을 중시한다.
③ 개인에 대한 사회 구조의 영향력을 간과한다.
④ 개인이 사회 속에서만 존재 의미를 갖는다고 본다.
⑤ 사회 규범의 구속성보다 개인의 자율성을 중시한다.

02 다음 글의 필자가 지닌 개인과 사회의 관계를 바라보는 관점에 부합하는 진술만을 <보기>에서 있는 대로 고른 것은?

> 학력을 중시하는 현상은 학생과 학부모, 그리고 교사들이 그것을 필요하다고 생각했기 때문에 나타난 것입니다. 따라서 사람들의 가치관이 달라지면 우리 사회의 대학 입시도 달라질 것입니다.

보기

ㄱ. 개인의 속성이 사회의 속성을 결정한다.
ㄴ. 사회는 개인의 의식과 행위를 구속한다.
ㄷ. 사회는 개인에 대하여 불가항력적인 존재이다.
ㄹ. 개인의 특성에 초점을 맞춰 사회·문화 현상을 분석해야 한다.

① ㄱ, ㄹ ② ㄴ, ㄷ ③ ㄱ, ㄴ, ㄷ
④ ㄱ, ㄴ, ㄹ ⑤ ㄴ, ㄷ, ㄹ

출제가능성 90%

03 (가), (나)에 나타난 개인과 사회의 관계를 바라보는 관점에 대한 옳은 설명을 <보기>에서 고른 것은?

> (가) 인간은 자연권을 보장하기 위해 계약을 통해 국가라는 정치 공동체를 결성하였다. 그러므로 국가는 개인의 자유를 보장하기 위한 수단에 불과하며, 정부가 개인의 자유를 억압할 때에는 이에 저항하여 정부를 재구성할 권리를 가진다.
> (나) 사회 유기체설은 사회를 하나의 살아 있는 생명체로 보는 이론으로, 사회 구성원으로서의 개인을 생물 유기체의 기관에 비유한다. 개인은 사회 유기체의 한 부분으로서 저마다의 역할을 수행하지만, 사회 유기체를 떠나서는 존재할 수 없다고 설명한다.

보기

ㄱ. (가)의 관점은 개인의 발전이 곧 사회의 발전이라고 본다.
ㄴ. (나)의 관점은 인간을 주체적이고 능동적인 존재로 본다.
ㄷ. (가)의 관점은 (나)의 관점과 달리 사회 전체를 위한 개인의 희생이 정당화될 우려가 있다.
ㄹ. (나)의 관점은 (가)의 관점과 달리 사회가 개인으로 환원하여 설명할 수 없는 고유한 성격을 지닌다고 본다.

① ㄱ, ㄴ ② ㄱ, ㄹ ③ ㄴ, ㄷ
④ ㄴ, ㄹ ⑤ ㄷ, ㄹ

04 개인과 사회의 관계를 바라보는 갑, 을의 관점에 대한 설명으로 옳지 않은 것은?

> • 갑: 투표할 때 후보자의 소속 정당보다는 후보자 개인의 능력과 자질을 살펴봐야 해.
> • 을: 아니야. 제아무리 잘난 사람도 정당의 영향력에서 벗어날 수 없기 때문에 후보자 개인의 능력이나 자질보다는 정당의 이념이나 정강 정책을 보고 선택해야 해.

① 갑의 관점은 사회를 실체가 없는 허구적 개념으로 본다.
② 갑의 관점은 개개인의 노력을 통해 사회 문제를 해결할 수 있다고 본다.
③ 을의 관점은 개인들이 옳다고 믿기에 사회 규범이 존재한다고 본다.
④ 을의 관점은 공익이 실현되지 않으면 사회 구성원들의 이익도 보장될 수 없다고 본다.
⑤ 갑의 관점은 사회보다 개인을, 을의 관점은 개인보다 사회를 중시한다.

B 인간의 사회화 과정

05 ㉠에 들어갈 개념에 대한 설명으로 옳지 않은 것은?

> 인간은 사회 구성원과의 상호 작용을 통해 사회에서 요구하는 일정한 규범이나 사회적 역할을 습득하며 사회적 존재로 성장해 나간다. 이와 같이 한 개인이 그가 속한 사회에서 요구하는 행동 양식과 지식, 기능, 가치, 규범 등을 배우는 과정을 (㉠)(이)라고 한다.

① 사회마다 내용과 방법에 차이가 있다.
② 사회의 유지와 존속 및 통합에 기여한다.
③ 개인의 자아 정체성 형성에 영향을 준다.
④ 개인의 일생 중 특정 시기에만 이루어진다.
⑤ 시간의 흐름에 따라 그 내용이 달라지기도 한다.

06 다음 글을 통해 내릴 수 있는 결론으로 가장 적절한 것은?

> 늑대 무리와 함께 생활해 온 두 소녀가 한 선교사에 의해 발견되었다. 8세로 추정되는 소녀에게는 '카말라', 15세로 추정되는 소녀에게는 '아말라'라는 이름이 붙여졌다. 처음에 이들은 네 발로 걷고 뛰었으며 우유와 고기만을 먹었고, 음식을 먹기 전에 냄새부터 맡는 등 늑대처럼 행동하였다. 의사소통은 불가능하였으며 이들이 할 수 있었던 유일한 소리는 울부짖음뿐이었다. 아말라는 1년 후 바로 죽었지만 카말라는 9년을 더 살았는데, 그동안의 교육에도 불구하고 약 30개의 어휘만 구사할 수 있었다.

① 사회화는 평생에 걸쳐 이루어진다.
② 인간의 사회화에는 결정적 시기가 있다.
③ 사회화는 가족을 통해 이루어질 때 가장 효과적이다.
④ 인간은 선천적으로 사회에 적응하는 능력을 타고난다.
⑤ 사회화는 행동에 대한 모방과 동일시를 통해서만 이루어진다.

07 (가), (나)에 나타난 사회화의 유형에 대한 옳은 설명을 <보기>에서 고른 것은?

> (가) 결혼을 준비하고 있는 갑은 예비부부 교실에 참여하여 배우자를 이해하고 서로 존중하는 의사소통 방법을 배웠다.
> (나) 남한에 온 지 얼마 되지 않은 북한 이탈 주민인 을은 남한 사람들과의 의사소통이 쉽지 않아 다문화 가족 지원 센터를 찾아 한국어 강의를 수강하였다.

보기

ㄱ. (가)는 태어나면서부터 겪는 기본적인 사회화이다.
ㄴ. (나)를 위해서는 반드시 기존 사회의 생활 방식을 버려야 한다.
ㄷ. 노인을 대상으로 한 정보화 교육은 (나)와 같은 사회화의 유형에 해당한다.
ㄹ. (가)는 예기 사회화, (나)는 재사회화에 해당한다.

① ㄱ, ㄴ ② ㄱ, ㄷ ③ ㄴ, ㄷ
④ ㄴ, ㄹ ⑤ ㄷ, ㄹ

C 사회화 기관

출제가능성 90%

08 그림은 사회화 기관의 유형을 나타낸 것이다. (가)~(라)에 대한 설명으로 옳지 않은 것은?

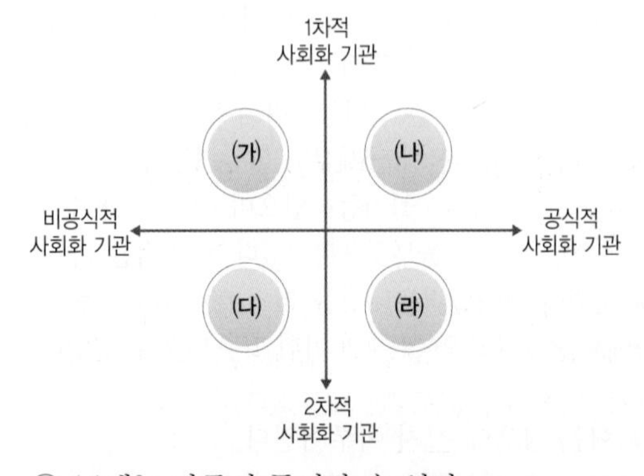

① (가)에는 가족이 들어갈 수 있다.
② (라)는 전문적인 지식과 기술 등을 가르친다.
③ (다)와 (라)는 형성 목적에 따라 구분된다.
④ (가)와 (다)는 사회화의 내용에 따라 구분된다.
⑤ (다)에는 직장이, (라)에는 대중 매체가 들어갈 수 있다.

09 ㉠에 들어갈 사회화 기관에 대한 설명으로 옳은 것은?

> (㉠)은/는 비슷한 나이의 구성원들로 이루어진 집단이다. 개인은 (㉠)와/과 상호 작용을 하면서 집단생활의 규칙이나 질서 의식 등을 학습하고 서로의 행동 발달에 영향을 주고받는다.

① 1차적 사회화 기관에 해당한다.
② 사회화를 의도적으로 수행하는 기관이다.
③ 가장 기초적이고 중요한 사회화 기관이다.
④ 재사회화와 예기 사회화를 주로 담당한다.
⑤ 성인기의 사회화에 가장 큰 영향을 미친다.

10 밑줄 친 사회화 기관에 대한 옳은 설명만을 <보기>에서 있는 대로 고른 것은?

> 사람들은 <u>누리 소통망(SNS)</u>을 통해 다른 사람들과 정보뿐만 아니라 각자의 사회적 경험을 공유하면서 인적 관계를 형성해 나간다. 정보 추구를 기반으로 한 활동의 결과가 관계의 형성과 유지로 이어지는 것이다. 이처럼 누리 소통망은 사람들에게 인적 관계를 맺을 수 있는 소통의 장을 제공하고, 사람들은 다른 사람들과의 상호 작용을 통해 지식과 기능 등을 학습한다.

보기

ㄱ. 새로운 정보를 빠르게 전달한다.
ㄴ. 청소년기의 사회화에만 영향을 미친다.
ㄷ. 정보 통신 기술의 발달로 현대 사회에서 영향력이 더욱 커지고 있다.
ㄹ. 부수적으로 사회화 기능을 수행한다는 점에서 가족과 같은 유형의 사회화 기관에 해당한다.

① ㄱ, ㄴ ② ㄱ, ㄹ ③ ㄴ, ㄷ
④ ㄱ, ㄷ, ㄹ ⑤ ㄴ, ㄷ, ㄹ

D 지위와 역할

11 다음 글을 통해 알 수 있는 내용으로 가장 적절한 것은?

> 전통 사회에서 부모의 역할은 일반적으로 아버지의 역할과 어머니의 역할이 명확하게 구분되었다. 아버지는 한 집안의 가장으로 가족의 생계를 책임질 뿐만 아니라 권위를 가지고 가족을 잘 통솔하는 역할을 주로 담당하였다. 어머니는 집안 살림을 책임지고 일상생활에서 섬세하게 자녀를 돌보아야 했다. 그러나 현대 사회에서는 어머니도 생계를 책임질 수 있으며 아버지도 자녀 양육에 적극적이어야 한다는 인식이 확산하였다.

① 지위에 대한 평가는 사회에 따라 달라질 수 있다.
② 사회가 변화함에 따라 지위에 따른 역할이 변화하기도 한다.
③ 같은 지위를 가지고 있는 개인들은 역할을 수행하는 방식이 같다.
④ 개인은 여러 집단에 소속되어 사회적 관계를 맺으므로 여러 개의 지위를 동시에 가진다.
⑤ 전통 사회에서는 귀속 지위가 중요했지만, 현대 사회로 올수록 성취 지위의 중요성이 커지고 있다.

출제가능성 90%

12 밑줄 친 ㉠~㉤에 대한 설명으로 옳지 않은 것은?

> 갑은 양반 가문에서 ㉠ 서자로 태어났다. 신분 제도가 엄격한 조선 시대에 어머니가 정실이 아니었으므로 갑은 중인의 신분에 머물렀고, 과거 시험을 볼 수도 없었다. ㉡ 고민 끝에 갑은 의학의 길을 선택해 내의원의 ㉢ 의관이 되었다. 전쟁이 일어나자 갑은 왕의 피란길에 동행하여 ㉣ 왕과 왕세자들을 극진히 보살펴 왕의 절대적 신임을 얻게 되었고, 전쟁이 끝난 후 그 ㉤ 공적을 인정받아 종1품 숭록대부에 올랐다.

① ㉠은 선천적으로 주어진 지위이다.
② ㉡은 갑의 역할 갈등에 해당한다.
③ ㉢은 후천적으로 획득한 지위이다.
④ ㉣은 ㉢의 지위에서 수행한 역할 행동이다.
⑤ ㉤은 ㉢으로서 갑의 역할 행동에 대한 보상이다.

13 다음 사례에서 갑이 처한 상황이 발생한 원인으로 가장 적절한 것은?

> 회사원인 갑은 딸과 영화를 보기로 약속한 날짜에 갑자기 야근해야 할 일이 생기면서 딸과의 약속을 지킬 것인지, 야근을 할 것인지를 두고 고민 중이다.

① 개인은 한 가지 지위만을 가지기 때문이다.
② 개인에 따라 역할 행동이 다르기 때문이다.
③ 사회적 역할에 의해서 사회적 지위가 결정되기 때문이다.
④ 개인이 가진 서로 다른 지위에 따른 역할들이 충돌하기 때문이다.
⑤ 하나의 지위에 대하여 기대되는 역할들이 서로 상충하기 때문이다.

14 다음 자료와 관련 있는 수업 주제로 가장 적절한 것은?

> **아이 돌봄 서비스**
> • 사업 소개: 만 12세 이하 아동을 둔 맞벌이 가정 등에 아이 돌보미가 직접 방문하여 아동을 안전하게 돌보아 주는 서비스
> • 사업 목적: 직장에서의 일과 가정에서의 양육을 동시에 수행하는 데 어려움을 겪고 있는 맞벌이 가정에 자녀 양육을 지원함으로써 일과 가정의 양립을 돕고자 함

① 역할과 역할 행동
② 성취 지위와 귀속 지위
③ 역할 갈등의 해결 방안
④ 역할 행동에 대한 보상
⑤ 역할 행동에 대한 제재

01 다음 글에 나타난 개인과 사회의 관계를 바라보는 관점에 부합하는 진술로 옳은 것은?

> 개인은 다른 사람의 이익을 이해하고 그것을 고려할 수 있는 '도덕적인 존재'이다. 그러나 집단은 충동을 통제하는 이성, 다른 사람의 필요를 이해하는 능력 등이 개인보다 떨어지기 때문에 집단 이기주의에 빠질 수 있다.

① 사회는 이름만 존재할뿐 실체가 없다.
② 개인의 이익이 사회의 이익보다 우선한다.
③ 사회의 특성은 개인적 행동이 반영된 결과이다.
④ 개인은 사회를 구성하는 부분적인 요소에 불과하다.
⑤ 합리적인 구성원들로 이루어진 사회는 반드시 합리적이다.

2017 평가원 응용 최고난도

02 (가), (나)에 나타난 개인과 사회의 관계를 바라보는 관점에 대한 옳은 설명을 〈보기〉에서 고른 것은?

> (가) 대학의 강의는 참여하는 구성원 개인의 특성에 따라 결정된다. 강의의 질은 교수의 능력에 따라 결정되며, 강의에 대한 평가도 학생들의 개인적 반응에 근거하여 이루어진다.
> (나) 대학의 강의에는 교수와 학생 간에 권력 구조가 존재하며, 교수가 학생들의 학업 정도에 따라 성적을 부여하는 평가 시스템이 존재한다. 또한 강의실에는 수업 시간 준수와 같은 교수와 학생이 따라야 하는 행동 규칙이 작용한다.

보기

ㄱ. (가)는 사회 구조나 사회 제도에 주목하여 사회를 연구해야 한다고 본다.
ㄴ. (나)는 개인이 사회에 의해 구조화된 행동을 한다고 본다.
ㄷ. (가)는 (나)와 달리 개인의 자율성이 사회 규범의 구속성보다 우선한다고 본다.
ㄹ. (나)는 (가)와 달리 사회를 개인의 목표 증진을 위한 도구에 불과하다고 본다.

① ㄱ, ㄴ ② ㄱ, ㄷ ③ ㄴ, ㄷ
④ ㄴ, ㄹ ⑤ ㄷ, ㄹ

03 사회화 기관 (가)~(다)에 대한 설명으로 옳은 것은? (단, (가)~(다)는 각각 가족, 학교, 직장 중 하나이다.)

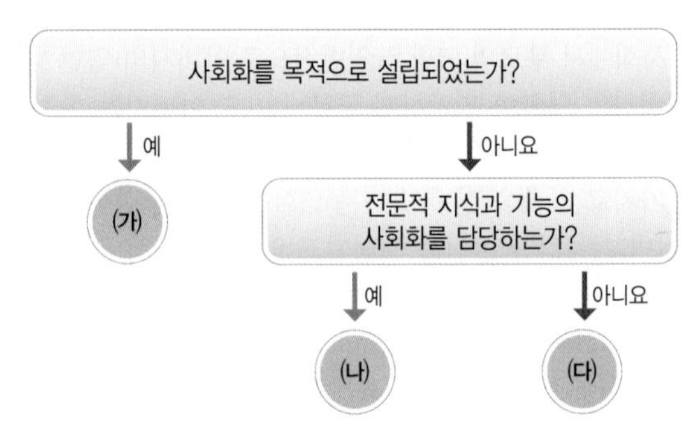

① (가)에서 업무에 필요한 지식과 기술 등을 배운다.
② (나)에서 언어, 예절 등의 기본적인 생활 방식을 익힌다.
③ (다)는 공식적 사회화 기관에 해당한다.
④ (가)는 (나)와 달리 비공식적 사회화 기관에 해당한다.
⑤ (다)는 (나)와 달리 1차적 사회화를 주로 담당한다.

2018 평가원 응용

04 다음 글에 대한 옳은 분석을 〈보기〉에서 고른 것은?

> 가난한 집안의 장남인 갑은 원하던 회사에 합격해 입사 전 신입 사원 연수를 받았다. 그러나 입사 이후 회사 생활에 회의를 느낀 갑은 회사를 그만두고 창업을 하였다. 현재 갑은 경영인상을 수상하는 등 기업의 대표로서 승승장구하고 있다.

보기

ㄱ. 갑은 현재 여러 지위를 동시에 가지고 있다.
ㄴ. 갑이 일하는 곳은 비공식적 사회화 기관이다.
ㄷ. 갑은 기존에 습득한 규범이나 생활 방식을 버리는 사회화를 경험하였다.
ㄹ. 경영인상은 갑이 자신의 역할을 수행하는 구체적인 행동 방식에 해당한다.

① ㄱ, ㄴ ② ㄱ, ㄷ ③ ㄴ, ㄷ
④ ㄴ, ㄹ ⑤ ㄷ, ㄹ

05 두 사람의 대화를 통해 알 수 있는 내용만을 〈보기〉에서 있는 대로 고른 것은?

보기

ㄱ. 갑은 공식적 사회화 기관의 구성원이다.
ㄴ. 을은 자신의 역할 행동에 대해 보상을 받았다.
ㄷ. 을은 갑과 다르게 성취 지위와 귀속 지위 사이에서 역할 갈등을 경험하고 있다.
ㄹ. 갑은 예기 사회화를, 을은 재사회화를 경험하였다.

① ㄱ, ㄴ ② ㄱ, ㄷ ③ ㄴ, ㄷ
④ ㄱ, ㄴ, ㄹ ⑤ ㄴ, ㄷ, ㄹ

06 밑줄 친 ㉠~㉤에 대한 설명으로 옳지 않은 것은?

㉠ 대학교수인 갑은 한 ㉡ 대학의 입학 전형에 면접 위원으로 참여하게 되었다. 그런데 최근 ㉢ 친척으로부터 자신의 자녀가 이 대학에 입학 원서를 접수했으니 잘 부탁한다는 전화가 왔다. 면접 위원은 ㉣ 대학에서 정한 기준에 따라 공정하게 평가해야 하는 것이 원칙이라 갑은 조카를 어떻게 평가해야 할지 ㉤ 마음이 복잡하다.

① ㉠은 후천적 노력에 의해 획득한 지위이다.
② ㉡은 2차적 사회화 기관이며, 공식적 사회화 기관이다.
③ ㉢은 귀속 지위이다.
④ ㉣은 면접 위원인 갑의 역할 행동에 해당한다.
⑤ ㉤은 갑이 성취 지위와 귀속 지위 사이에서 경험한 역할 갈등이다.

서술형 문제

07 다음 글에 나타난 개인과 사회의 관계를 바라보는 관점을 쓰고, 이 관점의 장점과 한계를 각각 서술하시오.

개인들이 아픔을 이해하는 방식도 사회적으로 정해지는 것으로, 육체적 고통 그 자체의 성질과는 무관하다. 예를 들어, 우리나라 사람들이 흔히 '화병'이라고 하는 것을 다른 나라에서 찾기 어렵다. 이처럼 어떤 고통을 '질병'이라고 부르거나 '아프다'고 표현하는 것은 사회적으로 정해진 것이다.

08 ㉠, ㉡에 들어갈 개념을 쓰고, 그 의미를 각각 서술하시오.

부모에게는 자녀를 돌보고 양육할 것을 기대한다. 그러나 어떤 부모는 자녀를 엄하게 대하지만, 다른 부모는 자녀를 자유분방하게 키우기도 한다. 이는 동일한 (㉠)을/를 가지고 있어도 개인에 따라 (㉡)을/를 수행하는 방식이 다르기 때문이다.

09 다음 글을 읽고 물음에 답하시오.

경찰관인 갑은 과속으로 달리는 자동차 운전자에게 범칙금을 부과하기 위해 차를 세웠다. 그런데 운전자가 자신의 아버지임을 알고 그냥 보내야 할지, 범칙금을 부과해야 할지 고민에 빠졌다.

(1) 위 사례에서 갑이 겪고 있는 상황을 의미하는 사회학적 개념을 쓰시오.

(2) (1)을 해결하기 위한 개인적 차원의 노력을 두 가지 이상 서술하시오.

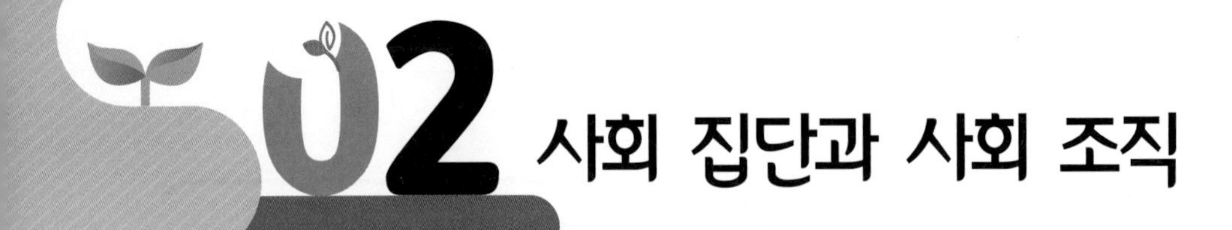

02 사회 집단과 사회 조직

A 사회 집단의 의미와 유형

1. 사회 집단 둘 이상의 사람들이 소속감이나 공동체 의식을 가지고 지속적인 상호 작용을 하는 모임 ⓔ 가족, 또래 집단, 학교, 직장, 동호회 등

- 축구 경기를 관람하기 위해 모인 관중처럼 공동체 의식과 지속적인 상호 작용 없이 같은 장소에 일시적으로 모인 사람들은 사회 집단으로 볼 수 없다.

★ 2. 사회 집단의 유형

(1) 구성원 간의 접촉 방식에 따른 구분

- 사회가 분화되고 전문화되면서 그 수가 증가하고, 영향력도 커지고 있다. (2차 집단)

구분	1차 집단	2차 집단
의미	구성원 간 대면 접촉으로 전인격적인 만남이 이루어지는 집단	구성원 간 간접적 접촉과 수단적 만남이 이루어지는 집단
특징	• 구성원 간의 인간관계 자체가 목적임 • 개인의 인성 형성과 정서적 안정에 큰 영향을 미침 • 비공식적인 제재를 통해 구성원을 통제함	• 특정한 목적을 달성하기 위해 형성됨 • 구성원 간의 인간관계가 도구적이고 형식적임 • 규칙과 법률 등에 의한 공식적 통제가 이루어짐
사례	가족, 또래 집단 등	학교, 회사, 정당 등

(2) 구성원의 결합 의지에 따른 구분

구분	공동 사회(공동체)	이익 사회(결사체)
의미	구성원의 본질적 의지에 의해 자연 발생적으로 형성된 집단	구성원의 선택적 의지에 의해 형성된 집단
특징	• 결합 자체가 목적임 • 구성원 간의 관계가 친밀하고 정서적임 • 구성원 간에 상호 신뢰와 협동심이 강하게 나타남	• 특정한 목적을 달성하기 위해 결합함 • 구성원 간의 관계가 이해타산적이고, 구성원 사이에 경쟁심이 나타남
사례	가족, 친족 등	학교, 회사, 정당, 국가 등

(3) 소속감의 유무에 따른 구분

- 경우에 따라서는 적대감까지도 느낀다. (외집단)

구분	내집단(우리 집단)	외집단(그들 집단)
의미	자신이 소속해 있으면서, 소속감을 느끼는 집단	자신이 소속해 있지 않으면서, 이질감을 느끼는 집단
특징	자아 정체성을 형성하고, 사회생활에 필요한 판단과 행동의 기준을 학습함	외집단과의 갈등은 내집단 의식을 강화하는 요인으로 작용하기도 함
사례	우리 학교, 우리 팀 등	다른 학교, 상대 팀 등

내집단과 외집단의 구분

반 대항 축구 대회에서는 다른 학급이 외집단이지만, 학교 대항 축구 대회에서는 다른 학급도 내집단이 된다. 이는 상대 학교가 외집단이 되고 학교 내 모든 학급이 우리 학교라는 내집단에 포함되기 때문이다.

제시된 사례를 통해 외집단이 내집단이 되기도 한다는 것을 알 수 있는데, 이는 내집단과 외집단의 경계와 범위가 고정불변하는 것이 아니기 때문이다.

3. 준거 집단

(1) 준거 집단: 한 개인이 자신의 신념, 태도, 가치 등을 규정하고 행동의 지침으로 삼는 집단

- 한 개인의 준거 집단을 아는 것은 그 사람을 이해하는 데 도움이 된다.

(2) 준거 집단과 소속 집단의 관계

- 소속 집단: 한 개인이 실제로 소속된 집단

준거 집단과 소속 집단의 일치	소속 집단에 만족감이 높고, 자신의 판단과 행동에 자신감을 지니게 됨
준거 집단과 소속 집단의 불일치	소속 집단에 대해 불만을 가져 집단 구성원과 갈등을 겪을 수 있으며, 상대적 박탈감을 느낄 수 있음

B 사회 조직

1. 사회 조직

(1) 사회 조직: 사회 집단 중에서 구체적인 목표를 지니고 있고, 목표를 달성하기 위한 구성원의 지위와 역할이 명확하며, 공식적인 규범과 절차가 체계적으로 규정된 집단

(2) 사회 조직의 특징: 공식적인 규범과 절차에 따른 구성원의 행동 통제, 다른 집단과의 뚜렷한 경계, 형식적이고 수단적인 인간관계 등

★ 2. 공식 조직과 비공식 조직

- 일반적으로 사회 조직은 공식 조직을 의미한다.

(1) 공식 조직: 특정한 목표 달성을 위해 의도적이고 합리적인 기준에 따라 만들어진 사회 집단 ⓔ 회사, 학교 등

(2) 비공식 조직

- 비공식 조직은 반드시 공식 조직 내에 존재한다.

의미	공식 조직 내에서 공통의 관심사나 취미를 가진 구성원들이 자발적으로 만든 사회 집단 ⓔ 직장 내 동호회, 직장 내 동문회, 직장 내 봉사 모임 등
기능	• 순기능: 공식 조직에서 느낄 수 있는 긴장감을 해소하고 사기를 증진함 → 공식 조직의 업무 효율성 향상에 기여할 수 있음 • 역기능: 공식 조직과 상충하는 목표를 추구하거나 친밀한 인간관계를 내세워 공식 조직의 규칙과 절차를 깨뜨릴 경우 공식 조직의 효율성을 저해할 수 있음

★ 3. 자발적 결사체

(1) 자발적 결사체: 공통의 관심사나 목표를 가진 사람들이 자발적으로 만든 사회 집단

(2) 자발적 결사체의 특징: 구성원의 자발적 참여, 비교적 자유로운 가입과 탈퇴, 1차 집단과 2차 집단의 성격 공존 등

(3) 자발적 결사체의 영향

긍정적 영향	정서적 만족감 제공, 자아 실현의 기회 제공, 사회의 다원화와 민주화 촉진에 기여 등
부정적 영향	다른 집단에 대해 배타적이거나 집단 이기주의에 빠지면 공익과 충돌할 우려가 있음

★ 표시는 시험 전에 확인해 주세요.

(4) 자발적 결사체의 종류

시민 단체	사회 문제의 해결과 공익 증진을 목적으로 만들어진 집단
이익 집단	특정 집단의 이익을 추구할 목적으로 만들어진 집단
친목 집단	취미나 친목을 목적으로 만들어진 집단

• 시민 단체와 이익 집단은 자발적 결사체이자 공식 조직으로 2차 집단의 성격이 강하게 나타난다.

C 관료제와 탈관료제

★ **1. 관료제** • 산업화 이후 대규모 조직을 효율적으로 관리하기 위한 조직 운영 방식이 필요해지면서 등장하였다.

(1) 관료제: 대규모 조직을 효율적으로 운영하기 위한 조직 체계

(2) 관료제의 특징

업무의 세분화·전문화	업무가 세분화·전문화되어 있음 → 효율적인 업무 수행이 가능함
엄격한 위계질서	조직 내 지위가 권한과 책임에 따라 서열화되어 있음 → 업무 수행에 있어 책임 소재가 분명하고, 불필요한 갈등 발생을 막을 수 있음
규칙과 절차에 따른 업무 수행	표준화된 규칙과 절차에 따라 업무를 처리함 → 구성원이 교체되더라도 안정적인 조직 운영이 가능하고, 업무를 공정하게 처리할 수 있음
경력에 따른 보상	연공서열에 따라 승진과 보상이 이루어짐 → 구성원들이 안정적으로 일할 수 있음

• 근속 연수나 나이가 늘어감에 따라 지위가 올라가는 체계

(3) 관료제의 문제점

목적 전치 현상	조직의 목적보다 규칙과 절차의 준수가 우선시되어 업무의 효율성이 떨어짐
조직의 경직성	빠른 사회 변화에 유연하게 대응하지 못함
인간 소외 현상	획일화된 업무 처리로 구성원들이 자율성과 창의성을 발휘하기 어렵고, 조직의 부속품으로 전락함
무사안일주의	연공서열에 따른 승진과 보상으로 인해 업무 수행이 나태해짐

2. 탈관료제

(1) 탈관료제: 관료제의 한계를 극복하기 위해 대안적으로 나타난 새로운 조직 형태 ㉥ 팀제 조직, 네트워크형 조직 등

(2) 탈관료제의 특징

유연한 조직 구조	조직이 상황이나 목표에 따라 자유롭게 구성되고 해체됨 → 새로운 환경에 유연하게 대처할 수 있음
수평적 조직 체계	의사 결정 권한이 분산되어 있음 → 구성원 간 자유로운 의사소통이 가능하며 개인의 자율성과 창의성을 존중함
능력과 성과에 따른 보상	목표 달성을 중심으로 능력과 성과를 평가하여 승진과 임금을 결정함 → 개인의 성취동기와 사기를 높임

(3) 탈관료제의 문제점: 책임과 권한이 명확하게 구분되지 않아 갈등의 소지가 있으며, 조직의 안정성이 떨어져 구성원에게 심리적 불안감을 줄 수 있음

정답과 해설 12쪽

01 둘 이상의 사람들이 (㉠   )이나 공동체 의식을 가지고 지속적인 (㉡   )을 하는 모임을 사회 집단이라고 한다.

02 다음 괄호 안의 내용 중 알맞은 말에 ○표를 하시오.

(1) 사회 집단은 구성원 간의 (접촉 방식, 결합 의지)에 따라 1차 집단과 2차 집단으로 구분할 수 있다.

(2) 이익 사회는 구성원의 (본질적 의지, 선택적 의지)에 따라 특정한 목적을 달성하기 위하여 만들어진 사회 집단이다.

(3) (공동 사회와 이익 사회, 내집단과 외집단)의 구분은 고정불변하는 것이 아니라 상황에 따라 상대적으로 결정된다.

(4) 소속 집단과 준거 집단이 (일치, 불일치)할 경우 소속 집단에 대해 불만을 가질 수 있으며, 상대적 박탈감을 느낄 수 있다.

03 다음 빈칸에 들어갈 내용을 쓰시오.

(1) 사회 집단 중에서 구체적인 목표를 지니고 있고, 목표를 달성하기 위한 구성원의 지위와 역할이 명확하며, 공식적인 규범과 절차가 체계적으로 규정된 집단을 (   )이라고 한다.

(2) (   )는 공통의 관심사나 목표를 가진 사람들이 자발적으로 만든 사회 집단이다.

04 다음 제시된 집단이 공통으로 속한 사회 집단의 유형을 <보기>에서 골라 기호를 쓰시오.

• 친목 집단 • 이익 집단 • 시민 단체

보기

ㄱ. 공식 조직 ㄴ. 이익 사회
ㄷ. 비공식 조직 ㄹ. 자발적 결사체

05 관료제와 탈관료제의 일반적인 특징을 옳게 연결하시오.

(1) 관료제 •   • ㉠ 경력에 따른 보상
(2) 탈관료제 •   • ㉡ 능력과 성과에 따른 보상

A 사회 집단의 의미와 유형

01 (가), (나)에 대한 옳은 설명만을 〈보기〉에서 있는 대로 고른 것은?

(가) 특정 가수의 팬클럽 회원들
(나) 버스를 타기 위해 줄을 선 사람들

보기
ㄱ. (가)는 자연 발생적으로 형성된 집단이다.
ㄴ. (가)는 (나)와 달리 지속적인 상호 작용을 한다.
ㄷ. (나)는 (가)와 달리 소속감이나 공동체 의식을 가지지 않는다.
ㄹ. (가)는 사회 집단이지만, (나)는 사회 집단이 아니다.

① ㄱ, ㄴ ② ㄴ, ㄷ ③ ㄷ, ㄹ
④ ㄱ, ㄴ, ㄷ ⑤ ㄴ, ㄷ, ㄹ

02 ㉠, ㉡에 들어갈 사회 집단에 대한 설명으로 옳지 않은 것은?

교내 합창 대회를 며칠 앞두고 1반 학생들은 신경이 몹시 곤두서 있었다. 왜냐하면 2반이 강력한 우승 후보로 손꼽히고 있었기 때문이다. 내심 실수라도 하기를 바랐지만 결국 교내 합창 대회 대상은 2반이 받게 되었고, 1반 학생들은 크게 아쉬워했다. 하지만 2반이 지역 합창 대회에 학교 대표로 나가게 되자, 1반 학생들은 언제 그랬냐는 듯이 2반을 응원해 주었다. 이는 상대 학교가 (㉠)이/가 되고 학교 내 모든 학급이 (㉡)에 포함되었기 때문이다.

① ㉠은 '그들'이라는 이질감을 느끼는 집단이다.
② ㉡을 통해 개인은 사회생활에 필요한 판단과 행동의 기준을 학습한다.
③ 소속감의 유무에 따라 ㉠과 ㉡을 구분한다.
④ ㉠과 ㉡의 구분은 변하지 않으며 항상 고정된다.
⑤ ㉠은 ㉡에 소속되어 있다는 의식을 강화하기도 한다.

[03~04] 표는 사회 집단의 유형을 결합 의지와 접촉 방식에 따라 구분한 것이다. 이를 보고 물음에 답하시오.

구분		결합 의지	
		(가)	(나)
접촉 방식	(다)	㉠	
	(라)		회사

출제가능성 90%

03 (가)~(라)에 대한 설명으로 옳은 것은?

① (가)는 가입과 탈퇴가 자유롭다.
② (나)는 결합 자체가 목적이다.
③ (다)는 규칙과 법률 등에 의한 공식적 통제가 주로 이루어진다.
④ (라)는 부분적이고 수단적인 인간관계가 지배적으로 나타난다.
⑤ (가)는 공동 사회, (다)는 2차 집단이다.

04 ㉠에 들어갈 사회 집단의 사례로 옳은 것을 〈보기〉에서 고른 것은?

보기
ㄱ. 가족 ㄴ. 정당
ㄷ. 친족 ㄹ. 학교

① ㄱ, ㄴ ② ㄱ, ㄷ ③ ㄴ, ㄷ
④ ㄴ, ㄹ ⑤ ㄷ, ㄹ

05 ㉠, ㉡에 들어갈 용어를 각각 쓰시오.

한 개인이 자신의 신념, 태도, 가치 등을 규정하고 행동의 지침으로 삼는 집단을 (㉠)(이)라고 한다. 대체로 사람들은 자신이 속해 있는 (㉡)을/를 (㉠)(으)로 삼는 경우가 많지만 그렇지 않은 경우도 있다.

B 사회 조직

06 그림은 사회 집단의 종류를 구분한 것이다. (가), (나)에 들어갈 적절한 질문을 〈보기〉에서 골라 옳게 연결한 것은?

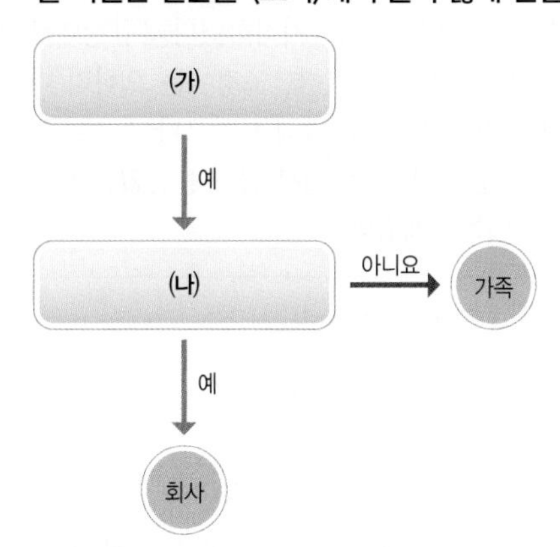

보기

ㄱ. 분명한 목표를 지니고 있는가?
ㄴ. 구성원의 지위와 역할이 체계적으로 정해져 있는가?
ㄷ. 공식적인 규범과 절차에 따라 구성원의 행동을 통제하는가?
ㄹ. 둘 이상의 사람이 소속감이나 공동체 의식을 가지고 지속적으로 상호 작용하는가?

	(가)	(나)
①	ㄱ	ㄴ, ㄷ, ㄹ
②	ㄴ	ㄱ, ㄷ, ㄹ
③	ㄹ	ㄱ, ㄴ, ㄷ
④	ㄱ, ㄴ	ㄷ, ㄹ
⑤	ㄴ, ㄷ	ㄱ, ㄹ

07 (가), (나)에 대한 설명으로 옳지 않은 것은?

(가) ○○ 회사 축구 동호회
(나) △△ 마을 축구 동호회

① (가)는 비공식 조직이다.
② (가)에서는 친밀한 인간관계가 나타난다.
③ (나)는 집단에의 가입과 탈퇴가 비교적 자유롭다.
④ (가)와 달리 (나)는 자발적 결사체이다.
⑤ (가)와 (나) 모두 이익 사회에 해당한다.

출제가능성 90%

08 사회 조직의 유형 (가)~(다)에 대한 옳은 설명을 〈보기〉에서 고른 것은? (단, (가)~(다)는 각각 공식 조직, 비공식 조직, 자발적 결사체 중 하나이다.)

- (가)는 공통의 관심사와 목표를 가진 사람들이 자발적으로 형성한 조직으로, (나) 또는 (다)의 형태를 띨 수 있다.
- (나)의 구성원은 모두 (다)의 구성원이지만, (다)의 구성원이 모두 (나)의 구성원인 것은 아니다.

보기

ㄱ. (가)는 1차 집단의 성격이 나타나지 않는다.
ㄴ. (나)의 대표적 사례에는 회사 내 동호회가 있다.
ㄷ. (다)는 주로 형식적·수단적 인간관계가 나타난다.
ㄹ. (다)는 (가)와 달리 구성원의 선택적 의지에 의해 형성된다.

① ㄱ, ㄴ ② ㄱ, ㄷ ③ ㄴ, ㄷ
④ ㄴ, ㄹ ⑤ ㄷ, ㄹ

09 그림은 갑이 속한 사회 집단의 종류를 나타낸 것이다. 이에 대한 설명으로 옳지 않은 것은?

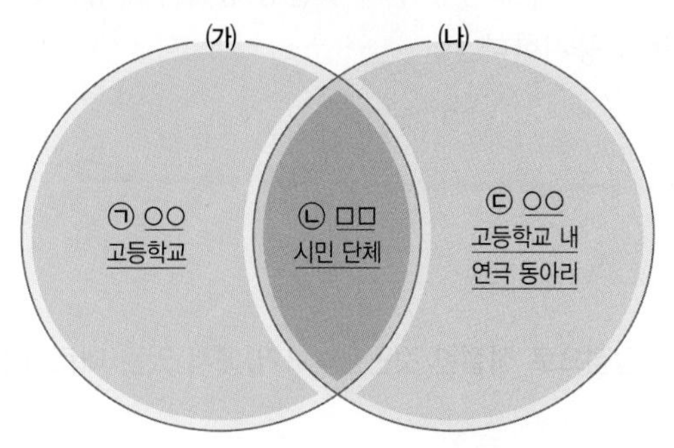

① ㉠은 특정 목적을 달성하기 위해 인위적으로 결합된 집단이다.
② ㉡은 공익 증진을 목적으로 만들어진 집단이다.
③ ㉢은 비공식 조직이다.
④ ㉠은 ㉢에 비해 구성원의 지위와 책임이 명확히 규정된다.
⑤ (가)는 자발적 결사체, (나)는 공식 조직이다.

C 관료제와 탈관료제

10 ㉠, ㉡에 들어갈 사회 조직의 유형을 각각 쓰시오.

> 산업화 이후 사회 규모가 커지고 행정에 대한 요구가 많아지면서 대규모 조직을 합리적이고 효율적으로 관리하는 운영 방식인 (㉠)이/가 등장하였다. 하지만 근대 산업 사회에서 탈산업 사회로 이행하는 과정에서 조직 운영의 한계가 나타남에 따라 이를 극복하기 위한 대안으로 (㉡)이/가 등장하였다.

[11~12] 표는 사회 조직 유형 (가), (나)의 특징을 비교한 것이다. 이를 보고 물음에 답하시오. (단, (가), (나)는 각각 관료제와 탈관료제 중 하나이다.)

구분	(가)	(나)
조직 지속성	높음	낮음
업무 재량권	낮음	높음

11 (가), (나)에 대한 설명으로 옳지 않은 것은?

① (가)는 업무 수행에 있어 책임 소재가 분명하다.
② (나)는 경력보다 성과에 따른 차등적 보상을 중시한다.
③ (나)는 구성원이 바뀌어도 지속적인 업무 처리가 용이하다.
④ (가)는 (나)에 비해 규약과 절차에 따른 업무 처리를 중시한다.
⑤ (나)는 (가)에 비해 상향식 의사 결정 방식과 수평적 의사소통을 중시한다.

12 (나)의 장점으로 적절한 것만을 <보기>에서 있는 대로 고른 것은?

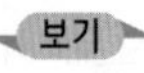

> ㄱ. 조직을 안정적으로 운영할 수 있다.
> ㄴ. 개인의 창의성과 자율성을 중시한다.
> ㄷ. 환경 변화에 유연하게 대처할 수 있다.
> ㄹ. 구성원 간 자유로운 의사소통이 가능하다.

① ㄱ, ㄴ ② ㄴ, ㄷ ③ ㄷ, ㄹ
④ ㄱ, ㄴ, ㄷ ⑤ ㄴ, ㄷ, ㄹ

13 다음 사례를 통해 파악할 수 있는 관료제의 문제점으로 가장 적절한 것은?

> ○○ 업체는 조경 의무를 이행하기 위해 적지 않은 돈을 들여 큰 나무들을 사다 심었다. 그러나 정작 검사를 나온 공무원은 "나무 수가 적다."라고 지적하였다. "규정대로 하자면 묘목을 사다 심어야 하는데, 조경에는 오히려 다 자란 나무가 낫지 않은가?"라고 말해 보았으나 소용이 없었다. 결국 이 업체는 큰 나무를 일부 뽑고 볼품없는 묘목을 다시 심어 나무 수를 채웠다.

① 연공서열을 지나치게 강조한다.
② 업무의 책임 소재가 불분명하다.
③ 조직의 목적보다도 규칙이나 절차 준수를 우선시한다.
④ 무사안일주의를 유발하여 조직의 경쟁력을 약화시킨다.
⑤ 조직의 경직성으로 인해 환경 변화에 유연하게 대처하기가 어렵다.

출제가능성 90%

14 그림은 관료제와 탈관료제 조직의 특징을 도식화한 것이다. 이에 대한 설명으로 옳지 않은 것은?

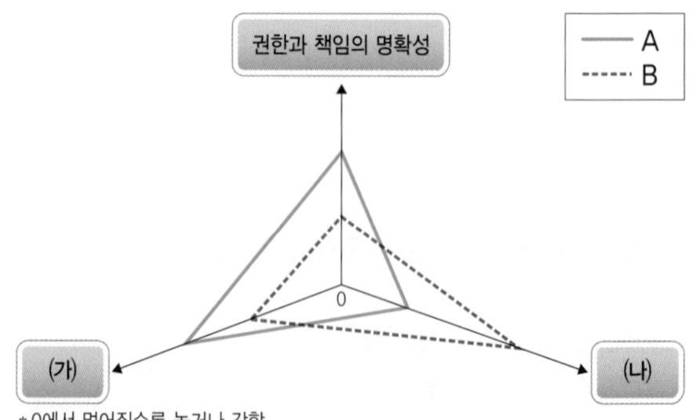

① A는 위계질서가 엄격하다.
② B는 의사 결정 권한의 분산을 지향한다.
③ A는 B에 비해 구성원의 경력을 중시한다.
④ (가)에는 '업무의 표준화'가 들어갈 수 있다.
⑤ (나)에는 '효율적인 과업 수행 지향'이 들어갈 수 있다.

정답과 해설 14쪽

★ 표시는 시험 전에 확인해 주세요.

★ (3) 차별 교제 이론

구분	내용
일탈 원인	일탈 행동을 하는 사람들과의 상호 작용을 통해 일탈 행동의 방법과 일탈 행동을 정당화하는 가치관을 학습하여 사회화한 결과 일탈 행동이 발생함
일탈 사례	우범자들과 지속해서 교류함으로써 일탈자가 되는 경우
해결 방안	일탈 행위자와의 접촉을 차단하고 정상적인 집단과의 교류를 촉진
유용성	일탈 행동이 발생하는 과정을 설명하는 데 유용함
한계	• 일탈 행위자와 장기간 접촉해도 일탈자가 되지 않은 경우나, 반대로 일탈 행위자와 접촉 없이 나타나는 일탈 행동을 설명하기 어려움 • 우연적이고 충동적인 범죄를 설명하지 못함

★ (4) 낙인 이론

낙인 이론은 일탈 행동을 규정하는 객관적 기준이 없다고 본다.

구분	내용
일탈 원인	사회적으로 특정한 행동을 일탈로 규정하고, 그러한 행동을 한 사람들을 일탈자로 낙인찍었기 때문에 일탈 행동이 발생함
특징	• 일탈은 특정 행위 자체가 가지는 본질적인 특성이 아니라, 사회적으로 영향력이 있는 개인이나 집단이 특정 행위를 일탈로 규정지었기 때문에 발생하는 것임 • 1차적 일탈에 대해 사람들이 낙인을 찍으면 일탈 행위자는 스스로 일탈자라는 정체성을 형성함으로써 2차적 일탈을 저지르게 됨
일탈 사례	전과자가 출소 후에 사회적 편견 때문에 다시 범죄를 저지르는 경우
해결 방안	사회적 낙인에 대한 신중한 접근, 올바른 정체성 회복을 위한 재사회화 등
유용성	전과자가 지속해서 일탈 행동을 저지르는 경우를 설명하는 데 유용함
한계	• 1차적 일탈의 원인을 설명하지 못함 • 낙인찍히지 않았음에도 반복적으로 일탈 행동을 하는 경우나, 반대로 낙인이 있었음에도 일탈이 일어나지 않은 경우를 설명하지 못함 • 일탈 행동에 대한 규정이 상대적이라고 보기 때문에 모든 사회에서 중시되는 보편적 규범의 존재를 설명하기 어려움

2차적 일탈: 낙인으로 인해 일탈자라는 정체성을 형성하면서 반복적으로 저지르는 일탈 행동

1차적 일탈: 일시적으로 발생하여 다른 사람의 눈에 띄지 않거나 특별히 문제시되지 않는 일탈 행동

일탈 행동의 발생 원인

• 갑: 청소년이 학교 폭력을 행사하는 이유는 불량한 친구들과 어울리면서 폭력에 대한 기술을 학습하기 때문이야.
• 을: 사회가 폭력을 행사하는 청소년을 포용하지 못하고 문제아로 규정하는 것이 학교 폭력을 더욱 부추긴다고 생각해.
• 병: 청소년들도 경제적으로 풍요를 누리고 싶어 하는데, 정상적인 방법으로는 그 목표를 달성하기 어렵다고 생각한 청소년들이 금품 갈취 등과 같은 폭력을 저지르는 거야.

청소년의 학교 폭력이라는 일탈 행동에 대해 갑은 차별 교제 이론, 을은 낙인 이론, 병은 아노미 이론(머튼)의 관점에서 설명하고 있다. 하지만 각 관점은 모두 유용성과 한계를 지니므로 어느 한 관점으로만 일탈 행동을 설명하기 보다는 다양한 이론적 관점을 균형 있게 활용해야 한다.

01 사회 구성원 간의 상호 관계를 맺는 방식이 정형화되어 안정된 틀을 이룬 상태를 (   )라고 한다.

02 다음에서 설명하는 사회 구조의 특징을 〈보기〉에서 골라 기호를 쓰시오.

보기
ㄱ. 강제성　　ㄴ. 변동성
ㄷ. 안정성　　ㄹ. 지속성

(1) 사회 구조는 사회 구성원들의 사고와 행동을 제약한다. (　　)
(2) 사회 구조는 사회 구성원들의 의지에 따라 변화하기도 한다. (　　)
(3) 사회 구조는 사회를 구성하는 구성원들이 바뀌어도 크게 달라지지 않는다. (　　)
(4) 사회 구성원들은 구조화된 행동을 함으로써 안정된 사회적 관계를 유지할 수 있게 된다. (　　)

03 다음 설명이 맞으면 ○표, 틀리면 ×표를 하시오.

(1) 모든 일탈 행동은 범죄이다. (　　)
(2) 일탈 행동을 판단하는 기준은 상대적이다. (　　)
(3) 일탈 행동은 사회에 부정적인 영향만을 미친다. (　　)

04 다음 괄호 안의 내용 중 알맞은 말에 ○표를 하시오.

(1) (낙인 이론, 차별 교제 이론)은 일탈 행동에 대한 규정이 상대적이라고 본다.
(2) (낙인 이론, 차별 교제 이론)은 정상적인 집단과의 교류 촉진을 일탈의 해결책으로 본다.
(3) (머튼, 뒤르켐)의 아노미 이론은 기회 구조가 차단된 집단의 범죄를 설명하는 데 유용하다.
(4) 지배적 규범의 부재를 일탈의 발생 원인이라고 보는 이론은 (머튼, 뒤르켐)의 아노미 이론이다.

05 낙인 이론은 (㉠   )에 대하여 사람들이 낙인을 찍으면 일탈 행위자는 스스로 일탈자라는 정체성을 형성함으로써 (㉡   )을 저지르게 된다고 본다.

A 사회 구조

출제가능성 90%

01 ㉠에 들어갈 사회학적 개념에 대한 설명으로 옳지 않은 것은?

① 개인의 자유로운 행동을 제한하기도 한다.
② 사회 구성원들이 바뀌어도 쉽게 변하지 않는다.
③ 사회적 관계를 안정적으로 유지할 수 있게 한다.
④ 사회적 관계가 정형화되어 안정된 틀을 이루고 있는 상태이다.
⑤ 특정 상황에서 다양한 양상으로 나타나는 개인들의 행동을 설명하기 용이하다.

02 (가), (나)에 나타난 사회 구조의 특징을 옳게 연결한 것은?

> (가) 학교는 매년 입학생이 들어오고 졸업생이 나가면서 구성원에 변화가 생기지만, 학교 구조 자체는 큰 변화 없이 계속 유지된다.
> (나) 학교에서 종이 울리면 선생님은 수업을 하기 위해 교실에 들어갈 것이고, 학생들은 수업을 듣기 위해 자리에 앉을 것임을 예측할 수 있다.

	(가)	(나)
①	지속성	강제성
②	지속성	안정성
③	안정성	강제성
④	안정성	지속성
⑤	변동성	안정성

03 다음 글을 통해 추론할 수 있는 내용으로 가장 적절한 것은?

> 사회 구조는 상대적으로 안정적이고 지속적이기는 하지만, 건축 구조처럼 아무런 움직임이나 변화 없이 고정적으로 유지되는 것은 아니다. 건축 구조에서 구성 요소들은 무생물로서 고정되어 있고 오랜 세월에도 크게 변화하지 않는다. 하지만 사회 구조에서 개인이라는 요소들은 생명체로서 의식을 가지고 생각하고 행동한다.

① 사회 구조는 사회 구성원에 의해 변동하기도 한다.
② 사회 구조는 사회 구성원의 사고와 행동을 구속하고 강제한다.
③ 사회 구조는 사회 구성원의 원활한 사회생활을 가능하게 한다.
④ 사회 구조는 한순간에 만들어진 것이 아니라 오랜 세월에 거쳐 형성된다.
⑤ 사회 구조는 사회를 구성하는 구성원이 바뀔 경우 정상적으로 유지되기 어렵다.

B 일탈 행동

04 ㉠에 들어갈 용어에 대한 옳은 설명만을 〈보기〉에서 있는 대로 고른 것은?

> (㉠)은/는 사회가 정상적인 것으로 인정하는 규범의 허용 한계를 벗어난 행위이다. (㉠)에 대한 규정은 정상적인 행동과 구별되는 행동을 보여 줌으로써 사회적으로 바람직한 행동의 기준을 제시한다. 즉, 어떤 행동이 바람직한 행동이고, 또 어떤 행동이 바람직하지 않은 행동인지 알려 준다.

보기
ㄱ. 사회 변화를 이끌어 내는 요인이 되기도 한다.
ㄴ. 비난이나 처벌 등 사회적 제재의 대상이 된다.
ㄷ. 범죄보다 더 광범위한 행위를 포함하는 개념이다.
ㄹ. 학생이 학교에 무단결석하는 것은 이에 포함되지 않는다.

① ㄱ, ㄴ ② ㄴ, ㄷ ③ ㄷ, ㄹ
④ ㄱ, ㄴ, ㄷ ⑤ ㄴ, ㄷ, ㄹ

05 다음 글을 통해 알 수 있는 일탈 행동의 특성으로 적절한 것은?

> 과거 우리나라에서는 흡연자들이 길거리 곳곳에서 담배를 피웠고, 심지어 영화관이나 버스에서도 담배를 자유롭게 피울 수 있었다. 하지만 현재 흡연은 강력한 규제의 대상이 되어, 특정 장소를 제외한 대부분 장소에서 흡연을 금지하고 있다.

① 일탈 행동을 판단하는 기준은 고정불변한다.
② 일탈 행동은 시대에 따라 상대적으로 규정된다.
③ 일탈 행동은 상반된 규범이 충돌하면서 발생한다.
④ 일탈 행동은 일탈자와의 상호 작용을 통해 학습된다.
⑤ 일탈 행동은 행위 자체가 가진 본질적인 속성에 따라 규정된다.

C 일탈 행동의 원인과 해결 방안

06 다음 글에 나타난 일탈 이론에 대한 설명으로 옳은 것은?

> 산업 혁명을 통해 산업 구조가 고도화되면서 사람들의 삶은 풍요로워졌지만, 새로운 사회 문제들이 발생하기도 하였다. 그 이유는 사회 구조의 급격한 변화는 필연적으로 도덕적 규범의 변화를 초래하지만, 사람들은 여전히 과거의 규범에 젖어 있기 때문이다. 이처럼 새로운 사회적 규범과 기존의 사회적 규범이 혼재된 시기에 범죄가 증가하는 것은 필연적인 결과이다.

① 일탈 행동의 원인을 개인적 차원에서 파악한다.
② 불평등한 사회 구조로 인해 일탈 행동이 발생한다고 본다.
③ 타인과의 상호 작용을 통한 일탈 행동의 학습 과정에 주목한다.
④ 일탈 행동에 대한 대책으로 사회 통제 기능의 강화를 강조한다.
⑤ 주위 사람들의 부정적인 반응이 일탈 행동의 결정적 요인이라고 본다.

출제가능성 90%

07 다음 내용에 해당하는 일탈 이론에 대한 설명으로 옳은 것은?

> • 중상류층의 범죄를 설명하는 데 한계가 있다.
> • 기회 구조가 차단된 집단의 범죄를 설명하는 데 유용하다.

① 일탈 행동의 상대성을 강조한다.
② 지배적 규범의 부재를 일탈 행동의 원인으로 본다.
③ 일탈의 해결책으로 정상적인 집단과의 교류를 강조한다.
④ 문화적 목표와 제도적 수단 사이의 괴리로 인해 일탈이 발생한다고 본다.
⑤ 특정한 행위를 일탈로 규정하고 이러한 행위를 한 사람을 일탈자라고 낙인찍기 때문에 일탈이 발생한다고 본다.

08 다음 글과 같은 맥락에서 일탈을 설명하는 이론으로 옳은 것은?

> '근묵자흑(近墨者黑) 근주자적(近朱者赤)'이라는 고사성어는 검은 것을 가까이하면 검어지고, 붉은 것을 가까이하면 붉어진다는 뜻이다. 사람도 주위 환경이나 친구의 성향에 따라 변할 수 있다. 훌륭한 스승이나 모범적인 친구를 만나면 그 행실을 보고 배워 자연스럽게 스승이나 친구를 닮게 되고, 나쁜 무리와 어울리면 보고 듣는 것이 언제나 그릇된 것뿐이어서 자신도 모르게 그릇된 방향으로 나아가게 된다.

① 갈등 이론
② 낙인 이론
③ 차별 교제 이론
④ 머튼의 아노미 이론
⑤ 뒤르켐의 아노미 이론

출제가능성 90%

09 다음 글을 통해 알 수 있는 일탈 이론에 대한 옳은 설명을 <보기>에서 고른 것은?

> 범죄를 저질러 교도소에 수감되었다가 형을 마치고 나온 사람은 취업과 같은 중요한 사회적 기회 획득에서 차별을 받곤 한다. 이럴 경우 그들은 자신을 전과자로 인식하고, 다시 범죄의 길로 빠져들 가능성이 높다.

보기

ㄱ. 일탈 집단과의 교류를 일탈 행동의 원인으로 본다.
ㄴ. 행동 자체보다 그에 대한 사회적 반응에 주목한다.
ㄷ. 일탈 행동에 대한 대책으로 일탈자와의 접촉 차단을 강조한다.
ㄹ. 특정 행위가 본질적으로 일탈적 성격을 갖는 것은 아니라고 본다.

① ㄱ, ㄴ ② ㄱ, ㄹ ③ ㄴ, ㄷ
④ ㄴ, ㄹ ⑤ ㄷ, ㄹ

10 그림은 특정 일탈 이론을 도식화하여 나타낸 것이다. 이에 대한 설명으로 옳지 않은 것은?

① ㉠에는 '부정적 자아의 형성'이 들어간다.
② ㉡을 2차적 일탈이라고 한다.
③ 일탈을 규정하는 객관적 기준이 있다고 본다.
④ 일탈자가 되어 가는 내면적 과정에 초점을 둔다.
⑤ 최초의 일탈이 발생하는 이유를 설명하지 못한다.

[11~12] 그림은 일탈 이론 (가)~(다)를 질문에 따라 분류한 것이다. 이를 보고 물음에 답하시오. (단, (가)~(다)는 각각 낙인 이론, 차별 교제 이론, 머튼의 아노미 이론 중 하나이다.)

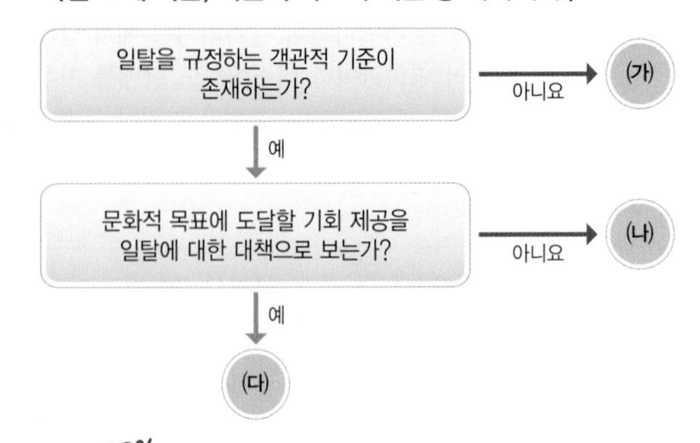

출제가능성 90%

11 (가)~(다)에 대한 설명으로 옳은 것은?

① (가)는 사회 규범의 부재를 일탈 행동의 원인으로 본다.
② (나)는 일탈자와 지속해서 접촉해도 일탈 행동을 하지 않은 경우를 설명하기 어렵다.
③ (다)는 일탈 행동이 타인과의 상호 작용에서 비롯된다고 본다.
④ (나)는 (가)와 달리 최초의 일탈에 대한 부정적 인식이 또 다른 일탈로 이어진다고 본다.
⑤ (다)는 (나)와 달리 신중한 낙인을 일탈의 해결 방안으로 제시한다.

12 (가)~(다)에 해당하는 사례로 적절하지 않은 것은?

① (가) – 사소한 잘못을 저지른 청소년이 사회적 낙인 이후 큰 범죄를 저지르는 경우
② (나) – 교도소에서 소매치기 기술을 배워 출소 후 범죄를 저지르는 경우
③ (나) – 경로 사상이 약화하면서 젊은이들이 노인들을 함부로 대하는 경우
④ (다) – 시험 성적을 올리기 위해 부정행위를 하는 경우
⑤ (다) – 선거에 당선되기 위해 금품과 향응을 제공하는 경우

01 다음 글을 통해 알 수 있는 사회 구조의 속성으로 가장 적절한 것은?

> 과거와 달리 가족이 무엇보다 소중하다는 가치관이 확산함에 따라 우리 사회 곳곳에서 변화의 움직임이 나타나고 있다. 특정 요일을 '가족의 날'로 정해 그날은 야근을 금지하고 모든 사원이 정시에 퇴근하는 회사가 생겨났고, 개인이 원할 때 자녀 양육을 위해 근무 시간을 탄력적으로 조정할 수 있는 제도를 도입한 직장도 늘고 있다.

① 사회 구조는 일방적으로 개인에게 영향을 미친다.
② 사회 구조는 사회 구성원들의 사고와 행동을 제약한다.
③ 사회 구조는 사회 구성원들의 행동을 예측 가능하게 한다.
④ 사회 구조는 사회 구성원의 가치관 변화에 따라 그 성격이 달라질 수 있다.
⑤ 사회 구조는 사회 구성원들이 구조화된 행동을 하지 않아도 안정적으로 유지된다.

02 다음과 같이 일탈 행동을 바라보는 이론에 대한 설명으로 옳은 것은?

> 대부분의 사회에서는 물질적 성공을 문화적 목표로 제시하고, 어떤 배경을 가진 사람이든 열심히 일하기만 하면 그 목표를 달성할 수 있다고 말한다. 하지만 실제로 성공을 위한 합법적 기회가 누구에게나 열려 있는 것은 아니다. 아무리 열심히 일해도 성공에 도달하지 못하는 사람들은 열심히 일하지 않는다는 비난까지 받게 된다. 이는 이들에게 물질적 성공이라는 문화적 목표를 손에 넣기 위해 불법적 방법이라도 시도해야 하는 상당한 압력으로 작용한다.

① 급격한 사회 변동으로 일탈 행동이 촉발된다고 본다.
② 타인과의 상호 작용에서 일탈 행동이 비롯된다고 본다.
③ '모로 가도 서울만 가면 된다.'라는 속담과 관련이 있다.
④ 부정적 자아 정체성 형성이 일탈 행동의 원인이라고 본다.
⑤ 일탈 행동을 하는 사람들과 접촉하여 일탈 행동을 배우게 된다고 본다.

2017 평가원 응용 최고난도

03 표는 일탈 이론을 질문에 따라 구분한 것이다. 이에 대한 옳은 설명을 〈보기〉에서 고른 것은? (단, A, B는 각각 낙인 이론, 차별 교제 이론, 뒤르켐의 아노미 이론 중 하나이다.)

질문 \ 이론	A	B
(가)	예	아니요
(나)	아니요	예
(다)	아니요	아니요

보기

ㄱ. (가)가 '급격한 사회 변동으로 인한 규범의 혼재로 일탈이 발생한다고 보는가?'라면 A는 뒤르켐의 아노미 이론이다.
ㄴ. (나)가 '정상적인 사회 집단과의 상호 작용 촉진을 일탈에 대한 대책으로 보는가?'라면 B는 낙인 이론이다.
ㄷ. A가 차별 교제 이론, B가 낙인 이론이라면, '제도적 수단이 제한적인 하층에서 범죄를 저지를 가능성이 높다고 보는가?'는 (다)에 적절하다.
ㄹ. A가 낙인 이론, B가 뒤르켐의 아노미 이론이라면 '일탈 행동을 그 자체에 특별한 속성이 있는 것이 아니라고 보는가?'는 (다)에 적절하다.

① ㄱ, ㄴ　② ㄱ, ㄷ　③ ㄴ, ㄷ
④ ㄴ, ㄹ　⑤ ㄷ, ㄹ

서술형 문제

04 다음 대화를 보고 물음에 답하시오.

> • 갑: 청소년이 학교 폭력을 행사하는 이유는 불량한 친구들과 어울리면서 폭력에 대한 기술을 학습하기 때문이야.
> • 을: 사회가 폭력을 행사하는 청소년을 포용하지 못하고 문제아로 규정하는 것이 학교 폭력을 더욱 부추긴다고 생각해.

(1) 갑, 을의 주장과 관련 있는 일탈 이론을 각각 쓰시오.

(2) 을의 입장에서 일탈 행동을 설명하는 이론의 한계를 서술하시오.

01 문화의 이해

A 문화의 의미

★ 1. 문화의 의미

좁은 의미	공연이나 예술 등 특정 분야에 관련된 것 또는 교양 있거나 세련된 것 예 문화 행사, 문화생활, 문화 시민, 문화인 등
넓은 의미	한 사회의 구성원이 공유하는 의식주, 가치, 규범과 관련된 행동 양식이나 사고방식 등의 모든 생활 양식 예 한국 문화, 청소년 문화, 전통문화 등

2. 문화인 것과 문화가 아닌 것

문화인 것	후천적으로 학습된 것 예 갈증이 날 때 가게에서 음료수를 사서 마시거나 물을 끓여 마시는 것
문화가 아닌 것	본능이나 선천적·유전적 요인에 따른 행동, 개인의 독특한 습관이나 버릇 예 갈증이 나서 물을 찾는 것

3. 문화의 보편성과 특수성

문화의 보편성	어느 사회에서나 공통으로 나타나는 생활 양식이 있음 예 모든 사회에는 언어, 결혼, 종교, 의복 등과 같은 생활 양식이 존재함
문화의 특수성	각 사회의 문화는 다른 사회의 문화와 구분되는 고유한 특징을 가짐 예 사회마다 새해를 맞이하는 구체적인 모습이 다름

문화는 각 사회가 처한 자연환경이나 사회적 상황에 따라 다양하게 나타난다.

새해맞이 문화를 통해 본 문화의 보편성과 특수성

덴마크 사람들은 나쁜 기운을 물리치기 위해 친척 집이나 이웃집 문 앞에서 접시와 컵을 깨뜨리면서 새해를 맞이하고, 에스파냐와 멕시코에서는 새해를 알리는 종이 울릴 때 포도 12알을 먹으며 소원을 빈다. 또한 중국에서는 불행을 쫓기 위해 집과 거리를 붉은색으로 꾸미고 폭죽을 터뜨리면서 새해를 맞이한다. 이처럼 각 나라의 새해맞이 문화는 새해에 나쁜 일이 생기지 않고 바라는 일이 이루어지기를 기원하는 마음을 담고 있다.

대부분의 사회에서 새해에 더 좋은 일이 생기기를 기원하며 새해를 맞이하는 문화가 있다는 점을 통해 문화의 보편성을 확인할 수 있다. 그리고 사회마다 새해를 맞이하는 모습이 다르다는 점을 통해 문화의 특수성을 확인할 수 있다.

B 문화의 속성

1. 문화의 공유성

의미	문화는 한 사회의 구성원이 공통으로 가지는 생활 양식임
특징	같은 사회의 구성원들은 특정한 상황에서 서로의 행동을 이해하고 예측할 수 있음 → 사회 구성원 간에 원활한 상호 작용을 가능하게 함
사례	우리나라에서 '미역국 먹는 날'하면 생일을 떠올리는 것

2. 문화의 학습성

유전적·생물학적 특징에 따라 나타나는 것은 문화라고 하지 않는다.

의미	문화는 선천적으로 타고나는 것이 아니라 사회화 과정을 통해 후천적으로 습득하는 것임
특징	인간은 학습을 통해 언어, 가치, 규범 등을 익히며 사회에 적응함
사례	쌍둥이라고 하더라도 서로 다른 사회에서 자라면 다른 사고방식과 행동 양식을 보이는 것

3. 문화의 축적성

의미	문화는 언어와 문자를 통해 한 세대에서 다음 세대로 전승되고, 시간이 지남에 따라 새로운 요소가 추가되면서 풍부해짐
특징	문화가 발전할 수 있는 원동력이 됨
사례	새로운 재료나 비법이 더해져 김치의 종류가 다양해진 것

4. 문화의 전체성(총체성)

의미	문화를 구성하는 다양한 문화 요소들은 독립적으로 존재하는 것이 아니라 상호 유기적인 관계를 맺으며 하나의 전체를 이룸
특징	문화의 어느 한 부분에 변화가 생기면 연쇄적으로 다른 부분에도 영향을 미침
사례	분유, 세탁기 등의 발명이 여성들의 경제 활동 참여 확대 및 양성평등 의식 확산에 영향을 미치는 것

5. 문화의 변동성

의미	문화는 고정불변한 것이 아니라 시간이 흐름에 따라 기존의 문화 요소가 사라지거나 새로운 문화 요소가 나타나면서 그 형태와 내용이 끊임없이 변화함
특징	인간은 새로운 환경에 적응하거나 새로운 욕구를 충족하기 위해 끊임없이 변화를 추구함
사례	주거 양식이 한옥에서 아파트 등 서양식 건축 형태로 바뀐 것

C 문화를 바라보는 관점과 태도

1. 문화를 바라보는 관점

(1) 총체론적 관점

의미	특정 문화 현상의 의미를 다른 문화 요소나 전체 문화와의 관련성 속에서 이해하려는 관점
필요성	개별 문화 요소만을 분리하여 바라볼 경우 해당 문화가 지닌 의미를 제대로 이해하기 어려울 수 있음

(2) 비교론적 관점

의미	서로 다른 문화 간의 유사성과 차이점을 분석하여 문화의 보편성과 특수성을 이해하려는 관점
필요성	자기 문화의 특징을 객관적으로 이해할 수 있으며, 다른 문화에 대한 이해의 폭을 넓힐 수 있음

★ 표시는 시험 전에 확인해 주세요.

(3) 상대론적 관점 ─ 오늘날과 같이 다른 문화를 접할 기회가 많은 세계화·개방화 시대에 더욱 요구되는 관점이다.

의미	한 사회의 문화를 그 사회의 자연환경, 사회적 상황, 역사적 맥락 등을 고려하여 이해하려는 관점
필요성	특정 기준에 따라 문화를 평가하지 않으므로 다른 문화를 편견 없이 이해할 수 있음

젓가락 문화를 바라보는 관점

우리나라와 중국에서는 식사할 때 모두 젓가락을 사용한다. 그러나 우리나라에서는 마른 음식과 국물 음식을 함께 먹기 때문에 숟가락과 젓가락을 함께 사용하며, 젓가락을 금속으로 만든다. 반면 중국에서는 한 상에 둘러앉아 음식을 덜어 먹기 때문에 멀리 있는 음식을 잘 집을 수 있도록 우리나라보다 젓가락이 길다. 또한 우리나라와 달리 젓가락을 나무로 만든다.

제시된 글에서는 우리나라와 중국의 젓가락 문화 간에 나타나는 유사성과 차이점을 살펴봄으로써 젓가락 문화의 특징을 파악하고 있으므로, 비교론적 관점에서 문화를 바라보고 있음을 알 수 있다. 또한 나라마다 젓가락의 특징이 다른 것을 각 나라의 특수한 음식 문화나 식사법과 연관 지어 이해하고 있으므로, 총체론적 관점에서 문화를 바라보고 있음을 알 수 있다.

★ 2. 문화를 이해하는 태도

─ 자문화 중심주의와 문화 사대주의는 특정 문화를 기준으로 문화의 우열을 평가하는 태도이고, 문화 상대주의는 문화의 우열을 평가할 수 없다고 보는 태도이다.

(1) 자문화 중심주의

의미	자기 문화만을 우수한 것으로 여기고 그것을 기준으로 다른 사회의 문화를 낮게 평가하는 태도
사례	중국의 중화사상, 서양의 오리엔탈리즘 등
장점	• 자기 문화에 대한 자부심을 높이고 집단 내 결속력을 강화할 수 있음 • 고유문화를 보존하고 독자적으로 계승하는 데 도움을 줌
문제점	• 다른 문화를 있는 그대로 이해하기 어려움 • 국수주의로 연결되어 다른 문화와 갈등을 빚을 수 있음 • 다른 사회의 문화를 자기 문화에 종속하려는 문화 제국주의로 변질될 수 있음 (자기 문화의 우수성을 강조하면서 자신의 문화를 다른 문화에 강요하는 것) • 자기 문화만을 최고로 여겨 다른 사회와의 문화 교류를 거부하면 국제적 고립을 초래할 수 있음

─ 국수주의: 자기 문화를 뛰어난 것으로 믿고 다른 문화를 배척하는 것

자문화 중심주의의 사례

오리엔탈리즘이란 서양이 동양과 서양을 문맹과 문명, 야만과 지성으로 나누는 이분법적인 사고 틀을 말한다. 오리엔트라는 말이 들어가 있지만 동양은 오리엔탈리즘의 주체가 아니다. 오리엔탈리즘은 철저하게 서양의 관점에서 바라본 동양에 대한 이미지이고, 서양의 관점에서 동양은 문명화되지 않은 야만 사회이다.

오리엔탈리즘은 서양의 관점에서 동양의 문화를 부정적으로 바라보고 평가하는 관점이므로 서양이 자문화 중심주의적 태도를 가지고 있음을 알 수 있다. 자문화 중심주의는 다른 사회의 문화에 대한 부정적인 편견을 갖게 하여 다른 문화와의 접촉이 많은 현대 사회에서 서로 다른 문화 간의 이해를 방해하고 사회 통합을 저해할 수 있다.

(2) 문화 사대주의

의미	다른 사회의 문화를 우수한 것으로 여기고 추종하면서 자기 문화를 열등하게 평가하는 태도
사례	천하도, 영어 지상주의 등
장점	다른 문화의 좋은 점을 받아들여 자기 문화가 발전하는 계기가 될 수 있음
문제점	• 다른 사회의 문화를 무분별하게 수용할 경우 자기 문화의 주체성을 상실할 수 있음 • 고유문화의 유지 및 발전이 어려워질 수 있음 • 편견을 가지고 문화를 바라보기 때문에 다른 사회의 문화뿐 아니라 자기 문화에 대해서도 제대로 이해하지 못할 수 있음

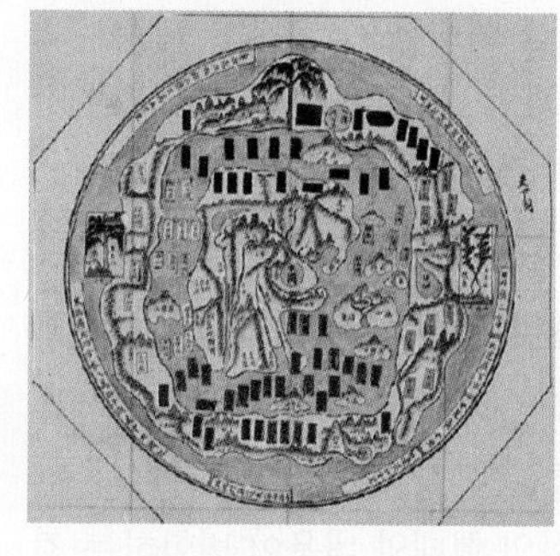

천하도 | 천하도는 조선 시대에 제작된 상상의 세계 지도이다. 천하도에서는 세계를 하나의 원으로 표현하고, 중국을 세계의 중심에 두고 있어 조선이 중국에 사대주의적 태도를 보이고 있음을 알 수 있다.

(3) 문화 상대주의

의미	모든 문화는 서로 다른 자연환경, 역사적 배경, 사회적 맥락에 따라 형성된 것이므로 각자 나름의 고유한 가치가 있다고 보는 태도
특징	• 문화 간에 우열이 존재하지 않는다고 봄 • 문화를 평가의 대상이 아닌 이해의 대상으로 인식함
필요성	• 다양한 문화 현상을 편견없이 객관적으로 이해할 수 있음 • 서로 다른 문화 사이에서 나타날 수 있는 갈등과 분쟁을 예방할 수 있음 • 문화의 다양성을 보존하는 데 이바지할 수 있음
유의점	인간의 존엄성이나 생명 존중과 같은 보편적 가치의 실현을 저해하는 극단적 문화 상대주의로 치우치지 않도록 유의해야 함

극단적 문화 상대주의

일부 국가에서는 부모의 허락 없이 남성을 사귀거나 타 종교로 개종했다는 혐의를 받는 여성이 집안의 명예를 더럽혔다는 이유로 살해되는 명예 살인의 풍습이 존재한다. 살인한 자는 대부분 가벼운 처벌을 받고 심지어 주변 사람들에게 위로를 받기도 한다. 또한 살인한 자가 18세 이하인 경우에는 집안의 명예를 지킨 영웅 대우를 받기도 한다.

제시된 사례에 나타난 명예 살인은 인류의 보편적 가치를 훼손하는 문화이므로 고유한 문화로 존중받기 어렵다. 문화 상대주의를 다른 문화에 대해 어떠한 판단도 해서는 안 된다는 식으로 이해해서는 안 되기 때문이다. 문화를 올바르게 이해하기 위해서는 자유와 평등, 생명 존중 등과 같은 인류의 보편적 가치를 부정하는 문화까지도 무조건 받아들이는 극단적 문화 상대주의적 태도는 경계해야 한다.

정답과 해설 16쪽

01 다음 내용이 맞으면 ○표, 틀리면 ×표를 하시오.

(1) '세종 문화 회관'에서의 문화는 넓은 의미로 사용되었다. (　　)

(2) 선천적이고 유전적인 요인에 따른 행동은 문화에 해당한다. (　　)

(3) 각 사회의 문화는 다른 사회의 문화와 구분되는 고유한 특징을 가지는데 이러한 특징을 문화의 특수성이라고 한다. (　　)

02 문화의 속성과 그 사례를 옳게 연결하시오.

(1) 전체성 • 　　• ㉠ 어르신들이 휴대 전화 사용법을 배워 문자를 보냄

(2) 학습성 • 　　• ㉡ 과학 기술의 발달이 공업화와 도시화 등에 영향을 미침

03 다음 괄호 안의 내용 중 알맞은 말에 ○표를 하시오.

(1) 사회 구성원들이 특정한 상황에서 서로의 행동을 예측할 수 있는 것은 문화의 (공유성, 전체성) 때문이다.

(2) 시간이 지남에 따라 문화의 형태와 내용이 변화하는 것을 문화의 (변동성, 학습성)이라고 한다.

(3) 문화를 구성하는 한 요소가 변화하면 다른 요소들도 연쇄적으로 변화하는데, 이는 문화의 (전체성, 축적성)으로 설명할 수 있다.

04 다음 빈칸에 들어갈 내용을 쓰시오.

(1) (　　　　)적 관점은 문화의 보편성과 특수성에 주목하여 서로 다른 문화 간의 유사성과 차이점을 밝히고자 한다.

(2) (　　　　)적 관점은 문화의 여러 요소가 상호 유기적인 관계를 맺으면서 전체로서 하나의 문화를 이루고 있다는 점을 강조한다.

05 다음에서 설명하는 문화 이해의 태도를 〈보기〉에서 골라 기호를 쓰시오.

보기

ㄱ. 문화 사대주의　　ㄴ. 문화 상대주의

ㄷ. 자문화 중심주의

(1) 문화 간에 우열이 존재하지 않는다고 본다. (　　)

(2) 다른 사회의 문화를 기준으로 자기 문화를 열등하게 평가한다. (　　)

(3) 자기 문화에 대한 자부심을 높이고 집단 내 결속력을 강화할 수 있다. (　　)

A 문화의 의미

출제가능성 90%

01 밑줄 친 ㉠, ㉡에 대한 설명으로 옳지 않은 것은?

• 갑: 이번 수요일은 '㉠ 문화가 있는 날'이네. 오랜만에 친구들과 공연을 보러 가야겠어.
• 을: 나는 지난 토요일에 아프리카 ㉡ 문화에 관해 다룬 텔레비전 프로그램을 보았어. 아프리카의 다양한 문화를 보면서 척박한 자연환경을 극복하며 살아가는 아프리카 사람들의 삶의 지혜를 알 수 있었어.

① ㉠은 좁은 의미의 문화에 해당한다.
② ㉠은 예술과 같은 활동을 지칭하는 개념이다.
③ ㉡은 한 사회의 생활 양식 그 자체를 의미한다.
④ ㉡은 ㉠과 달리 문화를 우수하고 세련된 것으로 본다.
⑤ ㉠, ㉡을 통해 문화가 다양한 의미로 쓰이고 있음을 알 수 있다.

02 다음과 같은 의미로 정의된 문화의 사례로 옳은 것을 〈보기〉에서 고른 것은?

영국의 인류학자 타일러는 "문화란 지식, 신앙, 예술, 도덕, 법률, 관습, 기타 사회 구성원으로서 인간이 획득한 모든 능력이나 습성의 복합적 전체이다."라고 하였다. 이와 같이 문화를 규정하는 것은 문화가 사회 구성원의 전반적인 삶에 미치는 영향력을 파악하는 데 유리하다.

보기

ㄱ. 신문의 문화면에는 그달에 개봉하는 영화에 대한 소개가 실려 있다.
ㄴ. 우리나라의 민속촌에 가면 한국인의 의식주 문화를 체험할 수 있다.
ㄷ. 우리나라에는 세계 어느 곳에 내놓아도 자랑스러운 문화재가 많이 있다.
ㄹ. 동아프리카의 키쿠유족에는 상대의 손바닥에 침을 뱉어 반가움을 표현하는 인사 문화가 있다.

① ㄱ, ㄴ　　② ㄱ, ㄷ　　③ ㄴ, ㄷ
④ ㄴ, ㄹ　　⑤ ㄷ, ㄹ

03 다음은 학생이 수업 시간에 정리한 노트 필기이다. ㉠에 대한 옳은 설명을 〈보기〉에서 고른 것은?

학습 주제: (㉠)의 어원과 의미
- 어원: 경작이나 재배를 의미하는 라틴어에서 유래한 말이다.
- 의미: 좁은 의미에서는 공연이나 예술 또는 교양 있거나 세련된 것을 가리키며, 넓은 의미에서는 한 사회의 구성원이 공유하는 의식주, 가치, 규범과 관련된 행동 양식이나 사고방식 등의 모든 생활 양식을 뜻한다.

보기
ㄱ. 인간의 모든 행위를 포함한다.
ㄴ. 생물적인 본능에 따른 행위를 포함한다.
ㄷ. 정월 대보름에 오곡밥을 지어 먹는 것은 ㉠에 해당한다.
ㄹ. 긴장하거나 당황하면 말을 더듬는 것은 ㉠으로 보지 않는다.

① ㄱ, ㄴ ② ㄱ, ㄹ ③ ㄴ, ㄷ
④ ㄴ, ㄹ ⑤ ㄷ, ㄹ

04 다음 글을 통해 추론할 수 있는 내용으로 적절한 것은?

나라마다 새해를 맞이하는 모습은 조금씩 다르다. 덴마크 사람들은 친척 집이나 이웃집 문 앞에서 접시와 컵을 깨뜨리면서 새해를 맞이한다. 이는 접시와 컵이 깨지는 소리가 나쁜 기운을 물리치고 행운을 불러온다고 믿기 때문이다. 한편 중국에서는 집과 거리를 붉은색으로 꾸미고 폭죽을 터뜨리면서 새해를 맞이한다. 붉은색과 폭죽 소리가 불행을 쫓는다고 믿기 때문이다.

① 문화는 시간이 흐르면서 보편화된다.
② 문화는 사회마다 고유한 특징이 나타난다.
③ 문화는 일정한 기준에 의해 평가할 수 있다.
④ 문화는 환경의 특수성과 관계없이 공통성을 지닌다.
⑤ 문화는 시대를 초월하여 모든 사회에서 동일한 형태로 나타난다.

B 문화의 속성

출제가능성 90%

05 다음 사례를 통해 알 수 있는 문화의 속성에 대한 설명으로 옳은 것은?

우리나라에서는 늦가을에서 초겨울 무렵을 김장철이라고 부른다. 우리나라 사람들은 이 시기에 이웃이 배추, 무, 고춧가루 등을 대량으로 구매하는 것을 보면 겨울에 먹을 김치를 담그기 위해 재료를 준비하는 것이라고 생각한다.

① 문화는 말과 글을 통해 다음 세대로 전승된다.
② 문화는 고정된 것이 아니라 끊임없이 변화한다.
③ 문화는 새로운 문화 요소가 추가되어 점점 더 풍부해진다.
④ 문화를 구성하는 각 요소들은 상호 밀접한 관련을 맺고 있다.
⑤ 문화를 통해 한 사회 구성원들은 서로의 행동을 예측할 수 있다.

06 다음 글에서 설명하는 문화의 속성에 해당하는 사례로 가장 적절한 것은?

인간은 문화를 가지고 태어나는 것이 아니라, 단지 문화를 배울 능력을 갖추고 태어날 뿐이며 성장하면서 언어와 문자 등을 통해 그 사회의 문화를 학습한다.

① 스마트폰은 축적된 인류 기술의 산물이다.
② 우리나라에서는 '미역국 먹는 날'하면 생일을 떠올린다.
③ 쌍둥이로 태어났더라도 서로 다른 사회에서 자라면 다른 사고방식을 보인다.
④ 휴대 전화의 발달이 전자 상거래, 인터넷 강의 등 생활 전반에 영향을 미치고 있다.
⑤ 과거에는 주거 양식이 한옥이었지만, 최근에는 아파트와 같은 서양식 건축 형태로 바뀌고 있다.

[07~08] 다음 글을 읽고 물음에 답하시오.

> (가) 우리나라에서 생활하는 외국인 중에는 처음에는 김치를 잘 먹지 못했지만, 자주 접하면서 김치를 잘 먹게 된 사람이 많다. 더 나아가 김치 담그는 법을 배워서 직접 담가 먹기도 한다.
> (나) 분유, 세탁기 등의 발명으로 예전보다 가사 및 육아로부터 자유로워진 여성들의 경제 활동 참여가 활발해졌다. 이에 따라 여성들의 사회적·경제적 지위가 높아져 양성평등 의식이 확대되었고, 양성평등을 보장하는 제도적 장치도 마련되었다.

07 (가)를 통해 알 수 있는 문화의 속성을 쓰시오.

08 (나)를 통해 알 수 있는 문화의 속성에 대한 설명으로 옳은 것은?

① 전승된 문화를 바탕으로 새로운 문화가 창출된다.
② 문화는 사회화 과정을 거치면서 후천적으로 습득된다.
③ 문화는 시간의 흐름에 따라 그 형태와 내용이 변화한다.
④ 문화는 사회 구성원 간에 원활한 상호 작용을 가능하게 한다.
⑤ 문화의 어느 한 부분에 변화가 생기면 연쇄적으로 다른 부분에도 영향을 미친다.

09 다음 글을 통해 알 수 있는 문화의 속성을 〈보기〉에서 고른 것은?

> 윷놀이 같은 전통 놀이는 세대를 이어 전해지고, 새로운 놀이법이 추가되면서 끊임없이 변화하고 있다. 처음에는 '도·개·걸·윷' 네 끗수밖에 없었는데 '모'가 추가되었고, 최근에는 '백도'가 추가되어 끗수가 여섯 가지로 늘어났다.

보기
ㄱ. 학습성　　ㄴ. 축적성
ㄷ. 전체성　　ㄹ. 변동성

① ㄱ, ㄴ　② ㄱ, ㄷ　③ ㄴ, ㄷ
④ ㄴ, ㄹ　⑤ ㄷ, ㄹ

출제가능성 90%

10 (가), (나)를 통해 알 수 있는 문화의 속성에 대한 옳은 설명을 〈보기〉에서 고른 것은?

> (가) 우리나라 최초의 온돌은 방 일부에만 구들을 놓는 쪽구들 형태였지만, 고려 시대 이후 여러 줄의 고래가 있는 형태가 등장하였다.
> (나) 우리나라의 전통 가옥은 온돌 난방 방식의 효율성을 위해 집의 천장이 낮게 지어졌다. 이에 자연스럽게 앉아서 생활하는 방식이 정착되었고, 품이 넉넉한 의복을 입게 되었다.

보기
ㄱ. (가)는 문화가 고정되어 있지 않고 변화하는 것임을 보여 준다.
ㄴ. (가)는 문화가 구성원의 사고와 행동을 구속한다는 것을 보여 준다.
ㄷ. (나)는 문화의 각 요소가 상호 연관되어 있음을 보여 준다.
ㄹ. (나)는 문화가 세대 간 전승을 통해 복잡하고 다양해짐을 보여 준다.

① ㄱ, ㄴ　② ㄱ, ㄷ　③ ㄴ, ㄷ
④ ㄴ, ㄹ　⑤ ㄷ, ㄹ

C 문화를 바라보는 관점과 태도

11 다음 글에서 강조하는 문화를 바라보는 관점에 대한 설명으로 옳은 것은?

> 한 사회의 문화는 정치, 경제, 법률, 가족, 종교, 예술, 관습 등의 다양한 요소로 구성되어 있으며 서로 관련을 맺고 있다. 따라서 한 사회의 문화를 바라볼 때 특정한 문화 요소만을 부각하여 의미를 해석하기보다는 그 문화 요소와 관련한 다양한 측면을 서로 연관 지어 분석해야 한다.

① 자기 문화를 객관적으로 바라볼 수 있게 한다.
② 서로 다른 문화에 공통된 분모가 존재한다고 본다.
③ 특정 문화 현상을 여러 문화 요소와의 관계 속에서 이해하려는 관점이다.
④ 문화 현상을 그 문화가 발생한 사회적 상황 속에서 이해하려는 관점이다.
⑤ 다양한 문화를 비교하여 문화가 갖는 보편성과 특수성을 파악하려는 관점이다.

12 다음 글에 나타난 문화를 바라보는 관점에 대한 옳은 설명을 〈보기〉에서 고른 것은?

> 한국과 일본의 장례는 모두 삼일장을 기본으로 하며 부의금을 받는다는 공통점이 있다. 그러나 슬픔을 표현하는 방식에는 차이가 있다. 한국에서는 곡소리의 크기로 슬픔을 표현한다. 특히 부모의 죽음에 곡소리가 작으면 불효라고 생각하여 돈을 받고 대신 울어 주는 대곡제가 있을 정도였다. 반면 일본에서는 아무리 슬퍼도 조문객 앞에서 슬픈 표정을 짓지 않고 울음을 속으로 삼키며 대부분 조용하게 장례를 지낸다.

보기

ㄱ. 문화를 구성 요소 간의 관계 속에서 파악한다.
ㄴ. 자기 문화를 보다 객관적으로 바라보는 데 유용하다.
ㄷ. 문화를 그 사회의 역사적·문화적 배경 속에서 이해한다.
ㄹ. 서로 다른 문화 간의 유사성과 차이점을 분석하는 관점이다.

① ㄱ, ㄴ ② ㄱ, ㄷ ③ ㄴ, ㄷ
④ ㄴ, ㄹ ⑤ ㄷ, ㄹ

13 밑줄 친 '오리엔탈리즘'에 나타난 문화 이해 태도의 문제점으로 적절한 것은?

> <u>오리엔탈리즘</u>이란 서양이 동양과 서양을 문맹과 문명, 야만과 지성으로 나누는 이분법적인 사고 틀을 말한다. 오리엔트라는 말이 들어가 있지만 동양은 오리엔탈리즘의 주체가 아니다. 오리엔탈리즘은 철저하게 서양의 관점에서 바라본 동양에 대한 이미지이고, 서양의 관점에서 동양은 문명화되지 않은 야만 사회이다.

① 다른 문화와 갈등을 일으킬 수 있다.
② 자기 문화의 주체성을 상실할 수 있다.
③ 집단 내부의 단결과 자부심을 약화한다.
④ 다른 문화를 기준으로 자기 문화를 과소평가한다.
⑤ 문화의 상대성을 지나치게 존중하여 인류의 보편적 가치를 침해할 수 있다.

14 (가), (나)에 나타난 문화 이해의 태도에 대한 설명으로 옳지 <u>않은</u> 것은?

> (가) 조선 시대 사람들은 세계를 하나의 원으로 표현하여 세계의 중심에 중국을 그리고 조선을 그 주변에 배치한 세계 지도를 제작하였다.
> (나) 서양의 일부 국가에서는 이슬람 사회의 여성들이 종교적 이유에서 착용하는 히잡과 부르카가 시대에 뒤떨어지는 미개한 문화라며 공공장소에서의 착용을 금지하고 있다.

① (가)의 태도는 문화 사대주의이다.
② (가)의 태도는 다른 문화를 수용하는 데 어려움을 겪을 수 있다.
③ (나)의 태도는 문화 제국주의로 변질될 가능성이 있다.
④ (나)의 태도는 집단 구성원 간의 결속력을 강화할 수 있다.
⑤ (가)의 태도와 (나)의 태도 모두 문화를 평가의 대상으로 본다.

출제가능성 90%

15 밑줄 친 부분에 나타난 문화 이해의 태도를 경계해야 하는 이유로 적절한 것은?

> 일부 국가에서는 부모의 허락 없이 남성을 사귀거나 타 종교로 개종했다는 혐의를 받는 여성이 집안의 명예를 더럽혔다는 이유로 살해되는 명예 살인의 풍습이 존재한다. 이러한 <u>명예 살인은 그 사회의 독특한 환경과 역사적 배경에서 형성된 것이므로 그 가치를 인정하고 존중해야 한다</u>.

① 문화가 형성된 상황을 고려해야 하기 때문이다.
② 다른 문화에 관해 어떠한 판단도 하면 안 되기 때문이다.
③ 각 사회의 문화가 갖는 특수성을 인정해야 하기 때문이다.
④ 자기 문화를 기준으로 다른 문화를 평가하면 안되기 때문이다.
⑤ 인간의 존엄성과 같은 보편적 가치는 존중받아야 하기 때문이다.

01 밑줄 친 ㉠~㉣에 대한 옳은 설명을 〈보기〉에서 고른 것은?

> 김치는 대표적인 한국의 ㉠ 음식 문화이다. ㉡ 우리나라 사람들은 밥을 먹을 때 자연스럽게 김치를 찾는다. 또한 음식점에 가서도 김치가 반찬으로 나올 것이라고 기대한다. 이는 ㉢ 어릴 때부터 우리 입맛이 김치에 익숙해졌기 때문이다. 그런데 문헌에 따르면 본래 우리나라의 김치는 고춧가루가 들어가지 않은 백김치였다. ㉣ 임진왜란을 거치면서 우리나라에 고추가 전래되고 김치를 담그는 데 고춧가루가 양념으로 들어가면서 지금과 같은 형태의 김치를 먹게 된 것이다.

보기

ㄱ. ㉠에서의 문화는 좁은 의미로 사용되었다.
ㄴ. ㉡은 문화가 한 사회의 구성원 다수가 공통적으로 지니는 생활 양식임을 보여 준다.
ㄷ. ㉢은 시간의 흐름에 따라 문화의 형태나 의미가 변화함을 보여 준다.
ㄹ. ㉣은 새로운 문화 요소가 추가되어 점점 더 풍부해지는 문화의 속성을 보여 준다.

① ㄱ, ㄴ ② ㄱ, ㄷ ③ ㄴ, ㄷ
④ ㄴ, ㄹ ⑤ ㄷ, ㄹ

2017 평가원 응용

02 다음 사례에서 공통으로 부각되는 문화의 속성에 대한 설명으로 옳은 것은?

> • A 지역 사람들은 추운 기후로 인해 집안에 머무르는 시간이 길다. 이는 A 지역 사람들이 오랫동안 끓이는 스튜와 같은 음식을 즐겨 먹는다는 것과 관련이 깊다.
> • B 지역 사람들은 음식의 부패를 방지하기 위해 음식을 만들 때 향신료를 많이 사용한다. 이는 B 지역이 내륙의 분지 지형에 위치하여 여름에 기온이 매우 높다는 것과 관련이 깊다.

① 문화는 사회의 유지와 통합에 기여한다.
② 문화는 선천적이기보다는 후천적으로 습득된다.
③ 문화는 상징을 통해 다음 세대로 전달·계승된다.
④ 문화는 고정된 것이 아니라 지속적으로 변화한다.
⑤ 문화는 하나의 전체 속에서 다른 요소들과 관련을 맺으며 존재한다.

03 (가), (나)에 나타난 문화를 바라보는 관점에 대한 분석으로 적절한 것은?

> (가) 미드는 남태평양에 있는 사모아에서 청소년들의 행동을 관찰한 후 미국 청소년과 사모아 청소년의 사춘기 스트레스의 공통점과 차이점을 비교하였다.
> (나) 미드는 사모아 청소년이 스트레스를 적게 받는 이유를 알아보기 위해 사모아의 청소년 문화가 사모아의 사회적 환경과 어떤 연관성을 가지는지 살펴보았다.

① (가)는 문화가 하나의 전체로서 의미를 갖는다고 본다.
② (가)는 여러 문화를 비교하여 보편성과 특수성을 파악하고자 한다.
③ (나)는 모든 문화는 고유한 가치를 지닌다고 본다.
④ (나)는 자문화를 객관적으로 파악해야 한다고 본다.
⑤ (가)는 비교론적 관점, (나)는 상대론적 관점에서 청소년의 사춘기 스트레스를 이해하고자 한다.

2018 평가원 응용

04 갑~병의 문화 이해 태도에 대한 옳은 설명을 〈보기〉에서 고른 것은?

A국의 ○○ 축제에서는 재앙을 막아 달라는 의미로 많은 동물을 죽여서 바칩니다. 이에 대해 자신의 의견을 말해 봅시다.

갑: 축제 중에 동물을 죽인다 해도 그것은 A국의 사회적 맥락이 반영된 고유한 문화이기에 존중해야 합니다.

을: 고유한 문화로 인정해야 하지만, 그 전에 동물을 죽이는 것이 인류의 보편적 가치를 훼손하는 것은 아닌지 검토해야 합니다.

병: A국의 관습은 야만적인 것입니다. 따라서 A국은 선진국인 우리나라의 동물 애호 정신을 배워서 이런 악습을 없애야 합니다.

보기

ㄱ. 갑의 태도는 문화를 평가의 대상이 아닌 이해의 대상으로 인식한다.
ㄴ. 을의 태도는 극단적 문화 상대주의를 경계해야 한다고 본다.
ㄷ. 병의 태도는 자문화를 보다 객관적으로 파악하는 데 유용하다.
ㄹ. 병의 태도는 갑의 태도와 달리 문화의 다양성을 보존하는 데 유리하다.

① ㄱ, ㄴ ② ㄱ, ㄷ ③ ㄴ, ㄷ
④ ㄴ, ㄹ ⑤ ㄷ, ㄹ

최고난도

05 표는 문화 이해의 태도를 나타낸 것이다. 이에 대한 설명으로 옳은 것은? (단, (가)~(다)는 각각 문화 사대주의, 문화 상대주의, 자문화 중심주의 중 하나이다.)

질문 \ 문화 이해 태도	(가)	(나)	(다)
자기 문화의 주체성이 약화되는가?	아니요	예	아니요
각 사회가 지닌 문화의 고유한 의미와 가치를 인정하는가?	아니요	아니요	예
㉠	예	예	아니요

① (가)는 다른 사회의 문화를 기준으로 자기 문화를 낮게 평가한다.
② (나)는 국수주의로 변질될 수 있다는 비판을 받는다.
③ (다)가 극단적일 경우 문화 제국주의가 나타날 수 있다.
④ (나)는 (가), (다)와 달리 문화의 상대성과 다양성을 인정한다.
⑤ ㉠에는 '문화의 우열을 평가하는 절대적 기준이 있다고 보는가?'가 들어갈 수 있다.

2016 평가원 응용

06 문화 이해의 태도 A~C에 대한 옳은 설명을 〈보기〉에서 고른 것은? (단, A~C는 각각 문화 사대주의, 문화 상대주의, 자문화 중심주의 중 하나이다.)

타 문화를 받아들이는 데 있어 A는 B에 비해 수용적이지만, 자기 문화의 정체성을 보존하는 데는 B가 A보다 유리하다. 한편 문화의 다양성을 높이기 위해서는 A나 B보다 C가 필요하다.

보기

ㄱ. A의 사례로 외국 브랜드 제품을 맹목적으로 선호하는 것을 들 수 있다.
ㄴ. B는 극단적 문화 상대주의에 빠질 가능성이 높다는 비판을 받는다.
ㄷ. C의 사례로 연장자에게 악수를 청하는 외국인을 보고 무례하다고 비난하는 것을 들 수 있다.
ㄹ. A는 다른 사회의 문화를 기준으로, B는 자기 문화를 기준으로 각 사회의 문화를 평가한다.

① ㄱ, ㄴ ② ㄱ, ㄹ ③ ㄴ, ㄷ
④ ㄴ, ㄹ ⑤ ㄷ, ㄹ

서술형 문제

07 다음 사례를 통해 알 수 있는 문화의 속성을 쓰고, 그 특징을 서술하시오.

우리나라 사람은 '미역국 먹는 날'하면 대부분 생일을 떠올린다. 이는 생일에 미역국을 먹는 문화가 우리에게 있기 때문이다. 반면 시험 보는 날에는 미역국을 잘 먹지 않는다. 똑같은 미역국이라도 어떤 날 먹느냐에 따라서 그 의미가 다르다는 것을 알기 때문이다. 하지만 우리 문화를 잘 모르는 외국인은 미역국이 지니는 의미를 알지 못한다.

08 다음 글을 읽고 물음에 답하시오.

(가) 어른이 아이를 야단칠 때 꾸중 듣는 아이가 고개를 숙이는 것에 익숙한 우리나라 사람들은 서양에서 꾸중을 듣는 아이가 고개를 뻣뻣이 들고 쳐다보는 것을 예의 없다고 비난한다.
(나) 옛날 연나라에 살던 한 젊은이는 작은 나라에 사는 자신의 처지를 한탄하며 큰 나라인 조나라를 동경하였다. 이 젊은이는 조나라 사람들의 걸음걸이가 자기 나라와 다른 것을 보고, 자신의 걸음걸이를 매우 부끄러워했다.

(1) (가), (나)에 나타난 문화 이해의 태도를 각각 쓰시오.

(2) (가), (나)와 같은 문화 이해 태도의 문제점을 각각 서술하시오.

02 현대 사회의 문화 양상

A 다양한 하위문화

1. 주류 문화와 하위문화

(1) 주류 문화(전체 문화): 한 사회의 구성원 대부분이 공유하는 문화

→ 한 사회에서 지배적인 영향을 끼치는 문화라는 의미에서 지배 문화라고도 불린다.

(2) 하위문화

① 하위문화의 의미와 특징

의미	한 사회 내의 일부 구성원만이 공유하는 문화 예 지역 문화, 세대 문화, 반문화 등
형성	같은 지역이나 취미, 비슷한 나이 등을 바탕으로 한 집단의 구성원들이 상호 작용하는 가운데 형성됨
특징	• 사회가 다원화되고 복잡해질수록 다양해짐 • 시간이나 공간에 따라 상대적인 성격을 띰

→ 하위문화는 주류 문화의 범주를 어떻게 규정하느냐에 따라 상대적으로 규정할 수 있다.

② 하위문화의 기능

순기능	• 주류 문화에서는 얻을 수 없는 다양한 문화적 욕구를 충족시켜 줌 • 같은 하위문화를 공유하는 구성원의 문화 정체성 및 소속감 형성에 도움을 줌 • 사회 전체의 문화를 풍부하고 다양하게 함
역기능	서로 다른 하위문화 간의 차이를 인정하지 않을 경우 문화적 갈등이나 충돌이 발생할 수 있음

★ 2. 다양한 하위문화

(1) 지역 문화

의미	한 사회를 구성하는 여러 지역 사회에서 나타나는 고유한 생활 양식
형성	각 지역 사람들이 서로 다른 자연환경, 역사적 배경, 사회적 상황 등에 적응하는 과정에서 형성됨
기능	• 지역의 고유성을 보존하고 지역 주민의 정체성 및 유대감을 형성할 수 있음 • 전체 사회의 문화적 다양성을 높여 문화의 획일화를 방지할 수 있음

지역 문화의 사례 – 사투리 문화

최근 사투리를 보존하려는 지방 자치 단체의 움직임이 활발하게 전개되고 있다. 울산광역시에서는 울산 방언사전을 펴내 사투리 보존에 나서고 있으며, 강원도에서는 강릉 사투리 보존회가 다양한 문화 콘텐츠를 통해 사투리 알리기에 나서고 있다. 또한 제주특별자치도에서는 제주어 보전 육성 위원회와 제주어 연구소를 개설하여 제주도 사투리를 보전하고 알리기 위해 다양한 측면에서 노력하고 있다.

사투리는 지역의 역사와 전통, 지역민의 독특한 정서가 배어 있는 지역 문화에 해당한다. 이러한 지역 문화는 지역의 고유성을 보존하고 지역 주민에게 일체감과 자부심을 느끼게 하고, 사회 전체적으로 문화적 다양성을 높이는 역할을 한다.

(2) 세대 문화

→ 기성세대의 문화에 비판적이며, 충동적·모방적인 성향을 띤다.

의미	공통의 체험을 토대로 사고방식이나 생활 양식이 비슷한 일정 범위의 연령층이 공유하는 문화 예 청소년 문화, 노인 문화 등
양상	급격한 사회 변동으로 세대를 구분하는 연령의 범위가 좁아지면서 세대 문화가 다양해지고 있음
특징	• 같은 세대에 속하는 사람들의 일체감과 정체성 형성에 이바지할 수 있음 • 다른 세대의 경험이나 사고를 이해하지 못할 경우 세대 갈등을 유발할 수 있음

세대 문화의 사례 – 청소년 문화

오늘날 많은 청소년들은 '생일 선물'을 '생선'으로, '재미 없다'를 '노잼'으로 줄여 말하며 그들만의 유대감을 형성한다. 그러나 기성세대는 청소년들이 사용하는 신조어의 의미를 이해하기 어렵다.

제시된 사례를 통해 청소년 문화는 기존의 틀에 얽매이지 않고 새로운 것을 추구한다는 점을 알 수 있다. 그러나 이러한 청소년 문화를 기성세대가 이해하지 못할 경우 세대 간 갈등이 발생할 수 있다.

(3) 반문화

의미	한 사회의 구성원 전체가 따르고 누리는 지배적인 문화에 저항하고 대립하는 문화 예 히피 문화, 비행 청소년 문화 등
특징	반문화에 대한 규정은 시대나 사회에 따라 달라질 수 있음
기능	• 주류 문화의 변동을 유도하여 새로운 문화를 형성하거나 사회를 변화시킬 수 있음 • 독자성이 강하고 주류 문화에 적대적인 경우가 많아 사회 갈등 및 사회적 혼란을 초래할 수 있음

반문화의 사례 – 히피 문화

1960년대 미국에 나타난 히피 집단은 기존의 사회 통념, 제도, 가치관 등에 저항하면서 자신들만의 공동체를 형성하였다. 이들은 전쟁과 폭력을 반대하고, 자연과 공존하는 생활 태도를 지향하였으며 인권, 평화 등과 같은 새로운 가치 질서를 확산시켜 나갔다.

반문화는 주류 문화에 적대적인 경우가 많기 때문에 사회적 혼란을 초래하기도 한다. 그러나 주류 문화에 대한 성찰의 계기를 마련하여 사회가 바람직한 방향으로 변화하는 데 도움을 주기도 한다.

B 대중문화

1. 대중문화와 대중 매체

(1) 대중문화의 의미와 특징 → 예 가요, 드라마, 영화 등

의미	한 사회 내의 불특정 다수가 공유하는 문화
형성 배경	대중의 지위 상승 및 문화적 역량 증대, 대중 매체의 발달 등
특징	• 대중 매체를 통해 넓은 범위에 빠르게 확산됨 • 대중이 일상생활에서 쉽게 접하고 즐길 수 있음 • 대량으로 생산되고 다수에 의해 대량으로 소비됨

→ 대중문화는 대중의 수준과 기호를 반영한다.

정답과 해설 18쪽

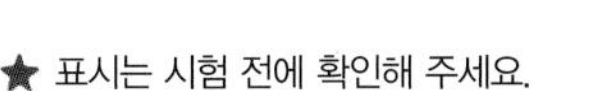
★ 표시는 시험 전에 확인해 주세요.

(2) 대중문화의 기능

순기능	• 대중에게 오락과 휴식을 제공하여 대중의 삶을 풍요롭게 함 • 소수의 특권층이 누리던 문화적 혜택을 다수가 누릴 수 있게 함 → 문화의 민주화에 이바지함 • 사회 문제에 대한 대중의 관심을 높이고 대중이 사회 문제에 참여하도록 함
역기능	• 대중 매체를 통해 동일한 정보를 동시에 제공하여 사회 구성원들의 생활 양식이나 가치관이 획일화될 수 있음 • 상업성이 지나치게 강조될 경우 대중문화의 질이 낮아질 수 있음 (대중의 흥미를 끌기 위해 선정적이고 폭력적인 내용을 다룰 수 있다.) • 오락성에 치우쳐 대중의 정치적 무관심을 조장할 수 있음 • 특정 세력이 대중 매체를 독점할 경우 대중문화가 정보 왜곡과 여론 조작에 이용될 수 있음

(3) 대중 매체의 의미와 종류

① 대중 매체: 불특정 다수에게 같은 지식이나 정보를 대량으로 동시에 전달하는 수단 예 신문, 잡지, 라디오, 텔레비전, 스마트폰 등

② 대중 매체의 종류 (인쇄·음성·영상 매체는 정보가 대중에게 일방적으로 전달되므로 일방향 매체, 뉴 미디어는 정보 전달이 쌍방향으로 이루어지므로 쌍방향 매체라고 한다.)

인쇄 매체	문자와 사진을 이용하여 정보를 전달함, 깊이 있는 정보 전달이 가능하나 정보 전달의 속도가 느림 예 신문, 잡지 등
음성 매체	소리를 이용하여 정보를 전달함, 적은 비용으로 넓은 범위에 정보 전달이 가능함 예 라디오
영상 매체	소리와 영상을 이용하여 정보를 전달함 예 텔레비전
뉴 미디어	문자, 사진, 소리, 영상 등 다양한 수단으로 정보를 전달함, 정보를 복제하고 전송하기 쉬움 예 인터넷, 스마트폰 등

대중 매체의 발달

과거에는 신문, 라디오, 텔레비전 등과 같은 일방향 매체를 통해 대중문화가 생산되었고, 대중은 문화를 소비하는 수준에 머물렀다. 그러나 최근에는 뉴 미디어와 같이 디지털 기술을 이용한 쌍방향 매체의 비중이 커지면서 대중이 대중문화의 생산에 직접 참여하는 일이 많아졌다.

뉴 미디어의 등장으로 대중문화의 생산자와 소비자의 경계가 점차 모호해지고 있다. 최근에는 인터넷을 이용한 1인 미디어가 확산하면서 과거의 대중문화 소비자들이 적극적인 문화의 생산자로 변화하고 있다. 그러나 뉴 미디어는 무책임하고 왜곡된 정보가 생산되고 전파되기 쉬워 정보의 신뢰성에 대한 확인이 필요하다.

2. 대중문화를 수용하는 바람직한 자세

(1) 대중문화의 비판적 수용: 대중 매체가 제공하는 지식이나 정보를 여러 매체를 통해 비교하여 비판적으로 수용해야 함

(2) 대중문화의 상업성 경계: 이익을 추구하는 대중 매체에 의해 형성되는 대중문화의 지나친 상업성을 경계해야 함

(3) 대중문화의 생산자 역할 수행: 대중은 문화의 소비자이자 생산자로서 건전한 대중문화를 만들기 위해 노력해야 함

01 다음 설명이 맞으면 ○표, 틀리면 ×표를 하시오.

(1) 사회가 다원화되고 복잡해질수록 하위문화의 수는 줄어든다. ( )

(2) 한 사회의 구성원 대부분이 공유하는 문화를 주류 문화라고 한다. ( )

(3) 하위문화는 같은 하위문화를 누리는 구성원의 문화 정체성과 소속감 형성에 도움을 준다. ( )

02 다음 설명에 해당하는 하위문화의 유형을 〈보기〉에서 골라 기호를 쓰시오.

보기
ㄱ. 지역 문화 ㄴ. 세대 문화 ㄷ. 반문화

(1) 한 사회를 구성하는 여러 지역 사회에서 나타나는 고유한 생활 양식이다. ( )

(2) 한 사회의 구성원 전체가 따르고 누리는 지배적인 문화에 저항하고 대립하는 문화이다. ( )

(3) 공통의 체험을 토대로 사고방식이나 생활 양식이 비슷한 일정 범위의 연령층이 공유하는 문화이다. ( )

03 다음 괄호 안의 내용 중 알맞은 말에 ○표를 하시오.

(1) 대중문화는 대중 매체를 통해 전달되므로 공유되는 범위가 (넓다, 좁다).

(2) 대중문화는 (다수, 소수)의 취향에 맞추어 대량으로 생산되고 대량으로 소비된다.

(3) 뉴 미디어의 등장으로 (일방향, 쌍방향) 의사소통이 가능해져 대중이 문화 생산자로서의 역할을 하게 되었다.

04 다음 빈칸에 들어갈 내용을 쓰시오.

(1) 불특정 다수에게 같은 정보를 대량으로 동시에 전달하는 수단을 (　　　)라고 한다.

(2) 대중문화의 (　　　)이 지나치게 강조될 경우 폭력성과 선정성을 띠는 등 문화의 질이 낮아질 수 있다.

(3) 대중문화는 대중에게 동일한 정보를 제공하므로 사람들의 생활 양식이나 가치관이 (　　　)될 수 있다.

A 다양한 하위문화

01 ㉠, ㉡에 대한 설명으로 옳지 않은 것은?

> 한 사회의 구성원들은 오랫동안 함께 생활하면서 같은 문화를 공유한다. 이때 한 사회의 구성원 대부분이 공유하는 문화를 (㉠)(이)라고 한다. 그러나 한 사회 내에서도 지역, 집단, 연령, 취미 등에 따라 다른 행동 양식이 나타나기도 한다. 이처럼 한 사회 내의 일부 구성원들이 공유하는 문화를 (㉡)(이)라고 한다.

① ㉠은 각 사회의 일반적인 생활 양식의 특징을 보여 준다.
② ㉡은 해당 문화를 공유하는 사람들의 소속감 형성에 도움을 준다.
③ 사회가 다원화될수록 ㉡의 수는 다양해진다.
④ ㉠은 ㉡에서 얻을 수 없는 독특한 문화적 욕구를 충족시켜 준다.
⑤ ㉡은 ㉠의 범주 설정에 따라 상대적으로 정의할 수 있다.

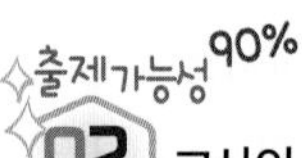

02 교사의 질문에 옳은 답변을 한 학생을 고른 것은?

교사: 현대 사회에는 다양한 하위문화가 있어요. 하위문화는 어떤 기능을 가지고 있을까요?

병: 서로 다른 하위문화 간의 차이를 인정하지 않을 경우 문화적 갈등이 발생할 수 있습니다.

을: 하위문화는 문화의 다양성을 높이는 데 기여합니다.

갑: 하위문화는 전체 사회 구성원의 문화 공유성을 높여줍니다.

정: 같은 하위문화를 공유하는 구성원의 소속감을 약화할 수 있습니다.

① 갑, 을 ② 갑, 병 ③ 을, 병
④ 을, 정 ⑤ 병, 정

03 (가)에 들어갈 내용으로 적절한 것을 〈보기〉에서 있는 대로 고른 것은?

> 강릉 단오제는 음력 5월 5일, 단옷날을 전후하여 펼쳐지는 강릉 지방의 향토 제례 의식이다. 이는 자연재해가 많이 발생하는 강릉의 지역적 특징을 극복하고자 하는 주민들의 의지를 바탕으로 오랜 세월 이어져 오고 있다. 이러한 지역 문화는 지역 경제를 활성화할 뿐만 아니라 ______(가)______ 역할을 한다.

보기
ㄱ. 지역의 고유문화를 발전시키는
ㄴ. 지역 주민의 정체성을 길러 주는
ㄷ. 지역 주민의 유대감을 강화시키는
ㄹ. 국가 전체의 문화적 통일성을 높이는

① ㄱ, ㄴ ② ㄴ, ㄷ ③ ㄷ, ㄹ
④ ㄱ, ㄴ, ㄷ ⑤ ㄴ, ㄷ, ㄹ

04 밑줄 친 ㉠, ㉡에 대한 옳은 설명을 〈보기〉에서 고른 것은?

> 세대 문화란 공통의 체험을 토대로 사고방식이나 생활 양식이 비슷한 일정 범위의 연령층이 공유하는 문화이다. 급격한 사회 변동이 이루어지는 현대 사회에서는 세대를 구분하는 나이 범위가 좁아지면서 세대 문화가 다양해지고 있다. 대표적인 세대 문화에는 ㉠ 청소년 문화와 ㉡ 노인 문화가 있다.

보기
ㄱ. ㉠은 충동적이고 모방적인 성격을 띠기도 한다.
ㄴ. ㉡은 기존 문화에 비판적이고 저항적이다.
ㄷ. ㉡은 ㉠에 비해 새로운 문화 요소를 빠르게 수용한다.
ㄹ. ㉠과 ㉡ 간 문화의 차이로 갈등이 발생하기도 한다.

① ㄱ, ㄴ ② ㄱ, ㄹ ③ ㄴ, ㄷ
④ ㄴ, ㄹ ⑤ ㄷ, ㄹ

출제가능성 90%

05 ㉠에 들어갈 문화에 대한 설명으로 옳지 않은 것은?

> (㉠)은/는 한 사회의 구성원 전체가 따르고 누리는 지배적인 문화에 저항하고 대립하는 문화를 말한다. 비행 청소년 집단의 문화, 과거 여성 해방 운동 집단의 문화, 급진적인 종교 집단의 문화 등이 (㉠)의 사례에 해당한다.

① 시대에 따라 그 규정이 달라질 수 있다.
② 사회 변화를 견인하는 역할을 하기도 한다.
③ 집단 내 구성원 간의 연대 의식을 강화한다.
④ 새로운 문화 형성의 계기를 마련하기도 한다.
⑤ 사회적 갈등 및 혼란을 예방하는 역할을 한다.

06 (가), (나)에 나타난 하위문화의 유형에 대한 옳은 설명을 <보기>에서 고른 것은?

> (가) 1960년대 미국에 나타난 히피 집단은 기존의 사회 통념이나 제도 등에 저항하면서 자신들만의 공동체를 형성하였다. 이들은 전쟁과 폭력을 반대하고, 자연과 공존하는 생활 태도를 지향하였다.
> (나) 한국 음식 문화의 대표적인 김치는 각 지역에 따라 독특한 특색이 있다. 전라도에서는 고춧가루와 젓갈 등의 양념을 많이 사용하는 반면, 강원도에서는 오징어, 명태 등의 해산물을 재료로 활용한다.

보기
ㄱ. (가)는 사회 변동을 촉진하는 요인이 되기도 한다.
ㄴ. (나)는 각 지역의 자연환경과 생활 방식의 특수성으로 인해 나타난다.
ㄷ. (가)는 (나)와 달리 해당 집단 구성원들의 소속감을 높여 준다.
ㄹ. (가), (나) 모두 지배 문화에 저항하고 대립하는 문화이다.

① ㄱ, ㄴ ② ㄱ, ㄷ ③ ㄴ, ㄷ
④ ㄴ, ㄹ ⑤ ㄷ, ㄹ

B 대중문화

[07~08] 다음 글을 읽고 물음에 답하시오.

> 이 문화는 가요, 드라마, 영화, 공연 예술 등과 같이 한 사회 내의 불특정 다수가 공유하는 문화를 말한다. 이 문화는 근대 교육의 발달로 대중의 지위가 상승하고 문화적 역량이 증대하면서 활성화되었다.

주관식

07 밑줄 친 '이 문화'에 해당하는 문화를 쓰시오.

08 밑줄 친 '이 문화'에 대한 설명으로 옳지 않은 것은?

① 확산 속도가 느린 편이다.
② 다양한 지식과 정보를 제공한다.
③ 대중 매체에 의해 형성되고 확산된다.
④ 대량으로 생산되고 대량으로 소비된다.
⑤ 대중이 일상생활에서 쉽게 접할 수 있다.

09 다음 사례를 통해 알 수 있는 대중문화의 기능으로 적절한 것은?

> 최근 한 영화에서 인기 연예인이 입고 나온 티셔츠가 사람들의 관심을 끌었다. 얼마 되지 않아 거리에는 유니폼을 맞춰 입은 것처럼 그 티셔츠를 입고 다니는 사람들이 많아졌다.

① 사회의 민주화에 기여한다.
② 대중의 삶의 모습을 획일화한다.
③ 계층 간 문화적 갈등을 유발한다.
④ 대중의 정치적 무관심을 조장한다.
⑤ 사회 문제에 대한 대중의 관심을 유발한다.

10 다음 글을 통해 알 수 있는 대중문화의 문제점으로 가장 적절한 것은?

> 최근 방송사 간 시청률 경쟁이 치열하다. 시청률이 곧 방송사의 광고 수입으로 이어지기 때문이다. 그러나 문제는 지나친 시청률 경쟁이 방송 프로그램의 저속화를 야기하고 있다는 것이다. 방송사들은 시청률을 높이기 위해 더 자극적이고 더 선정적이며 더 폭력적인 내용들로 텔레비전 화면을 가득 채우고 있다.

① 문화의 질적 저하를 초래한다.
② 문화를 획일화하고 평준화시킨다.
③ 대중의 비판 의식 약화를 초래한다.
④ 대중의 취향을 고려하지 않은 문화가 생산된다.
⑤ 대중의 사회 참여를 막는 수단으로 악용될 수 있다.

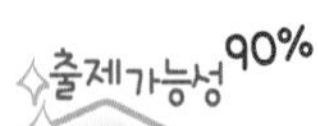
출제가능성 90%

11 밑줄 친 ㉠, ㉡에 대한 옳은 설명을 <보기>에서 고른 것은?

> ㉠ 인쇄 매체 시대에는 문자 정보를 분석할 수 있는 능력이, ㉡ 뉴 미디어 시대에는 디지털 정보가 제공하는 메시지를 분석할 수 있는 능력이 요구된다. 특히 뉴 미디어 시대에는 인쇄 매체 시대보다 정보를 수집, 활용, 생산하는 능력이 더 중요하게 여겨진다.

보기
> ㄱ. ㉠은 복잡하고 심층적인 정보 전달이 가능하다.
> ㄴ. ㉡은 정보 생산 과정에서 대중의 의사를 반영하기 어렵다.
> ㄷ. ㉠은 ㉡에 비해 정보 전달 범위의 제약이 적다.
> ㄹ. ㉡은 ㉠과 달리 정보 생산자와 소비자의 경계가 모호하다.

① ㄱ, ㄴ ② ㄱ, ㄹ ③ ㄴ, ㄷ
④ ㄴ, ㄹ ⑤ ㄷ, ㄹ

12 다음 글을 통해 추론할 수 있는 대중문화의 특징으로 가장 적절한 것은?

> 과거에는 신문, 잡지, 라디오, 텔레비전 등과 같은 일방향 매체를 통해 대중문화가 생산되었고, 대중은 문화를 소비하는 수준에 머물렀다. 그러나 최근에는 뉴 미디어와 같이 디지털 기술을 이용한 쌍방향 매체의 비중이 커지면서 대중이 대중문화의 생산에 직접 참여하는 일이 많아졌다.

① 대중의 문화적 취향이 비슷해진다.
② 대중 조작의 수단으로 이용될 수 있다.
③ 문화 상품과 결합하여 상업적 성격을 띠기 쉽다.
④ 대중문화의 생산자와 소비자의 경계가 모호해진다.
⑤ 동일한 문화가 대량으로 생산되고 대량으로 소비된다.

13 다음 사례를 통해 알 수 있는 내용으로 적절하지 않은 것은?

○○ 신문	△△ 신문
연말이 되면 유명 인사들의 선행과 기부가 이어진다. 이는 경제적으로 어려운 사람들에게 큰 도움이 될 뿐만 아니라 사회 전체에 긍정적인 영향을 미친다.	일부 유명 인사들이 선행과 기부를 홍보용으로 악용하고 있다. 이들은 연말이 되면 보육원이나 양로원에 찾아가 사진 촬영에만 몰두한다.

① 대중 매체는 동일한 현상을 서로 다르게 보도할 수 있다.
② 대중은 대중 매체가 제공하는 정보를 비판적으로 수용할 필요가 있다.
③ 대중 매체가 항상 객관적이고 중립적인 정보를 제공하는 것은 아니다.
④ 대중 매체의 정보 전달 방식에 따라 대중은 사실을 다르게 판단할 수 있다.
⑤ 대중 매체는 정보를 선별적으로 전달하므로 대중의 지적 능력을 높일 수 있다.

2018 수능 응용

01 (가)~(다)의 일반적인 특징에 대한 옳은 설명을 <보기>에서 고른 것은? (단, (가)~(다)는 각각 주류 문화, 반문화, 반문화의 성격이 없는 하위문화 중 하나이다.)

구분	(가)	(나)	(다)
한 사회 내에서 일부 구성원들만 공유하는 문화인가?	예	예	아니요
한 사회의 지배적인 문화에 저항하는 문화인가?	예	아니요	아니요

보기

ㄱ. (가)는 (나)와 달리 전체 사회에 문화 다양성을 제공한다.
ㄴ. (나)는 (다)와 대립하여 사회 안정을 저해한다.
ㄷ. (다)는 사회 변동에 따라 (가)가 되기도 한다.
ㄹ. (가)~(다)는 모두 해당 문화를 향유하는 구성원의 문화 정체성 형성에 기여한다.

① ㄱ, ㄴ ② ㄱ, ㄷ ③ ㄴ, ㄷ
④ ㄴ, ㄹ ⑤ ㄷ, ㄹ

02 대중문화에 대한 갑, 을의 입장으로 적절한 것은?

- 갑: 최근 요리에 관련된 방송 프로그램이 인기를 끌면서 프로그램에 소개된 조리법에 따라 요리를 직접 만들어 먹는 사람들이 늘고 있습니다. 쉽고 재미있는 방식으로 소개된 간단한 조리법을 활용하여 누구나 쉽게 음식을 할 수 있습니다.
- 을: 텔레비전에 나오는 유명 연기자의 옷차림과 스타일은 유행에 영향을 줍니다. 많은 사람들은 개인의 개성을 추구하기보다는 텔레비전이나 스마트폰을 통해 최신 유행을 접하며 유행에 동화되고 있습니다.

① 갑은 대중문화가 대중에게 새로운 지식이나 정보를 전달한다고 본다.
② 갑은 대중문화의 발달로 문화적 혜택이 특정 집단에 집중되었다고 본다.
③ 을은 대중문화의 발달이 문화의 민주화에 기여했다고 본다.
④ 을은 대중문화가 사회 문제에 대한 대중의 관심을 유발한다고 본다.
⑤ 을은 갑과 달리 대중 매체가 대중문화의 형성 및 확산에 영향을 미친다고 본다.

2017 평가원 응용 최고난도

03 다음 자료에 대한 옳은 분석을 <보기>에서 고른 것은? (단, A와 B는 각각 신문과 뉴 미디어 중 하나이다.)

표는 시민들을 대상으로 매체의 이용률과 신뢰도를 조사한 결과와 각 매체의 일반적인 특징을 제시한 것이다. 각 매체별 이용률은 뉴스를 접하기 위해 이용한다고 응답한 사람의 비율(복수 응답 가능)이며, 신뢰도는 매체에 대한 신뢰도 점수(100점 만점)의 평균값이다.

매체	일반적인 특징	이용률(%)	신뢰도(점)
A	심층적인 정보 전달에 유리함	31	49
텔레비전	소리, 영상을 이용하여 정보를 전달함	94	66
B	쌍방향 정보 전달에 유리함	75	25

보기

ㄱ. A는 영상 매체보다 이용률 대비 신뢰도가 높다.
ㄴ. B는 정보의 생산자와 소비자 간의 경계가 뚜렷하다.
ㄷ. A는 B에 비해 정보를 복제하고 전송하기 쉽다.
ㄹ. 텔레비전은 A보다 이용률과 신뢰도가 모두 높다.

① ㄱ, ㄴ ② ㄱ, ㄹ ③ ㄴ, ㄷ
④ ㄴ, ㄹ ⑤ ㄷ, ㄹ

서술형 문제

04 다음 글을 읽고 물음에 답하시오.

한 사회에는 어린이부터 노인까지 다양한 나이의 사람들이 함께 살아가고 있다. 비슷한 연령층의 사람들은 특정한 역사적·사회적 경험을 공유하며 비슷한 사고방식과 생활 양식을 가지는데, 이처럼 일정 범위의 연령층이 공유하는 문화를 (㉠)(이)라고 한다.

(1) ㉠에 들어갈 내용을 쓰시오.

(2) (1)의 특징을 두 가지 이상 서술하시오.

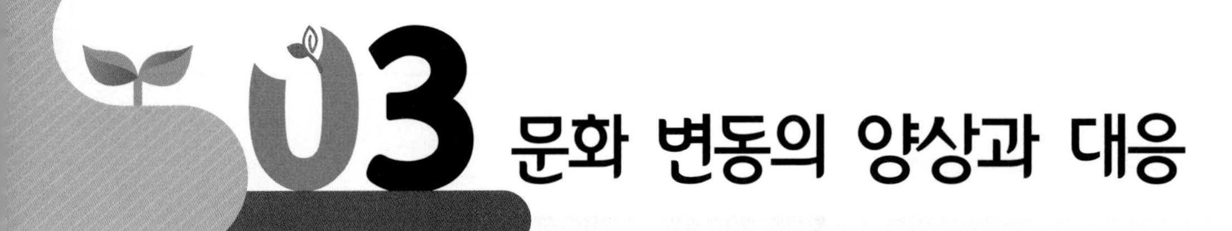

03 문화 변동의 양상과 대응

A 문화 변동의 의미와 요인

1. 문화 변동 새로운 문화 요소의 등장이나 다른 문화와의 접촉을 통해 문화가 끊임없이 변화하는 현상

★ **2. 문화 변동의 요인**

(1) 내재적 요인: 한 사회의 내부에서 등장하여 문화 변동을 초래하는 요인
- 물질적인 것뿐만 아니라 종교, 관념, 제도와 같이 비물질적인 것도 발명의 대상이 될 수 있다.

발명	이전에는 없었던 새로운 문화 요소를 만들어 내는 것 예 전구, 자동차, 전화, 바퀴, 한글의 발명 등
발견	이미 존재하고 있었지만 아직 알려지지 않은 것을 찾아내는 것 예 불, 바이러스, 혈액형, 페니실린의 발견 등

(2) 외재적 요인(문화 전파)

① 문화 전파: 한 사회가 다른 문화와 교류하거나 접촉하는 과정에서 새로운 문화 요소가 전달되는 것

② 문화 전파의 유형

직접 전파	• 의미: 전쟁, 교역 등을 통해 사람이 다른 문화와 직접 접촉하여 문화 요소가 전해지는 것 • 사례: 중국과의 교류를 통해 우리나라에 한자가 전파된 것
간접 전파	• 의미: 문화 요소가 인쇄물, 텔레비전, 인터넷 등과 같은 매개체를 통해 간접적으로 전파되는 것 • 사례: 우리나라 드라마나 노래가 인터넷을 통해 전 세계로 퍼지면서 한글에 대한 관심이 높아진 것
자극 전파	• 의미: 다른 사회의 문화 요소에서 아이디어를 얻어 새로운 문화 요소를 만들어 내는 것 • 사례: 문자가 없었던 체로키족이 백인과 접촉하면서 영어의 영향을 받아 체로키 문자를 만들어 낸 것

직접 전파의 사례

751년 7월, 당나라군은 탈라스강 근처에서 이슬람군과 전투를 벌였고, 크게 패하였다. 이때 이슬람군에 포로로 붙잡힌 수많은 당나라 병사 중 종이를 만드는 제지 기술자가 있었다. 이렇게 중국의 제지술은 탈라스 전투를 계기로 이슬람 세계에 퍼지게 되었고, 제지술의 전래로 이슬람 제국의 문학과 학문은 크게 발달하였다.

제시된 사례에서는 당나라군과 이슬람군이 직접적으로 접촉하는 과정에서 중국의 제지술이 이슬람 세계에 전파되었음을 보여 주고 있다. 이처럼 두 문화 간에 직접적인 접촉에 의해 문화가 전파되는 것을 직접 전파라고 한다.

B 문화 변동의 양상

1. 문화 변동의 양상

(1) 내재적 변동: 한 사회 내에서 발명이나 발견 등에 의해 새로운 문화 요소가 등장하고, 이를 사회 구성원들이 받아들이면서 일어나는 문화 변동

★ (2) 접촉적 변동(문화 접변)
- 외재적 변동이라고도 한다.

① 문화 접변: 서로 다른 두 사회가 장기간에 걸쳐 전면적인 접촉을 함으로써 변동이 일어나는 것

② 문화 접변의 유형

강제적 문화 접변	• 의미: 정복이나 식민 지배와 같은 상황에서 지배 사회의 문화 요소를 피지배 사회의 문화 체계 속에 강제로 이식함으로써 나타나는 문화 변동 • 사례: 영국이 식민 통치를 위해 오세아니아의 피지에 유럽의 문화를 강제로 이식한 것
자발적 문화 접변	• 의미: 한 사회가 스스로의 필요에 의해 다른 사회의 문화 요소를 자기 사회의 문화 체계 속으로 받아들임으로써 나타나는 문화 변동 • 사례: 유학이나 이민을 간 우리나라 사람들이 적극적으로 외국의 문화를 받아들이는 것

문화 접변의 사례

(가) 아메리카의 나바호족은 멕시코인과 자발적으로 교류하면서 직조 기술, 금속 세공술 등을 배워 자신들의 고유문화와 결합한 공예 양식을 발전시켰다.

(나) 일제 강점기 때 일본은 우리 민족에게 신사 참배 및 일본식 성명 사용 등을 강요하였다. 그러나 우리 민족은 이를 강하게 거부하며 우리 문화를 지키고자 노력하였다.

(가)는 문화 수용자의 필요와 의지에 의해 문화 변동이 나타나는 자발적 문화 접변의 사례이고, (나)는 식민 지배와 같은 강제력에 의해 문화 변동이 나타나는 강제적 문화 접변의 사례이다. 강제적 문화 접변의 경우 문화 수용자의 의지와 상관없이 강제적으로 이루어지므로 피지배 사회에서는 문화적 저항이 나타나기도 한다.

2. 문화 접변의 결과

(1) 문화 공존(문화 병존)

의미	서로 다른 사회의 문화 요소가 고유한 성격을 잃지 않고 한 사회의 문화 체계 속에 나란히 존재하는 현상
사례	우리 사회에서 한의원과 서양식 병원이 함께 존재하는 것

(2) 문화 동화

의미	한 사회의 문화가 다른 사회의 문화 체계 속에 흡수되어 정체성을 상실하는 현상
사례	아메리카 원주민이 백인 문화와 접촉하면서 원주민 고유의 문화를 상실한 것

(3) 문화 융합

의미	한 사회의 기존 문화가 외래문화와 결합하여 기존 문화 요소의 성격을 지니면서도 새로운 성격을 지닌 제3의 문화가 등장하는 현상
사례	인도의 간다라 지방에서 인도의 불교문화와 서양의 문화가 만나 간다라 미술이 나타난 것

정답과 해설 20쪽

★ 표시는 시험 전에 확인해 주세요.

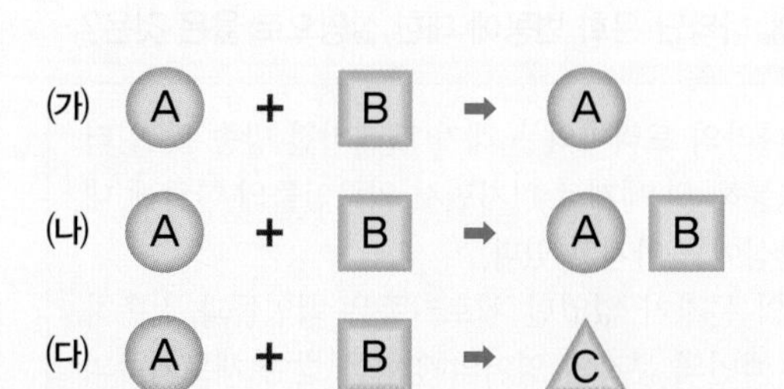

* Ⓐ, B, C는 문화 요소, +는 접촉 ➡는 결과를 의미함

문화 변동의 다양한 모습 | (가)는 한 사회의 문화가 다른 사회의 문화 체계 속에 흡수되는 문화 동화를 나타낸다. (나)는 서로 다른 문화 요소가 한 사회의 문화 체계 속에 공존하는 문화 공존(문화 병존)을 나타내며, (다)는 서로 다른 문화 요소가 결합하여 새로운 문화 요소가 등장한 문화 융합을 나타낸다. 이때 문화 공존이나 문화 융합과 달리 문화 동화는 문화가 변동하는 과정에서 자문화의 정체성을 상실할 우려가 있다.

C 문화 변동 과정의 문제점과 대응 방안

1. 문화 변동 과정에서 발생하는 문제점

아노미 현상	문화 변동 과정에서 기존의 전통적 규범과 가치관이 무너졌으나, 이를 대체할 새로운 규범이 아직 정립되지 못하여 혼란과 무규범 상태에 빠지는 현상
문화 지체	물질문화의 빠른 변동 속도를 비물질문화의 변동 속도가 따라가지 못하여 나타나는 문화 요소 간의 부조화 현상
집단 간 갈등	새로운 문화 요소가 등장하였을 때 이를 받아들이려는 집단과 기존 문화를 유지하려는 집단 간에 갈등이 발생할 수 있음
문화 정체성 혼란	외래문화가 문화 변동을 주도할 경우 고유문화의 정체성이 약화하거나 정체성 혼란이 발생할 수 있음

문화 지체의 사례
최근 무인 항공기인 '드론'이 대중화되면서 드론을 취미나 여가 활동에 활용하는 사람들이 급격하게 늘어났다. 그러나 드론은 사람의 머리 위에서 아무런 제한 없이 촬영할 수 있기 때문에 초상권이나 사생활을 침해하는 등 심각한 사회 문제를 유발하고 있다.

제시된 사례에서는 드론과 같은 기술(물질문화)은 발달하였지만, 이를 사용하는 사람들의 예절 및 의식 수준(비물질문화)이 그에 미치지 못하는 문화 지체 현상이 나타나 있다.

2. 문화 변동의 문제점에 대한 대응 방안

(1) 관용의 자세: 다양한 문화 요소의 특징과 차이를 인지하고 문화 요소 간의 조화와 공존을 위해 노력해야 함

(2) 능동적·주체적 수용: 새로운 문화 요소 중 자기 문화에 필요하다고 판단되는 것은 적극적으로 수용하면서도 자문화의 정체성을 유지하기 위해 노력해야 함

(3) 새로운 사회 규범이나 제도 확립: 물질문화의 변동을 뒷받침할 수 있는 새로운 사회 규범이나 제도를 확립해야 함

01 ㉠, ㉡에 들어갈 내용을 각각 쓰시오.

> 문화는 새로운 요소의 등장이나 다른 문화와의 접촉을 통해 끊임없이 변화한다. 문화 변동을 일으키는 내재적 요인에는 이전에는 없었던 새로운 문화 요소를 만들어 내는 (㉠)과 이미 존재하고 있었지만 아직 알려지지 않은 것을 찾아내는 (㉡)이 있다.

02 다음 괄호 안의 내용 중 알맞은 말에 ○표를 하시오.

(1) 대중 매체를 통해 우리나라의 대중문화 요소가 외국에 전파되는 것은 (직접 전파, 간접 전파)에 해당한다.

(2) 다른 사회의 문화 요소에서 아이디어를 얻어 새로운 문화 요소를 만들어 내는 것을 (간접 전파, 자극 전파)라고 한다.

03 다음 빈칸에 들어갈 내용을 쓰시오.

(1) ( ) 문화 접변은 정복이나 식민 지배 등과 같이 강제적인 힘에 의해 일어난다.

(2) 스스로의 필요에 의해 다른 사회의 문화 요소를 자기 사회의 문화 체계 속으로 받아들임으로써 나타나는 문화 변동을 ( ) 문화 접변이라고 한다.

04 다음 사례에 해당하는 문화 변동 양상을 〈보기〉에서 골라 기호를 쓰시오.

> 보기
> ㄱ. 문화 공존　　ㄴ. 문화 동화　　ㄷ. 문화 융합

(1) 아메리카 대륙의 원주민들은 백인 문화와 접촉하면서 고유의 문화를 상실하였다. ( )

(2) 미국에서 아프리카 흑인 음악의 리듬과 유럽 백인 음악의 악기가 만나 재즈가 탄생하였다. ( )

(3) 미국의 식민 지배를 받은 필리핀에서는 필리핀 고유어인 타갈로그어와 영어를 함께 사용하고 있다. ( )

05 다음 설명이 맞으면 ○표, 틀리면 ×표를 하시오.

(1) 문화 변동으로 새로 유입되는 문화 요소는 변형하지 않고 있는 그대로 받아들여야 한다. ( )

(2) 문화 변동으로 기존의 가치 규범이 무너졌지만 새로운 가치 규범이 형성되지 않아 혼란이 초래되는 현상을 아노미 현상이라고 한다. ( )

A 문화 변동의 의미와 요인

01 ㉠, ㉡에 들어갈 문화 변동 요인에 대한 옳은 설명을 〈보기〉에서 고른 것은?

- 한글의 (㉠)(으)로 한자를 모르던 백성들이 문자로 소통할 수 있게 되었고, 한글 소설과 같은 새로운 문학 갈래가 등장하였다.
- 불의 (㉡)(으)로 사람들은 추위로부터 몸을 보호할 수 있었고 음식을 익혀 먹게 되었다. 또한 불이 있는 근처에서 정착 생활을 시작하게 되었다.

보기
ㄱ. '계몽사상의 등장'은 ㉠에 해당하는 사례이다.
ㄴ. ㉡은 이전에는 없었던 새로운 문화 요소를 만들어 내는 것을 의미한다.
ㄷ. ㉠은 발명, ㉡은 발견이다.
ㄹ. ㉠, ㉡ 모두 문화 변동의 외재적 요인에 해당한다.

① ㄱ, ㄴ ② ㄱ, ㄷ ③ ㄴ, ㄷ
④ ㄴ, ㄹ ⑤ ㄷ, ㄹ

02 다음 사례에 나타난 문화 변동에 대한 설명으로 옳은 것은?

751년 7월, 당나라군은 탈라스강 근처에서 이슬람군과 전투를 벌였고 크게 패하였다. 이때 수만 명의 당나라 병사가 포로로 붙잡혔는데 그들 중에는 종이를 만드는 제지 기술자가 포함되어 있었다. 이렇게 중국의 제지술은 탈라스 전투를 계기로 이슬람 세계에 퍼지게 되었고, 제지술의 전래로 이슬람 제국의 문학과 학문은 크게 발달하였다.

① 자극 전파에 따른 문화 변동이 나타났다.
② 매체를 매개로 하여 문화 변동이 나타났다.
③ 사회 내부의 요인에 의해 문화 변동이 일어났다.
④ 문화 간 직접적인 접촉에 의해 문화 요소가 전파되었다.
⑤ 문화 전파와 발명이 동시에 일어나 문화 변동이 나타났다.

03 (가), (나)에 나타난 문화 변동에 대한 설명으로 옳은 것은?

(가) 우리나라의 드라마와 노래가 텔레비전 방송 및 인터넷을 통해 전 세계로 퍼지면서 외국인들의 한글에 대한 관심이 높아지고 있다.
(나) 고유의 문자가 없었던 체로키족은 백인들과 접촉하면서 백인의 문자인 영어의 영향을 받아 체로키족의 고유 문자인 세쿼야를 만들었다.

① (가)에서는 두 문화 간 직접적인 접촉에 의해 문화 요소가 전파되고 있다.
② (나)에서는 다른 사회의 문화 요소에서 아이디어를 얻어 새로운 문화 요소가 만들어졌다.
③ (가)에서는 간접 전파, (나)에서는 직접 전파가 나타났다.
④ (가)와 달리 (나)에서는 외재적 요인에 의한 문화 변동이 나타났다.
⑤ (나)와 달리 (가)에서는 다른 문화와 교류하는 과정에서 문화 요소가 전달되고 있다.

출제가능성 90%

04 밑줄 친 ㉠~㉢에 대한 옳은 설명을 〈보기〉에서 고른 것은?

㉠ 중국과의 교류를 통해 우리나라에 한자가 전래된 것은 대략 기원전 2세기경으로 추정된다. 이후 ㉡ 우리나라에서는 한자의 음과 훈을 빌려 우리말을 표기하는 이두를 만들어 사용했지만 불편함이 있었다. 그러나 조선 시대에 이르러 세종 대왕이 우리말에 맞는 ㉢ 한글을 창제함으로써 우리 고유의 글자를 사용하게 되었다.

보기
ㄱ. '전통 한복을 입기 편한 한복으로 개량한 것'은 ㉠과 동일한 문화 변동 요인의 사례이다.
ㄴ. ㉡에서는 매체를 통해 문화 요소가 전해지고 있다.
ㄷ. ㉢은 문화 변동의 내재적 요인에 해당한다.
ㄹ. ㉢과 달리 ㉠, ㉡은 문화 전파의 사례에 해당한다.

① ㄱ, ㄴ ② ㄱ, ㄷ ③ ㄴ, ㄷ
④ ㄴ, ㄹ ⑤ ㄷ, ㄹ

B 문화 변동의 양상

05 다음 사례에 나타난 문화 변동 양상에 대한 옳은 설명을 〈보기〉에서 고른 것은?

> 일제 강점기 때 일본은 우리의 민족 문화를 말살하기 위한 정책을 펼쳤다. 우리의 말과 글 대신 일본어만 사용하도록 하였으며 우리의 성과 이름을 일본식으로 바꾸도록 강요하였다. 그러나 우리 민족은 이를 강하게 거부하며 우리 문화를 지키고자 노력하였다.

보기
ㄱ. 발명이나 발견에 의한 문화 변동이 나타났다.
ㄴ. 문화 접변에 대항하는 문화적 저항이 나타났다.
ㄷ. 외부의 강제적인 힘에 의해 일어난 문화 변동이다.
ㄹ. 우리 민족은 주체적인 의지에 따라 새로운 문화 요소를 수용하였다.

① ㄱ, ㄴ ② ㄱ, ㄷ ③ ㄴ, ㄷ
④ ㄴ, ㄹ ⑤ ㄷ, ㄹ

[06~07] 다음 글을 읽고 물음에 답하시오.

> 우리나라의 차이나타운에 거주하는 중국인들은 우리나라의 생활 양식을 받아들이면서도 중국의 고유문화를 유지하면서 살아가고 있다.

06 위 사례에 나타난 문화 변동의 양상을 쓰시오.

07 위 사례에 나타난 문화 변동 양상에 대한 설명으로 옳은 것은?

① 알려지지 않았던 문화 요소를 새롭게 찾아냈다.
② 주로 자문화의 정체성이 약한 사회에서 나타난다.
③ 서로 다른 문화 요소가 결합하여 제3의 문화가 형성되었다.
④ 한 사회의 문화가 다른 사회의 문화로 흡수되어 소멸되었다.
⑤ 기존의 문화 요소와 전파된 다른 사회의 문화 요소가 함께 공존하고 있다.

출제가능성 90%

08 표는 문화 접변의 결과 A, B를 비교한 것이다. 이에 대한 옳은 설명을 〈보기〉에서 고른 것은?

구분	A	B
의미	한 사회의 문화가 다른 문화 체계 속에 흡수되는 현상	(가)
사례	(나)	우리의 전통적인 온돌 문화에 외국의 침대 문화가 들어와 돌침대가 만들어진 것

보기
ㄱ. (가)에는 '기존 문화와 외래문화가 결합하여 새로운 문화 요소가 만들어지는 현상'이 들어갈 수 있다.
ㄴ. (나)에는 '필리핀 사람들이 영어와 타갈로그어를 공용어로 사용하는 것'이 들어갈 수 있다.
ㄷ. A는 문화 공존, B는 문화 융합이다.
ㄹ. A와 B의 구분 기준은 '자문화의 정체성 보존 여부'이다.

① ㄱ, ㄴ ② ㄱ, ㄹ ③ ㄴ, ㄷ
④ ㄴ, ㄹ ⑤ ㄷ, ㄹ

09 밑줄 친 ㉠~㉢에 나타난 문화 변동에 해당하는 사례로 적절하지 않은 것은?

> 한 사회에 다른 사회의 문화가 전파되면 ㉠ 각 문화가 고유한 성질을 잃지 않고 나란히 존재하는 경우도 있고, ㉡ 기존 문화가 외래문화와 결합하여 새로운 문화가 형성되기도 한다. 반면 ㉢ 기존 문화가 자기의 고유한 문화를 잃어버리고 다른 문화 체계 속에 흡수되기도 한다.

① ㉠ – 우리의 소금 양치 문화에 외국의 치약이 들어와 죽염 치약이 만들어진 것
② ㉠ – 우리나라에 서양 의학이 전파된 후에도 여전히 한의원과 서양식 병원이 함께 존재하는 것
③ ㉡ – 인도의 간다라 지방에서 인도의 불교문화와 서양의 문화가 만나 간다라 미술이 나타난 것
④ ㉢ – 서양의 의복 문화가 전래되어 우리나라 사람들이 한복을 거의 입지 않게 된 것
⑤ ㉢ – 프랑스의 식민 지배를 받은 세네갈 사람들이 고유 언어를 잃어버리고 프랑스어를 사용하게 된 것

출제가능성 90%

10 표는 문화 접변의 결과를 구분한 것이다. 이에 대한 설명으로 옳은 것은? (단, (가)~(다)는 각각 문화 공존, 문화 동화, 문화 융합 중 하나이다.)

구분	(가)	(나)	(다)
서로 다른 문화 요소가 한 사회 안에서 공존하는가?	아니요	아니요	예
제3의 문화 요소가 새롭게 형성되는가?	아니요	예	아니요
㉠	예	아니요	아니요

① (가)로 인해 전체 사회의 문화적 다양성이 확대될 수 있다.
② (나)의 사례로 '우리나라에 여러 토착 종교와 외래 종교가 함께 존재하는 것'을 들 수 있다.
③ 강제적 문화 접변은 (가)보다 (나)를 목적으로 한다.
④ (가)는 (나), (다)와 달리 직접적인 접촉에 의해 나타난다.
⑤ ㉠에는 '자기 문화의 정체성을 상실하는가?'가 들어갈 수 있다.

C 문화 변동 과정의 문제점과 대응 방안

11 ㉠에 들어갈 말로 가장 적절한 것은?

> 문화 변동으로 사람들의 삶이 풍요로워지기도 하지만 여러 가지 부작용이 나타날 수도 있다. 먼저 사회 구성원은 새로운 가치나 규범을 충분히 인식하거나 수용하지 못한 채 고유문화의 정체성을 상실할 수 있다. 또한 문화 변동 과정에서 기존의 전통적 규범과 가치관을 대체할 새로운 규범과 가치관이 아직 정립되지 못하여 혼란과 무규범 상태에 빠지는 (㉠)이 발생할 수 있다.

① 문화 갈등 ② 문화 접변
③ 아노미 현상 ④ 문화 지체 현상
⑤ 사회 불평등 현상

12 다음 사례에 나타난 문화 현상에 대한 옳은 설명을 〈보기〉에서 고른 것은?

> 최근 무인 항공기인 '드론'이 대중화되면서 드론을 취미나 여가 활동에 활용하는 사람들이 급격하게 늘어났다. 그러나 드론은 사람의 머리 위에서 아무런 제한 없이 촬영할 수 있기 때문에 초상권이나 사생활을 침해하는 등 심각한 사회 문제를 유발하고 있다.

보기
ㄱ. 고유문화의 정체성 혼란이 발생할 수 있다.
ㄴ. 문화 요소 간의 부조화 현상이 나타나고 있다.
ㄷ. 물질문화와 비물질문화 간 변동 속도의 차이로 발생하였다.
ㄹ. 기존 문화를 유지하려는 집단과 새로운 문화를 받아들이려는 집단 간에 갈등이 발생하였다.

① ㄱ, ㄴ ② ㄱ, ㄷ ③ ㄴ, ㄷ
④ ㄴ, ㄹ ⑤ ㄷ, ㄹ

13 교사의 질문에 옳은 답변을 한 학생을 고른 것은?

① 갑, 을 ② 갑, 병 ③ 을, 병
④ 을, 정 ⑤ 병, 정

정답과 해설 22쪽

2018 수능 응용

01 그림은 문화 변동 요인을 구분한 것이다. A~E에 대한 설명으로 옳은 것은? (단, A~E는 각각 발명, 발견, 직접 전파, 간접 전파, 자극 전파 중 하나이다.)

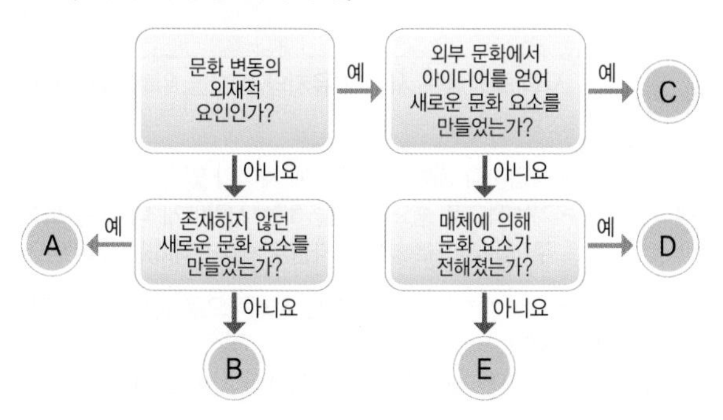

① 물질문화와 비물질문화 모두 A의 대상이 될 수 있다.
② 활의 원리를 이용하여 현악기를 만든 것은 B의 사례이다.
③ 상호 인적 교류가 없는 집단 간에는 D를 통한 문화 변동이 이루어질 수 없다.
④ D는 E와 달리 C의 원인이 될 수 있다.
⑤ C, D, E는 A, B와 달리 문화 지체 현상을 초래할 수 있다.

02 밑줄 친 ㉠~㉣에 대한 옳은 설명을 〈보기〉에서 고른 것은?

> ㉠ 일본의 라면은 19세기 후반 중국인들이 일본에 건너와 팔던 국수의 일종이었다. 이후 1950년대 ㉡ 어묵을 기름에 튀기는 것을 본 일본인이 라면을 기름에 튀기기 시작하면서 인스턴트 라면이 등장하였다. ㉢ 우리나라에서는 1960년대 식량 부족 문제를 해결하기 위해 일본의 라면 생산 기술을 도입하여 인스턴트 라면을 생산하기 시작하였다. 이후 라면은 우리나라의 대중적인 음식이 되었고, ㉣ 기존 라면에 우리나라 사람들의 입맛이 더해진 김치 라면, 사골 라면 등이 생산되기 시작하였다.

보기

ㄱ. ㉠ – 외재적 요인에 의한 문화 변동이 나타났다.
ㄴ. ㉡ – 직접 전파의 사례이다.
ㄷ. ㉢ – 문화 수용자의 자발적 의지가 작용하였다.
ㄹ. ㉣ – 문화 접변의 결과 우리나라의 라면 문화가 일본의 라면 문화에 흡수되었다.

① ㄱ, ㄴ ② ㄱ, ㄷ ③ ㄴ, ㄷ
④ ㄴ, ㄹ ⑤ ㄷ, ㄹ

최고난도

03 다음 자료에 대한 분석으로 옳은 것은? (단, ㉠~㉢은 각각 직접 전파, 간접 전파, 자극 전파 중 하나이고, (가)~(다)는 각각 문화 공존, 문화 동화, 문화 융합 중 하나이다.)

〈자료 1〉 문화 변동의 요인

구분	㉠	㉡	㉢
새로운 문화 요소가 등장하였는가?	예	아니요	아니요
문화 요소가 매개체에 의해 전달되었는가?	아니요	예	아니요

〈자료 2〉 문화 접변의 결과

(가) A + B ➡ A

(나) A + B ➡ A B

(다) A + B ➡ C

* Ⓐ, B, C는 문화 요소, +는 접촉 ➡는 결과를 의미함

① 새로운 정보 통신 기술을 개발하여 자국의 첨단 매체 발달에 기여한 것은 ㉠에 의한 (나)의 사례이다.
② 다른 나라의 종교 교리를 응용하여 만든 신흥 종교가 기존 종교를 대체한 것은 ㉠에 의한 (다)의 사례이다.
③ 인터넷을 통해 우리나라의 드라마를 접한 외국인이 우리나라에 와서 정착한 것은 ㉡에 의한 (가)의 사례이다.
④ 중국의 호떡이 교역을 통해 들어와 우리나라의 다양한 간식 중 하나가 된 것은 ㉢에 의한 (나)의 사례이다.
⑤ 문익점이 중국에서 목화씨를 가져와 우리나라에서 목화를 재배한 것은 ㉢에 의한 (다)의 사례이다.

서술형 문제

04 다음 사례에 나타난 문화 변동의 문제점을 쓰고, 그 원인을 서술하시오.

> 휴대 전화가 보급되면서 사람들은 때와 장소를 가리지 않고 연락을 주고받을 수 있다. 그러나 휴대 전화를 보느라 길을 걸을 때 앞을 보지 않는 사람들이 많아져 교통사고가 증가하는 등 사회 문제가 발생하고 있다.

01 사회 불평등 현상과 사회 계층의 이해

A 사회 불평등 현상의 이해

1. 사회 불평등 현상의 의미와 특징

(1) 사회 불평등 현상: 사회적 자원이 차등적으로 분배되어 개인이나 집단의 위치가 서열화되어 있는 현상
- 사회적 자원: 부, 권력, 명예 등과 같이 사회에서 사람들이 가치 있다고 여기는 것으로 그 양이 한정되어 있다.

(2) 사회 불평등 현상의 발생 원인: 사람들이 사회적 자원을 더 많이 가지기 위해 경쟁하거나 대립한 결과 사회적 자원이 차등적으로 분배되어 발생함

(3) 사회 불평등 현상의 특징

① 어느 시대, 어느 사회에서나 나타나는 보편적인 현상임
- 보편적인 현상: 어느 사회에서나 사회적 자원은 희소하기 때문이다.

② 사회 구성원의 태도나 가치관, 생활 양식 등에 영향을 줌

③ 사회 구성원 간 경쟁을 유도하여 효율성을 높이기도 하지만 갈등을 유발하여 사회 통합을 저해할 수 있음

2. 다양한 영역의 사회 불평등

경제적 불평등	• 소득과 재산 등이 차등 분배됨으로써 나타나는 불평등으로서 빈부 격차라고도 함 • 경제적 불평등은 생활 수준의 격차로 이어짐
정치적 불평등	권력의 획득과 행사의 차이로 나타나는 불평등
사회·문화적 불평등	신분과 자격, 명예, 건강, 교육 수준, 지식 소유 등 여러 가지 사회·문화적 생활의 기회와 수준의 차이로 나타나는 불평등

★ 3. 사회 불평등 현상을 설명하는 이론

- 계층론: 다원화된 현대 사회에서 불평등한 분배 상태를 범주화하여 이해하는 데 유용하다.

구분	계급론	계층론
의미	계급은 생산 수단의 소유 여부에 따라 구분된 위치 혹은 집단임 → 일원론적 관점	계층은 계급, 지위, 권력 등 다양한 요인에 따라 서열화된 위치 혹은 집단임 → 다원론적 관점
층위	자본가 계급과 노동자 계급으로 구분함 (생산 수단의 소유 여부 / 자본가 / 노동자)	상류층, 중류층, 하류층으로 구분함 (상류층 / 중류층 / 하류층 / 계급 / 지위 / 권력)
특징	• 이분법적·불연속적으로 계급을 구분함 • 자본가 계급과 노동자 계급은 지배·피지배 관계로서 적대적일 수밖에 없음 • 자신의 계급에 대해서는 강한 계급 의식을, 다른 계급에 대해서는 강한 적대감을 느낌	• 복합적·연속적으로 계층을 구분함 • 계층 간 경계가 명확하지 않음 → 계층 의식이 미약하고, 다른 계층에 대해 적대감이 약함 • 현대 사회의 지위 불일치 현상을 설명하기에 적합함
학자	마르크스(Marx, K.)	베버(Weber, M.)

B 사회 불평등 현상을 바라보는 관점

★ 1. 기능론

기본 입장	사회 불평등은 사회의 유지와 발전을 위해 불가피한 현상임
전제	• 직업마다 기능적 중요도에 차이가 있음 • 기능적으로 중요한 일을 하는 사람에게 더 많은 보상을 주어야 하므로 사회적 자원을 차등 분배하는 것이 당연함
희소 자원의 배분 기준	• 희소 자원의 배분에 대한 사회적으로 합의된 기준이 존재함 • 개인의 능력이나 노력, 직업의 사회적 기여도 등에 따라 사회적 희소 자원이 합리적으로 배분됨
사회적 기능	개인에게 성취동기를 부여하고 경쟁을 유발함으로써 인재를 적재적소에 배치함
한계	• 사회 불평등 현상을 정당한 것으로 여겨 문제를 개선하려는 노력을 소홀히 할 수 있음 • 기득권층에 유리한 사회 구조를 간과할 수 있음
사례	의사는 생명을 다루는 중요한 일을 하고, 의사가 되려면 시간과 노력을 많이 들여야 하므로 그에 합당하도록 많은 보상을 해야 함

★ 2. 갈등론

기본 입장	사회 불평등은 불공정한 것이므로 사회 구조의 근본적인 개혁을 통해 해결해야 할 현상임
전제	• 직업의 기능적 중요도에 차이가 없음 • 직업의 기능적 중요도는 지배 집단의 판단에 불과함
희소 자원의 배분 기준	• 희소 자원의 배분 기준은 사회 구성원이 합의한 것이 아닌 지배 집단의 가치가 반영된 것임 • 권력이나 사회적·경제적 배경 등에 의해 사회적 희소 자원이 지배 집단에게 유리한 방향으로 불공정하게 배분됨
사회적 기능	• 기존의 불평등한 계층 구조를 재생산함 • 개인이 각자의 능력을 최대한 발휘할 수 있는 기회를 제한함 • 집단 간 대립과 갈등을 유발하여 사회 전체의 발전을 저해함
한계	• 개인의 노력과 능력에 따라 보상을 달리하는 것이 사회적인 능률을 높일 수 있다는 점을 간과할 수 있음 • 집단 간 갈등과 대립을 지나치게 부각하여 사회 통합을 저해할 수 있음
사례	소방대원도 의사처럼 생명을 구하는 일을 하는데, 소방대원이 의사보다 상대적으로 낮은 보상을 받는 것은 합리적이지 않음

3. 바람직한 관점 사회 불평등 현상을 바라보는 기능론적 관점과 갈등론적 관점은 일정한 유용성과 함께 한계를 지님 → 사회 불평등 현상을 어느 하나의 관점으로 바라보기보다는 두 관점을 조화하여 균형 있게 이해해야 함

★ 표시는 시험 전에 확인해 주세요.

C 사회 이동

1. 사회 이동 개인이나 집단의 계층적 위치가 변화하는 현상

★ 2. 사회 이동의 유형

(1) 이동 방향에 따른 유형

수평 이동	동일한 계층 내에서의 위치 변화 예 중학교 교사가 고등학교로 발령이 난 경우
수직 이동	계층적 위치가 높아지거나 낮아지는 변화 예 평사원에서 임원이 된 경우(상승 이동), 사장이 실업자가 된 경우 (하강 이동)

● 계층 구조가 개방적일수록 수직 이동의 가능성이 높다.

(2) 세대 범위에 따른 유형

세대 내 이동	한 개인의 생애 동안에 나타나는 계층적 위치의 변화 예 하위직 공무원이 열심히 노력하여 고위직 공무원이 된 경우
세대 간 이동	두 세대 이상에 걸쳐서 이루어지는 계층적 위치의 변화 예 가난한 농부의 아들이 대기업의 회장이 된 경우

(3) 이동 원인에 따른 유형

개인적 이동	한 개인의 능력이나 노력에 따른 계층적 위치의 변화
구조적 이동	사회 변동으로 기존의 계층 구조가 변화하여 생기는 계층적 위치의 변화 예 미국에서 노예 제도가 철폐되어 흑인이 노예의 신분에서 벗어난 경우

D 사회 계층 구조

1. 사회 계층 구조 사회의 희소한 자원이 차등적으로 분배되고, 그러한 불평등이 지속되면서 일정한 형태로 고정된 구조

★ 2. 사회 계층 구조의 유형

(1) 계층별 구성원의 비율에 따른 계층 구조

피라미드형 계층 구조	의미	계층 구성원의 비율이 하층이 가장 높고, 상층으로 갈수록 낮아지는 계층 구조
	특징	• 신분제에 기초한 전통 사회나 초기 산업 사회에서 주로 나타남 • 소수의 상층이 사회적 희소 자원을 독점함 → 불평등이 심하게 나타나 사회가 불안정할 수 있음
다이아몬드형 계층 구조	의미	계층 구성원의 비율이 상층이나 하층보다 중층이 높은 형태의 계층 구조
	특징	• 중간 계층에 속하는 구성원의 비율이 높아진 근대 이후 산업 사회에서 주로 나타남 • 중층이 상층과 하층 사이에서 완충 역할을 함 → 사회가 비교적 안정적임
수직형 계층 구조	모든 사회 구성원이 서로 다른 계층에 속해 수직선상에 배열된 형태의 계층 구조 → 완전 불평등형 계층 구조	
수평형 계층 구조	모든 사회 구성원이 같은 계층을 이루고 있어 수평선상에 배열된 형태의 계층 구조 → 완전 평등형 계층 구조	

● 현실적으로 존재하기 어려우며, 이론상으로만 존재하는 극단적 형태의 계층 구조이다.

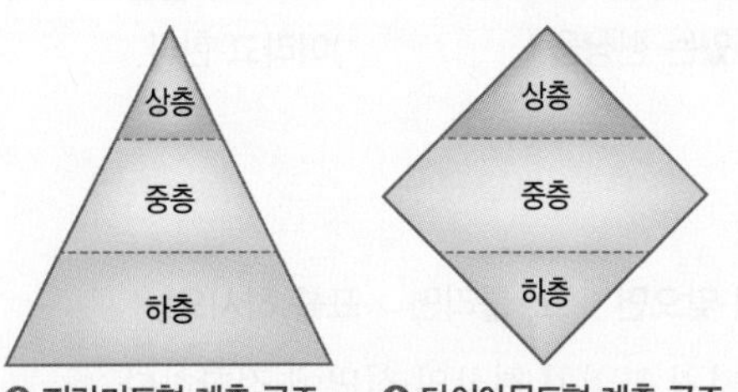

⊙ 피라미드형 계층 구조 ⊙ 다이아몬드형 계층 구조

(2) 계층 간 이동 가능성에 따른 계층 구조

폐쇄적 계층 구조	의미	계층 간 상승이나 하강 이동이 엄격하게 제한된 계층 구조
	특징	• 타고난 신분이 개인의 계층적 위치를 결정함 → 귀속 지위 중시 • 사회의 역동성이 낮게 나타남
	사례	고대 노예제, 인도의 카스트 제도 등
개방적 계층 구조	의미	다른 계층으로 상승하거나 하강할 수 있는 가능성이 열려 있는 계층 구조
	특징	• 개인의 노력이나 능력이 사회 이동의 주요 요인으로 작용함 → 성취 지위 중시 • 사회의 역동성이 높게 나타남 • 개방적 계층 구조는 폐쇄적 계층 구조보다 사람들에게 공평한 기회를 부여하여 사회 발전에 도움이 됨 → 사회 통합에 기여함
	사례	신분제가 폐지된 근대 이후 대부분의 사회

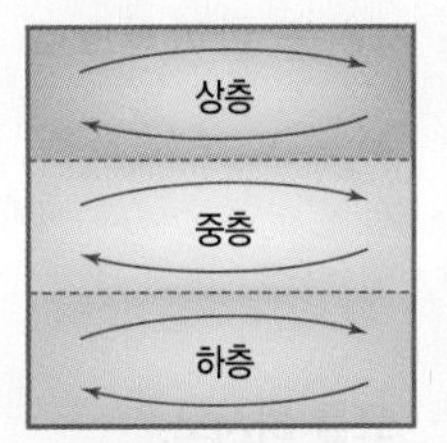

⊙ 폐쇄적 계층 구조

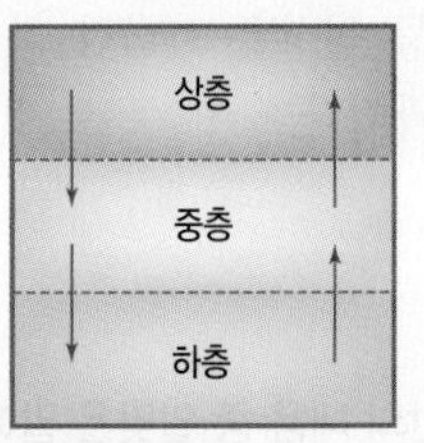

⊙ 개방적 계층 구조

정보화에 따른 계층 구조의 변화

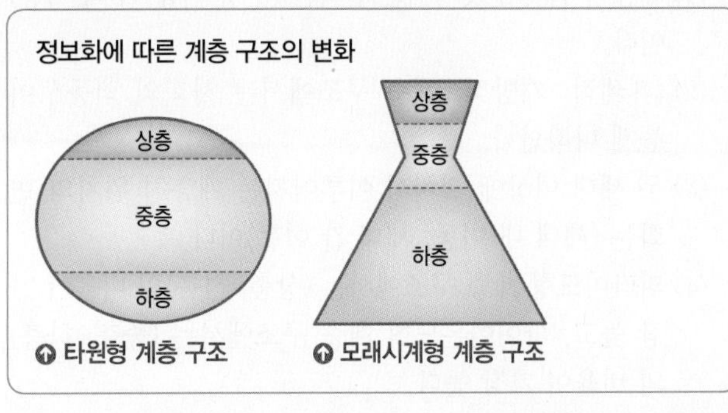

⊙ 타원형 계층 구조 ⊙ 모래시계형 계층 구조

정보화 낙관론자들은 정보화로 인해 부가 가치의 원천이 되는 지식과 정보에 접근할 수 있는 기회가 모든 계층에게 확대되어 계층 간 격차가 줄어들 것이라고 본다. 이에 따라 다이아몬드형 계층 구조에서 타원형 계층 구조로 변화할 것이라 전망한다. 반면, 정보화 비관론자들은 정보화가 진전됨에 따라 오히려 계층 간 지식과 정보의 획득 및 접근에 격차가 발생하여 불평등이 더욱 심화할 것이라고 주장한다. 이에 따라 중층의 비율이 현저히 낮고 다수가 하층을 압도적으로 차지하는 모래시계형 계층 구조가 형성될 것이라고 전망한다. 모래시계형 계층 구조는 양극화된 계층 구조로 인해 사회가 매우 불안정하다.

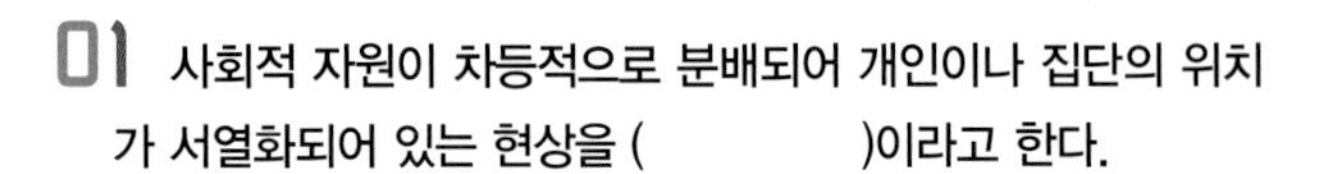

정답과 해설 23쪽

01 사회적 자원이 차등적으로 분배되어 개인이나 집단의 위치가 서열화되어 있는 현상을 (   )이라고 한다.

02 다음 설명이 맞으면 ○표, 틀리면 ×표를 하시오.

(1) 계급론은 지위 불일치 현상의 설명에 적합하다. (   )

(2) 계급론은 자본가와 노동자가 지배·피지배의 관계에 있다고 본다. (   )

(3) 계층론은 사회 불평등이 지위와 권력에 따라서도 형성된다고 본다. (   )

(4) 계층론은 같은 계급에 속하는 사람들끼리 강한 연대 의식을 갖는다고 본다. (   )

03 다음 내용이 사회 불평등 현상을 바라보는 기능론적 관점에 해당하면 '기', 갈등론적 관점에 해당하면 '갈'이라고 쓰시오.

(1) 사회 불평등은 불가피한 현상이다. (   )

(2) 사회 불평등은 해결해야 할 현상이다. (   )

(3) 직업의 기능적 중요성은 지배 집단의 판단에 불과하다. (   )

(4) 사회 불평등 현상은 사회적 희소 자원을 합리적으로 분배한 결과이다. (   )

04 다음 괄호 안의 내용 중 알맞은 말에 ○표를 하시오.

(1) 계층적 위치가 낮아지는 변화는 (수평 이동, 수직 이동)이다.

(2) (폐쇄적, 개방적) 계층 구조에서는 사회의 역동성이 높게 나타난다.

(3) 두 세대 이상에 걸쳐서 이루어지는 계층적 위치의 변화는 (세대 내 이동, 세대 간 이동)이다.

(4) 피라미드형 계층 구조에서는 (상층, 하층)의 비율이 가장 높고, 다이아몬드형 계층 구조에서는 (중층, 하층)의 비율이 가장 높다.

05 정보화에 대한 낙관론, 비관론과 관련 있는 계층 구조를 옳게 연결하시오.

(1) 정보화 낙관론 •   • ㉠ 타원형 계층 구조

(2) 정보화 비관론 •   • ㉡ 모래시계형 계층 구조

2단계 내신 다지기

A 사회 불평등 현상의 이해

01 다음 사회 현상에 대한 옳은 설명을 〈보기〉에서 고른 것은?

> 사람들은 부, 권력, 명예와 같은 사회적 자원을 두고 서로 더 많이 가지기 위해 경쟁하거나 대립하는데, 그 결과 사회적 자원이 불평등하게 분배되어 사회 구성원들 사이에 수직적인 위계질서가 형성된다.

보기

ㄱ. 특정 사회에서만 나타나는 현상이다.
ㄴ. 개인뿐만 아니라 집단 간에도 나타난다.
ㄷ. 사회적 자원이 희소하기 때문에 발생한다.
ㄹ. 사회 구성원의 가치관, 생활 양식 등에 영향을 미치지 않는다.

① ㄱ, ㄴ　② ㄱ, ㄷ　③ ㄴ, ㄷ
④ ㄴ, ㄹ　⑤ ㄷ, ㄹ

02 다음 글을 통해 내릴 수 있는 결론으로 가장 적절한 것은?

> 우리나라 광역시·도 및 시·군·구의 소득 수준별 기대 수명을 살펴보면 소득 수준이 낮은 지역에 사는 주민일수록 기대 수명이 짧은 것으로 나타났다. 또 개인별 소득 수준에 따른 우울증 발생 정도는 저소득층일수록 상대적으로 높은 것으로 나타났다.

① 경제적 불평등은 사회 통합을 저해할 수 있다.
② 경제적 불평등은 권력의 소유와 행사의 차이에서 비롯된다.
③ 사회 불평등 현상은 여러 요인이 복합적으로 작용하여 나타난다.
④ 사회·문화적 불평등은 경제적 불평등에 비해 잘 드러나지 않는 경향이 있다.
⑤ 어느 한 영역의 불평등은 그것으로 그치지 않고 다른 영역의 불평등과 서로 영향을 주고받는다.

03 다음 글에 나타난 사회 불평등 현상을 설명하는 이론에 부합하는 진술로 적절하지 않은 것은?

> 경제적 자원의 차이에 따라 계급이 만들어지고, 권력 집단의 소속 여부에 따라 당파가 만들어지며, 사회적 위신이나 명예의 차이에 따라 지위 집단이 만들어진다. 각각의 차원은 상호 관련성은 있지만 별개의 개념이다.

① 지위 불일치 현상이 나타날 수 있다.
② 불평등의 각 측면은 그 기원이 독립적이다.
③ 동일한 계층에 속한 사람들 간 계층 의식이 미약하다.
④ 다차원적 측면에서 사회 불평등 현상을 파악해야 한다.
⑤ 서로 다른 계급에 속한 구성원들은 필연적으로 적대감을 가진다.

출제가능성 90%

04 사회 불평등 현상을 설명하는 이론 A, B에 대한 설명으로 옳지 않은 것은?

> 사회 불평등의 양상 가운데 경제적 요인에 주목한 이론인 A는 경제적 불평등이 다른 불평등을 만들어내는 근원이 된다고 본다. 반면에 B는 경제적 요인뿐만 아니라 다른 여러 요인으로도 사회 불평등이 생겨날 수 있다고 본다.

① A는 생산 수단의 소유 여부에 따라 지배·피지배 관계가 형성된다고 본다.
② B는 사회 불평등 구조가 궁극적으로 양극화된다고 본다.
③ A는 B와 달리 내부 구성원 간에 나타나는 강한 동류 의식을 강조한다.
④ B는 A와 달리 계층 간의 관계를 연속적인 서열 관계로 파악한다.
⑤ A, B 모두 불평등의 원인이 사회적 희소 자원의 차등 분배 때문이라고 본다.

B 사회 불평등 현상을 바라보는 관점

05 다음 글에 나타난 사회 불평등 현상을 바라보는 관점에 부합하는 진술로 적절하지 않은 것은?

> 성과급 제도는 자신의 능력을 잘 발휘하여 많은 보수를 받음으로써 그 능력을 인정받는 제도이므로 바람직하다. 회사에서 모든 직원이 지위, 나이, 경력, 교육 수준, 업적, 성과 등과 관계없이 같은 임금을 받는다면 직원들은 열심히 일하려고 하지 않을 것이며, 결과적으로 열심히 일한 사람은 불공평하다고 느낄 것이다.

① 직업마다 기능적 중요도가 다르다.
② 차등 보상은 인재를 적재적소에 배치시킨다.
③ 사회 불평등은 보편적이고 불가피한 현상이다.
④ 사회 불평등 현상은 사회의 유지와 발전에 기여한다.
⑤ 사회적 희소 자원은 권력이나 사회적·경제적 배경 등에 의해 차등적으로 분배된다.

06 다음 글에 나타난 사회 불평등 현상을 바라보는 관점에 부합하는 진술로 가장 적절한 것은?

> 갑국의 주요 기업 최고 경영자의 연봉이 일반 직원에 비해 300배 많은 것으로 나타났다. 이와 같이 최고 경영자들이 터무니없는 고액 연봉을 받는 것은 그들의 생산성이 높아서가 아니라, 이윤 분배 체계가 기업의 최고 경영자들에게 유리한 방향으로 정해져 있기 때문이다.

① 사회 불평등은 극복해야 할 현상이다.
② 사회적 희소 자원은 구성원들이 합의한 기준에 따라 배분된다.
③ 차등 보상은 개인이 능력을 최대한 발휘하도록 동기를 부여한다.
④ 중요한 업무를 수행하는 사람에게는 더 많은 보상이 주어져야 한다.
⑤ 가정 배경보다 개인의 노력이 지위를 획득하는 데 더 큰 영향을 준다.

출제가능성 90%

07 사회 불평등 현상을 바라보는 (가), (나) 관점에 대한 옳은 설명을 〈보기〉에서 고른 것은?

> (가) 오늘날에는 누구나 교육의 기회를 보장받기 때문에 배우고자 하는 의지와 능력만 있다면, 좋은 직업과 높은 지위를 가질 수 있고 더 많은 보수를 받을 수 있다.
> (나) 집안 형편과 지역 배경 등 자신이 처한 환경에 따라 교육의 양과 질이 달라진다. 따라서 의지와 능력이 있다고 해서 인정받고 더 좋은 직업과 더 높은 지위를 가질 수 있는 것은 아니다.

보기
ㄱ. (가)는 사회에 대한 기여도에 따라 직업을 서열화할 수 있다고 본다.
ㄴ. (나)는 사회 불평등 현상을 사회 구조의 개혁을 통해 해결해야 할 대상으로 본다.
ㄷ. (가)는 (나)와 달리 귀속 요인이 사회 불평등에 미치는 영향력을 강조한다.
ㄹ. (나)는 (가)와 달리 균등 분배가 사회 구성원의 성취동기를 저해한다고 본다.

① ㄱ, ㄴ ② ㄱ, ㄷ ③ ㄴ, ㄷ
④ ㄴ, ㄹ ⑤ ㄷ, ㄹ

C 사회 이동

08 다음 글에 나타난 사회 이동의 유형만을 〈보기〉에서 있는 대로 고른 것은?

> 장영실은 어머니의 신분을 따라 관노비로 태어났으나 물건 만드는 솜씨가 뛰어나다는 점이 조정에 알려지면서 궁노비가 되었다. 세종 즉위 후 장영실은 명나라에 유학을 가서 천문 관측 시설 관련 자료를 수집해 왔고, 이를 바탕으로 자격루를 만들었다. 이후 종3품의 대호군까지 오르면서 세종의 뜻을 받들어 많은 천문 기구를 제작하였다.

보기
ㄱ. 수평 이동 ㄴ. 수직 이동
ㄷ. 구조적 이동 ㄹ. 세대 간 이동

① ㄱ, ㄷ ② ㄴ, ㄹ ③ ㄷ, ㄹ
④ ㄱ, ㄴ, ㄹ ⑤ ㄴ, ㄷ, ㄹ

09 (가)~(다)에 해당하는 사회 이동 유형의 사례를 〈보기〉에서 골라 옳게 연결한 것은?

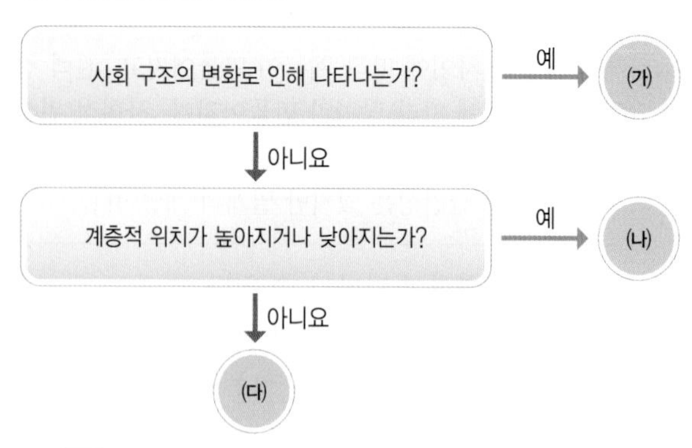

보기
ㄱ. 갑은 노예 제도가 철폐되면서 노예의 신분에서 벗어났다.
ㄴ. 대기업의 회장이었던 을은 회사가 부도나 노점상이 되었다.
ㄷ. ○○ 회사 국내 영업팀 팀장이었던 병은 △△ 회사로 이직하여 해외 영업팀 팀장을 맡았다.

	(가)	(나)	(다)
①	ㄱ	ㄴ	ㄷ
②	ㄱ	ㄷ	ㄴ
③	ㄴ	ㄷ	ㄱ
④	ㄷ	ㄱ	ㄴ
⑤	ㄷ	ㄴ	ㄱ

출제가능성 90%

10 표는 갑국의 부모와 자녀 세대의 계층 구성을 나타낸 것이다. 이에 대한 분석으로 옳지 않은 것은?

(단위: %)

부모 \ 자녀	상층	중층	하층	계
상층	10	4	0	14
중층	4	9	5	18
하층	2	50	16	68
계	16	63	21	100

① 세대 간 상승 이동률이 하강 이동률보다 높다.
② 중층 비율은 부모 세대보다 자녀 세대가 더 높다.
③ 부모의 계층별로 계층 지위가 대물림되는 비율은 하층이 가장 높다.
④ 부모의 계층을 세습한 자녀보다 그렇지 않은 자녀의 비율이 더 높다.
⑤ 부모 세대 상층에서 자녀 세대 하층으로 세대 간 이동을 한 경우는 없다.

D 사회 계층 구조

출제가능성 90%

11 (가), (나) 사회 계층 구조에 대한 설명으로 옳은 것은?

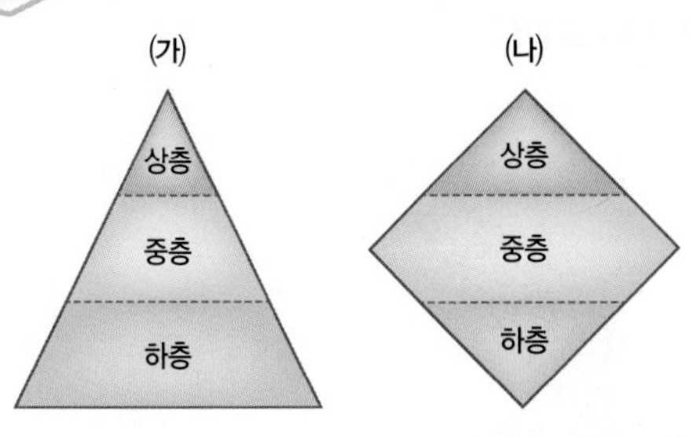

① (가)에서는 수평 이동보다 수직 이동이 활발하게 일어난다.
② (가)는 다수의 상층이 소수의 하층을 지배하는 계층 구조이다.
③ (나)는 전통 사회에서 주로 나타나는 계층 구조이다.
④ (나)는 (가)에 비해 사회가 비교적 안정적이다.
⑤ (가), (나)를 구분하는 기준은 계층 간 이동 가능성이다.

12 그림은 갑국의 계층 간 상대적 비율 변화를 나타낸 것이다. 이에 대한 옳은 분석을 〈보기〉에서 고른 것은?

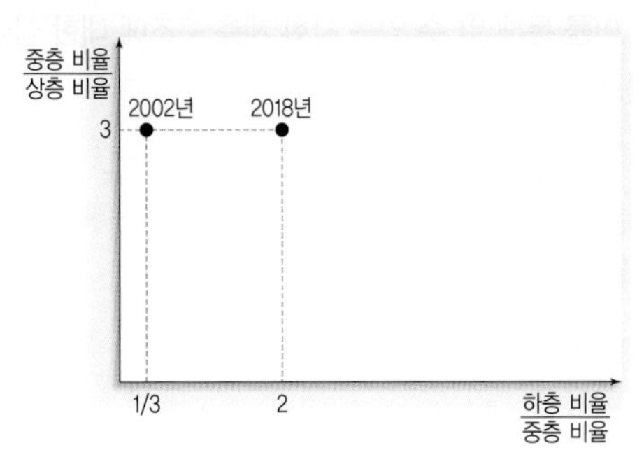

보기
ㄱ. 2002년에는 중층의 인구가 가장 많다.
ㄴ. 계층이 대물림되는 경향이 완화되었다.
ㄷ. 하층 인구는 2002년보다 2018년이 더 많다.
ㄹ. 2002년의 계층 구조가 2018년의 계층 구조보다 사회 통합에 유리하다.

① ㄱ, ㄴ ② ㄱ, ㄹ ③ ㄴ, ㄷ
④ ㄴ, ㄹ ⑤ ㄷ, ㄹ

13 표는 갑국과 을국의 계층 간 상대적 비율을 나타낸 것이다. 이에 대한 분석으로 옳은 것은? (단, 갑국과 을국의 인구비는 1 : 10이다.)

구분 \ 국가	갑국	을국
중층 대비 하층	5/3	1/2
중층 대비 상층	2/3	1/2

① 갑국의 계층 구조는 모래시계형이다.
② 을국의 계층 구조는 피라미드형이다.
③ 갑국은 을국에 비해 상층 인구수가 많다.
④ 을국은 갑국과 달리 개방적 계층 구조를 지닌다.
⑤ 갑국의 하층 인구수와 을국의 중층 인구수는 같다.

14 다음과 같이 주장하는 사람들이 예상하는 계층 구조에 대한 설명으로 옳은 것은?

> 정보 사회에서는 부가 가치의 원천이 되는 지식과 정보에 접근할 수 있는 기회가 모든 계층에게 확대되어 계층 간 격차가 줄어들 것이다.

① 하층의 비율이 가장 높고 상층의 비율이 가장 낮은 형태의 계층 구조이다.
② 중층의 비율이 현저히 낮고 압도적 다수가 하층을 차지하는 형태의 계층 구조이다.
③ 다이아몬드형 계층 구조에서 중상층과 중하층 비율이 증가한 형태의 계층 구조이다.
④ 모든 사회 구성원이 서로 다른 계층에 속해 수직선상에 배열된 형태의 계층 구조이다.
⑤ 모든 사회 구성원이 같은 계층을 이루고 있어 수평선상에 배열된 형태의 계층 구조이다.

3단계 등급 올리기

01 표는 사회 불평등 현상을 설명하는 이론 A, B를 비교한 것이다. 이에 대한 옳은 설명만을 〈보기〉에서 있는 대로 고른 것은? (단, A, B는 각각 계급론, 계층론 중 하나이다.)

질문	답변	
	A	B
(가)	예	예
(나)	예	아니요
(다)	아니요	예

보기

ㄱ. (가)에는 '사회 불평등 현상에 경제적 요인이 작용하는가?'가 들어갈 수 없다.
ㄴ. A가 계급론이라면, (나)에는 '중간 계급의 존재를 부정하는가?'가 들어갈 수 있다.
ㄷ. A가 계층론이라면, (나)에는 '집단 간의 위계가 불연속적인가?'가 들어갈 수 있다.
ㄹ. B가 계급론이라면, (다)에는 '정치적·사회적 불평등은 경제적 불평등에 종속되는가?'가 들어갈 수 있다.

① ㄱ, ㄷ ② ㄴ, ㄹ ③ ㄷ, ㄹ
④ ㄱ, ㄴ, ㄷ ⑤ ㄴ, ㄷ, ㄹ

02 다음 글에 나타난 사회 불평등 현상을 바라보는 관점에 부합하는 진술로 적절한 것은?

기업 조직 내에서 여성은 남성보다 승진 가능성이 적다. 왜냐하면 여성은 일과 가사를 병행하기 위해 상대적으로 부담이 적은 업무를 선호하고, 대체로 남성보다 생산성이 떨어지기 때문이다.

① 사회 불평등은 극복해야 할 대상이다.
② 사회 불평등은 불가피한 현상이 아니다.
③ 사회적 희소 자원은 사회적 기여도에 따라 합리적으로 배분된다.
④ 부와 권력은 개인의 능력이나 노력보다 가정 배경에 의해 배분된다.
⑤ 사회 불평등 현상은 집단 간 대립과 갈등을 유발하여 사회 발전을 저해한다.

2017 평가원 응용

03 사회 불평등 현상을 바라보는 관점 A, B에 대한 옳은 설명만을 〈보기〉에서 있는 대로 고른 것은? (단, 하층 자녀는 능력이 있고, 그 수준은 동일하다.)

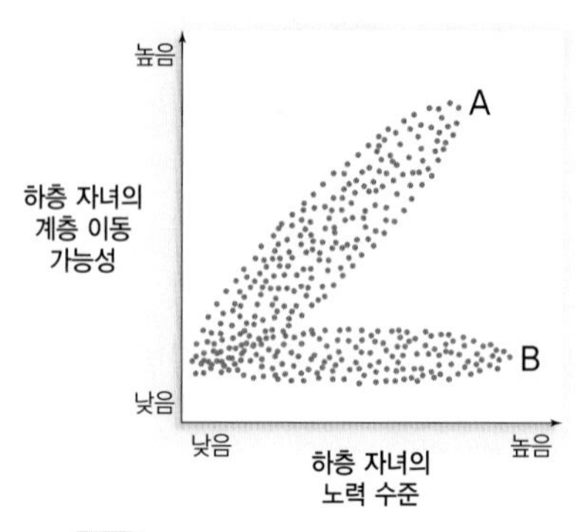

보기

ㄱ. A는 차등 분배가 인재를 적재적소에 배치하는 데 도움을 준다고 본다.
ㄴ. A는 균등 분배에 대한 기대치가 높을수록 성취동기가 약화한다고 본다.
ㄷ. B는 차등 분배가 사회 발전을 저해한다고 본다.
ㄹ. B는 A와 달리 사회적 희소가치가 구성원 간의 합의된 기준에 따라 배분된다고 본다.

① ㄱ, ㄴ ② ㄴ, ㄷ ③ ㄷ, ㄹ
④ ㄱ, ㄴ, ㄷ ⑤ ㄴ, ㄷ, ㄹ

04 그림은 갑국의 부모의 지위와 자녀의 지위 간의 관계를 나타낸 것이다. 이를 통해 알 수 있는 사회 계층 구조에 대한 설명으로 옳은 것은?

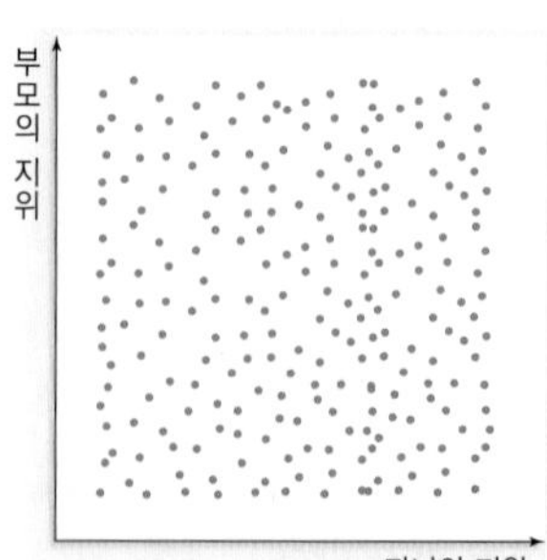

① 성취 지위보다 귀속 지위가 강조된다.
② 신분 질서가 엄격한 사회에서 주로 나타난다.
③ 부모의 지위가 자녀에게 세습되는 경향이 강하다.
④ 수평 이동은 자유롭지만, 수직 이동은 극히 제한된다.
⑤ 개인의 노력이나 능력이 사회 이동의 주요 요인으로 작용한다.

최고난도

05 표는 갑국의 세대 간 계층 변화를 나타낸 것이다. 이에 대한 옳은 분석을 〈보기〉에서 고른 것은? (단, A~C는 각각 상층, 중층, 하층 중 하나이며, 부모의 계층 구조는 피라미드형 구조이다.)

(단위: %)

구분		부모의 계층			계
		A	B	C	
자녀의 계층	A	15	5	30	100
	B	6	12	2	
	C	10	2	18	
계		100			

보기

ㄱ. A는 중층, B는 상층, C는 하층이다.
ㄴ. 세대 간 상승 이동이 세대 간 하강 이동보다 많다.
ㄷ. 피라미드형 계층 구조에서 모래시계형 계층 구조로 변화하였다.
ㄹ. 부모의 계층이 중층일 때, 세대 간 상승 이동한 자녀의 비율이 세대 간 하강 이동한 자녀의 비율보다 크다.

① ㄱ, ㄴ ② ㄱ, ㄷ ③ ㄴ, ㄷ
④ ㄴ, ㄹ ⑤ ㄷ, ㄹ

2017 평가원 응용

06 다음 자료에 대한 옳은 분석을 〈보기〉에서 고른 것은?

[세대별 계층 비율]

(단위: %)

구분	상층	중층	하층
부모 세대	15	40	45
자녀 세대	20	60	20

[부모 계층 대비 자녀 계층의 세대 간 이동 비율]

구분	상층	중층	하층
상승	0	1/8	7/9
하강	10/15	1/8	0

보기

ㄱ. 부모 세대 계층 대비 계층 대물림 비율은 하층이 가장 높다.
ㄴ. 자녀 세대보다 부모 세대의 계층 구조가 사회 통합에 더 유리하다.
ㄷ. 세대 간 이동으로 다른 계층에서 유입된 비율은 중층이 가장 높다.
ㄹ. 자녀 세대 계층 대비 부모와 자녀의 계층 불일치 비율은 상층이 가장 높다.

① ㄱ, ㄴ ② ㄱ, ㄷ ③ ㄴ, ㄷ
④ ㄴ, ㄹ ⑤ ㄷ, ㄹ

서술형 문제

07 표는 사회 불평등 현상을 설명하는 이론 A, B를 구분한 것이다. 이를 보고 물음에 답하시오.

질문	답변	
	A	B
동일 계층 구성원 간의 귀속 의식을 강조하는가?	아니요	예
다원론적 관점에서 사회 불평등 현상을 설명하는가?	예	아니요

(1) A, B 이론을 각각 쓰시오.

(2) A와 B 중 지위 불일치 현상을 설명하기에 더 적합한 이론을 쓰고, 그 이유를 서술하시오.

08 밑줄 친 '이 관점'을 쓰고, 그 한계를 두 가지 이상 서술하시오.

> 소방대원도 의사와 마찬가지로 생명을 구하는 일을 하는데, 소방대원은 의사보다 상대적으로 낮은 보상을 받는다. 사회 불평등 현상을 바라보는 이 관점에 따르면 이와 같은 차등적 보상은 합리적이지 않다.

09 다음과 같이 주장하는 사람들이 예측하는 계층 구조의 유형을 쓰고, 이와 같은 계층 구조가 나타나는 사회의 특징에 대해 서술하시오.

> 정보 통신 기술이 발달하면 사회 계층에 따라 지식과 정보의 접근 및 활용 격차가 확대되어 사회 계층 간 불평등이 더욱 심화될 것입니다. 이에 따라 사회는 이른바 20 대 80의 사회로 양극화되어 중간층 비율이 현저히 낮은 계층 구조가 나타나게 될 것입니다.

02 다양한 사회 불평등 현상

A 사회적 소수자 차별 문제

★ 1. 사회적 소수자

(1) 사회적 소수자: 신체적 또는 문화적 특성 때문에 사회의 다른 구성원으로부터 차별을 받으며, 자신이 차별받는 집단에 속해 있다는 의식을 지닌 사람들

(2) 사회적 소수자의 성립 요건

식별 가능성	신체적 또는 문화적으로 다른 집단과 구별됨
권력의 열세	사회적 권한의 행사에서 주류 집단보다 열세에 있음
사회적 차별	소수자 집단이라는 이유만으로 차별을 받음
집합적 정체성	스스로 차별받는 집단의 일원이라는 인식을 가짐

(3) 사회적 소수자의 특징

① 규정 기준의 다양성: 성, 연령, 장애, 인종, 민족, 국적, 문화 등 다양한 요인에 의해 규정됨
- 단순히 수가 적다고 해서 사회적 소수자로 규정되는 것은 아니다.

② 시·공간적 상대성: 시대, 장소, 소속 집단의 범주 등에 따라 사회적으로 만들어지는 상대적인 개념임
- 특정 시대나 사회에서 사회적 소수자로 규정된 사람들이 다른 시대나 사회에서는 사회적 소수자로 규정되지 않을 수도 있다.

2. 사회적 소수자 문제의 양상과 해결 방안

(1) 사회적 소수자 문제의 양상

① 주류 집단과 다르다는 이유로 부당하게 차별을 받음 → 교육 및 취업 등 다양한 사회적 기회를 박탈당함

② 외국인 노동자, 결혼 이민자 등과 같이 국적 및 인종을 이유로 차별받는 사회적 소수자들이 증가함

(2) 사회적 소수자 문제의 해결 방안

의식적 측면	• 사회적 소수자에 대한 편견과 고정 관념을 극복해야 함 • 사회적 소수자를 동등한 사회 구성원으로 인정하고 존중하며 더불어 살아가려는 공존의 자세를 갖추어야 함
제도적 측면	• 사회적 소수자를 차별하는 법과 제도를 개선해야 함 • 적극적 차별 시정 조치와 같은 실질적인 지원책을 마련해야 함 (예) 장애인 의무 고용제, 양성평등 채용 목표제 등)

장애인 의무 고용제

「장애인 고용 촉진 및 직업 재활법」은 장애인이 그 능력에 맞는 직업 생활을 통하여 인간다운 생활을 할 수 있도록 장애인의 고용 촉진 및 직업 재활을 꾀하는 것을 목적으로 만들어졌다. 이 법률에 따라 국가 및 지방 자치 단체, 50인 이상의 근로자를 고용하는 사업주는 장애인을 일정 비율 이상 의무적으로 고용해야 한다.

장애인 의무 고용제는 취업이 힘든 장애인의 고용을 촉진하기 위한 적극적 차별 시정 조치에 해당한다. 적극적 차별 시정 조치는 오랫동안 차별받아 온 특정 집단에 가산점을 주거나 특혜를 주어 실질적 평등을 구현한다는 점에서 의의가 있다. 하지만 소수자에 대한 우대로 인해 소수자가 아닌 집단이 도리어 차별받게 되는 역차별의 문제가 나타날 수 있으므로 사회적 소수자를 우대하는 정책을 수립할 때에는 사회적 합의를 구해야 한다.

B 성 불평등 문제

1. 성 불평등의 의미와 양상

(1) 성 불평등: 생물학적 성과 사회적 성에 기반을 두어 사회적 지위, 권력, 위신 등에서 특정 성이 차별받는 현상
- 사회적 성: 사회·문화적 환경에서 획득·형성되는 성으로, 남성다움과 여성다움으로 구분된다.

(2) 성 불평등의 양상

① 정치적 측면: 고위 공직자나 국회 의원의 성비 불균형 등

② 경제적 측면: 성별에 따른 취업 및 승진 기회 제한, 성별 임금 격차 등

③ 사회·문화적 측면: 성차별적인 관념과 언행, 대중 매체에 의해 왜곡된 여성상과 남성상 등

★ 2. 성 불평등의 원인

가부장제적 사회 구조	• 가부장제하에서 전통적으로 남성은 바깥일 등의 공적 영역을, 여성은 가사와 양육 등의 사적 영역을 주로 담당하는 성별 분업이 이루어짐 → 공적 영역에 더 중요한 가치를 부여함으로써 사회적 위세와 권위가 남성에게 집중됨 • 남성 중심의 지배 구조가 사회 전반으로 확산되면서 직업 구조 안에서도 남성은 지배적·주도적인 일을 주로 하고, 여성은 보조 업무나 지원 업무를 담당함
차별적 사회화	사회 전반에 자리 잡은 성별에 대한 선입견과 편견을 토대로 남성과 여성이 서로 다른 성 정체성과 성 역할을 습득하는 차별적 사회화 과정을 거침 → 성별에 따라 서로 다른 기준을 적용받고, 그 사회가 용인하는 여성다움 혹은 남성다움을 학습하면서 성장함

- 차별적 사회화: 부모의 양육 태도, 전통적 성 역할과 규범을 내면화시키는 학교 교육, 성 불평등 의식을 양산하는 대중 매체 등을 통해 심화된다.

3. 성 불평등 문제의 해결 방안

의식적 측면	• 성에 대한 고정 관념 및 편견을 버리고 양성평등 의식을 함양해야 함 • 성별의 차이를 인정하되 차별로 이어지지 않도록 상호 존중하는 자세를 갖추어야 함
제도적 측면	• 성차별적인 고용 관행이나 여성에게 불리한 근무 환경을 제거하여 평등한 승진 기회 및 근무 환경을 보장해야 함 • 양성평등 원칙에 어긋나는 법과 제도를 개선해야 함 • 학교 교육과 대중 매체 등을 통해 양성평등 의식을 함양해야 함

C 빈곤 문제

1. 빈곤의 의미와 특징

(1) 빈곤: 인간의 기본적인 욕구를 충족하는 데 필요한 자원이나 소득의 결핍이 지속되는 상태

(2) 빈곤의 특징: 빈곤의 구체적인 내용은 고정된 것이 아니라 시대와 사회에 따라 변화함

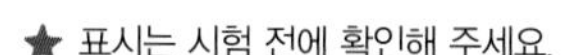

2. 빈곤의 원인과 영향

(1) 빈곤의 원인

① 개인적 측면: 근로 능력의 상실, 성취동기의 부족 등

② 사회적 측면: 사회 보장 제도의 미비, 교육 불평등 등

(2) 빈곤의 영향

① 개인적 측면: 건강 악화, 상대적 박탈감, 심리적 위축, 사회적 관계 축소 및 단절 등을 가져올 수 있음

② 사회적 측면: 범죄 증가, 사회 불안 및 구성원 간 갈등 등을 초래할 수 있음

★ 3. 빈곤의 유형

(1) 절대적 빈곤

의미	인간이 최소한의 생활을 유지하는 데 필요한 자원이나 소득이 절대적으로 부족한 상태 → 절대적 빈곤선에 미치지 못하는 상태
판단 기준	• 일반적으로 최저 생활에 드는 금액을 기준으로 측정함 • 우리나라에서는 최저 생계비를 기준으로 이에 미달할 경우 절대적 빈곤으로 봄 (최저 생계비: 국민이 건강하고 문화적인 생활을 유지하는 데 필요한 최소한의 비용)
특징	• 생존에 필요한 자원의 결핍과 관련이 있음 • 사회 발전이 더딘 저개발국에서 주로 나타남 • 경제가 성장하면 절대적 빈곤이 감소하는 경향이 있음

(2) 상대적 빈곤

의미	한 사회에서 다른 사람들보다 자원이나 소득을 상대적으로 적게 가져 사회 구성원 대다수가 누리는 생활 수준을 누리지 못하는 상태 → 상대적 빈곤선에 미치지 못하는 상태
판단 기준	• 대부분의 국가에서 중위 소득의 일정 비율을 기준으로 측정함 • 우리나라에서는 중위 소득의 50%를 기준으로 그에 미달할 경우 상대적 빈곤으로 봄 (중위 소득: 전체 가구를 소득 순으로 일렬로 나열했을 때 한가운데 위치한 가구의 소득)
특징	• 부의 불평등과 관련이 있음 • 사회가 발전하면서 빈부 격차가 커진 국가에서 주로 나타남 • 사회의 생활 수준이 전반적으로 높아질수록 상대적 빈곤선도 상향 조정됨 • 상대적 빈곤은 상대적 박탈감을 유발할 수 있음

4. 빈곤 문제의 해결 방안

개인적 측면	• 빈곤에 처한 개인이 빈곤에서 벗어나려는 자활 의지를 갖추어야 함 • 소득이 있을 때 미리 저축함으로써 경제적 어려움에 대비해야 함 • 공존의 가치관과 공동체 의식을 바탕으로 나눔과 기부를 실천해야 함
사회적 측면	• 빈곤층이 최소한의 기본적인 생활을 유지할 수 있도록 경제적으로 지원해야 함 → 기초 생활비, 의료비, 교육비 등의 지급 • 빈부 격차를 완화하고 소득 분배의 형평성을 높여야 함 → 최저 임금제, 누진세 제도, 사회 보장 제도 등의 마련 • 일자리를 창출하고 직업 훈련의 기회를 제공해야 함

1단계 개념 짚어 보기

정답과 해설 26쪽

01 신체적 또는 문화적 특성 때문에 사회의 다른 구성원으로부터 차별을 받으며, 자신이 차별받는 집단에 속해 있다는 의식을 지닌 사람들을 (　　　　)라고 한다.

02 사회적 소수자의 성립 요건만을 〈보기〉에서 있는 대로 골라 기호를 쓰시오.

> 보기
> ㄱ. 수적 열세　　ㄴ. 권력의 열세
> ㄷ. 사회적 차별　　ㄹ. 식별 가능성
> ㅁ. 집합적 정체성

03 다음 빈칸에 들어갈 내용을 쓰시오.

(1) (　　　　)은 성별의 차이를 이유로 사회적 지위, 권력, 위신 등에서 특정 성이 차별받는 현상이다.

(2) (　　　　)는 사회 전반에 자리 잡은 성별에 대한 선입견과 편견을 토대로 남성과 여성이 서로 다른 성 정체성과 성 역할을 습득하는 것이다.

04 다음 설명이 맞으면 ○표, 틀리면 ×표를 하시오.

(1) 사회적 성은 선천적으로 타고나는 것이다. (　　)

(2) 성별 분업은 성 불평등 현상의 원인이라고 할 수 없다. (　　)

(3) 남녀는 성별의 차이를 인정하되 차별로 이어지지 않도록 상호 존중하는 자세를 갖추어야 한다. (　　)

05 다음 괄호 안의 내용 중 알맞은 말에 ○표를 하시오.

(1) 부의 불평등과 관련 있는 빈곤의 유형은 (상대적 빈곤, 절대적 빈곤)이다.

(2) (상대적 빈곤, 절대적 빈곤)은 주로 사회 발전이 더딘 저개발국에서 나타난다.

(3) 사회의 생활 수준이 전반적으로 높아질수록 상대적 빈곤선은 (하향, 상향) 조정된다.

06 우리나라의 상대적 빈곤선과 절대적 빈곤선을 옳게 연결하시오.

(1) 상대적 빈곤선 •　　• ㉠ 최저 생계비

(2) 절대적 빈곤선 •　　• ㉡ 중위 소득의 50%

A 사회적 소수자 차별 문제

출제가능성 90%

01 ㉠에 대한 설명으로 옳지 않은 것은?

> 사람들은 외모, 인종, 종교, 취향 등이 다양하지만, 이러한 차이와 상관없이 모두 기본적인 인권을 동등하게 누릴 권리를 지닌다. 하지만 어떤 사람들은 신체적 또는 문화적 특성으로 인해 자기가 사는 사회의 다른 구성원들과 구별되어 불평등한 처우를 받기도 하는데, 이들을 (㉠)(이)라고 한다.

① 사회적·경제적으로 약자의 위치에 있다.
② 반드시 구성원의 수가 적은 것은 아니다.
③ 선천적 요인뿐 아니라 후천적 요인에 의해서도 비롯된다.
④ 자신이 차별받는 집단에 속해 있다는 것을 인식하지 못한다.
⑤ 신체적으로나 문화적으로 주류 집단과 구별되는 차이가 있다.

02 (가), (나)에 대한 옳은 설명만을 〈보기〉에서 있는 대로 고른 것은?

> (가) 우리나라에서 사회적 소수자인 외국인 노동자가 본국에서는 사회적 소수자가 아닐 수 있다.
> (나) 과거 남아프리카 공화국에서는 다수의 흑인이 소수의 백인에 의해 지배당하며 각종 차별과 불이익을 받았다.

보기
ㄱ. (가)는 사회적 소수자가 사회적 상황이나 여건에 따라 상대적으로 규정됨을 보여 준다.
ㄴ. (나)는 사회적 소수자가 집단의 크기에 의해 결정됨을 보여 준다.
ㄷ. (나)는 사회적 소수자가 사회적 권한의 행사에서 지배 집단보다 열세에 있음을 보여 준다.
ㄹ. (가), (나)는 특정 집단이 주류 집단과 구별되는 특성이 있을 경우 사회적 소수자가 될 수 있음을 보여 준다.

① ㄱ, ㄴ ② ㄴ, ㄷ ③ ㄷ, ㄹ
④ ㄱ, ㄴ, ㄹ ⑤ ㄱ, ㄷ, ㄹ

03 다음 제도의 시행 목적으로 적절한 것은?

> 우리나라는 국가와 지방 자치 단체, 50인 이상의 공공기관과 민간 기업 사업주에게 장애인을 일정 비율 이상 의무적으로 고용하도록 하고, 미준수시 부담금을 부과하고 있다.

① 역차별을 해소하기 위한 제도이다.
② 주류 집단의 이익을 보호하기 위한 제도이다.
③ 서로 다른 것을 같게 대우하기 위한 제도이다.
④ 사회적 소수자에게 실질적인 기회의 평등을 보장하기 위한 제도이다.
⑤ 사회적 소수자에 대한 편견과 고정 관념을 없애려는 의식적 차원의 노력이다.

B 성 불평등 문제

04 밑줄 친 ㉠~㉢에 대한 설명으로 옳지 않은 것은?

> ㉠ 태어날 때부터 타고나는 성과 ㉡ 사회화를 통해 각 개인에게 내면화되는 성에 기반을 두어 사회적 지위, 권력, 위신 등에서 특정 성이 차별받는 현상을 ㉢ 성 불평등이라고 한다.

① ㉠은 육체적·신체적 특징에 근거한다.
② ㉡에 따라 남성과 여성으로 구분된다.
③ ㉡은 한 사회의 사회적 가치가 반영되어 나타난다.
④ ㉢은 정치, 경제, 사회·문화 등 여러 분야에 걸쳐 광범위하게 나타난다.
⑤ ㉠은 생물학적 성, ㉡은 사회적 성에 해당한다.

05 다음 사례를 통해 알 수 있는 내용으로 가장 적절한 것은?

그동안 화재로 인해 생긴 흉터에 대한 장해 보험금 지급 한도액은 여성의 외모가 남성보다 중요하다는 고정 관념이 반영되어 여성이 남성보다 높게 설정되어 있었다. 그러나 이러한 성별에 따른 보험금 지급 한도액의 차이를 개선하여 남성의 흉터 장해 보험금 지급 한도를 여성 기준과 같도록 상향 조정하였다.

① 성 불평등 의식은 차별적 사회화를 통해 완화된다.
② 대체로 남성에 비해 여성이 더 많은 성차별을 경험한다.
③ 남성들도 성에 대한 고정 관념과 편견으로 차별을 받는다.
④ 가부장제는 남성 중심의 지배 구조를 사회 전반으로 확산한다.
⑤ 성 불평등 문제를 해결하기 위해서는 의식 개혁보다 제도 개선이 이루어져야 한다.

출제가능성 90%

06 자료는 맞벌이 부부의 가사 노동 시간을 나타낸 것이다. 이에 대한 옳은 분석 및 추론을 〈보기〉에서 고른 것은?

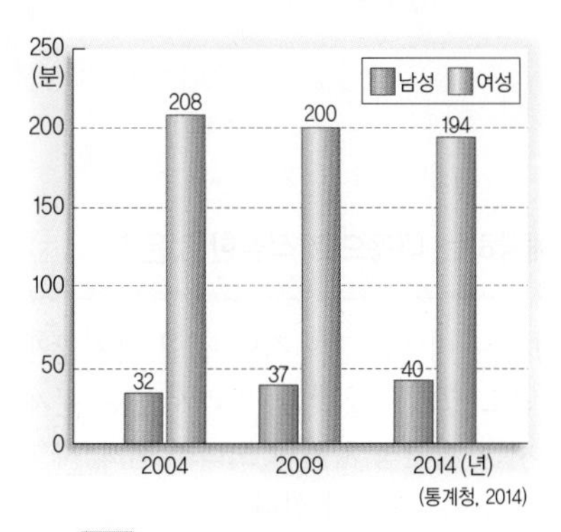

(통계청, 2014)

보기
ㄱ. 성 역할에 대한 의식 전환이 필요하다.
ㄴ. 가부장제적 성별 분업은 이러한 현상을 초래한다.
ㄷ. 남성들의 사회 활동에 장애 요인으로 작용할 수 있다.
ㄹ. 성의 차이를 인정할 경우 이러한 현상이 더욱 심화될 것이다.

① ㄱ, ㄴ　② ㄱ, ㄷ　③ ㄴ, ㄷ
④ ㄴ, ㄹ　⑤ ㄷ, ㄹ

07 자료는 우리나라 남녀의 연령별 경제 활동 참가율을 나타낸 것이다. 이에 대한 옳은 분석을 〈보기〉에서 고른 것은?

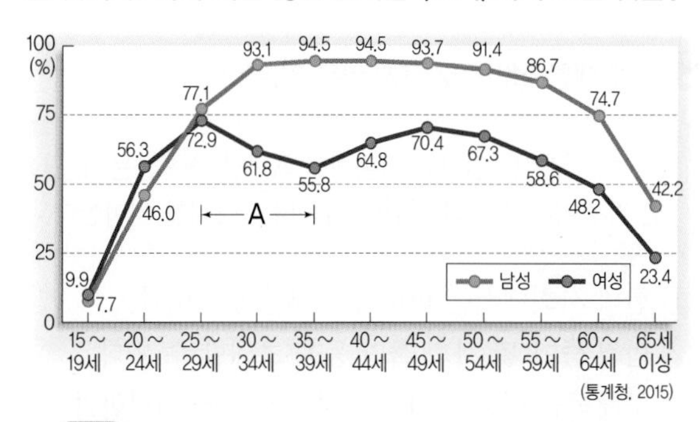

(통계청, 2015)

보기
ㄱ. 여성의 경제 활동 참가율은 지속적으로 감소하였다.
ㄴ. A 구간은 출산과 육아가 주로 여성의 책임하에 있음을 보여 준다.
ㄷ. 성별 경제 활동 참가율 격차는 65세 이상에서 가장 작게 나타난다.
ㄹ. A 구간에서 여성의 경제 활동 참가율을 높이기 위한 방안으로 육아 휴직, 육아기 근로 시간 단축제 등의 제도가 있다.

① ㄱ, ㄴ　② ㄱ, ㄷ　③ ㄴ, ㄷ
④ ㄴ, ㄹ　⑤ ㄷ, ㄹ

08 다음 글에 나타난 사회 문제의 해결 방안으로 적절하지 않은 것은?

영국의 한 경제 전문지가 경제 협력 개발 기구(OECD) 회원국을 대상으로 2016년 *유리 천장 지수를 산정하여 발표하였는데, 우리나라는 조사 대상 29개국 가운데 최하위를 기록하였다. 세부 지표를 보면 25~64세 인구 중에서 경제 활동 참여 비율은 여성이 남성보다 21.6%p가 적었으며, 여성 고위직은 전체 고위직 가운데 11%에 불과하였다.

* 유리 천장: 여성의 사회 참여나 직장 내 승진을 가로막는 보이지 않는 장벽

① 성차별적인 법과 제도를 개선한다.
② 성별에 따른 차별적 사회화를 강화한다.
③ 다른 성을 존중하고 공존하려는 자세를 지닌다.
④ 일과 가정을 양립할 수 있도록 제도적으로 지원한다.
⑤ 성 역할에 대한 고정 관념을 없애도록 양성평등 교육을 강화한다.

C 빈곤 문제

09 ㉠에 대한 설명으로 옳지 않은 것은?

> (㉠)은/는 인간의 기본적인 욕구를 충족하는 데 필요한 자원이나 소득의 결핍이 지속되는 상태를 의미한다.

① 현대 사회에서는 나타나지 않는 현상이다.
② 범죄 증가 및 사회 불안 등을 초래할 수 있다.
③ 구체적인 내용은 시대나 사회에 따라 변화한다.
④ 개인적으로 근로 능력 상실이나 성취동기의 부족 등에 의해 나타날 수 있다.
⑤ 사회적으로 사회 보장 제도의 미비나 교육 불평등 등에 의해 발생할 수 있다.

출제가능성 90%

10 빈곤의 유형 (가), (나)에 대한 옳은 설명을 〈보기〉에서 고른 것은?

> (가) 인간으로서 최소한의 생활을 유지하는 데 필요한 자원이나 소득이 절대적으로 부족한 상태로, 대부분의 나라에서는 최저 생계비를 기준으로 파악한다.
> (나) 다른 사람들보다 자원이나 소득을 상대적으로 적게 가져 사회 구성원 대다수가 누리는 생활 수준을 영위하지 못하는 상태로, 대부분의 나라에서는 중위 소득의 일정 비율을 기준으로 파악한다.

보기
ㄱ. (가)는 선진국에서 나타나지 않는다.
ㄴ. (나)가 심화될 경우 사회 통합이 어려워진다.
ㄷ. 사회의 생활 수준이 전반적으로 향상되면 (나)보다 (가)의 문제가 더 커진다.
ㄹ. 중위 소득의 일정 비율에 해당하는 금액이 최저 생계비보다 높으면 (가)에 해당하는 가구는 모두 (나)에 속한다.

① ㄱ, ㄴ ② ㄱ, ㄷ ③ ㄴ, ㄷ
④ ㄴ, ㄹ ⑤ ㄷ, ㄹ

11 표는 갑국의 절대적 빈곤율과 상대적 빈곤율의 변화를 나타낸 것이다. 이에 대한 분석으로 옳은 것은? (단, 갑국의 가구별 구성원 수는 동일하다.)

(단위: %)

구분	1990년	2000년	2010년
절대적 빈곤율	11.0	8.0	5.0
상대적 빈곤율	5.0	8.0	15.0

* 절대적 빈곤율: 전체 가구 중 소득이 최저 생계비에 미달하는 가구의 비율
** 상대적 빈곤율: 전체 가구 중 소득이 중위 소득의 50%에 미치지 못하는 가구의 비율
*** 중위 소득: 전체 가구를 소득 순으로 나열했을 때 한가운데 위치한 가구의 소득

① 2000년에는 최저 생계비와 중위 소득이 같다.
② 2010년에는 중위 소득이 최저 생계비의 2배 이상이다.
③ 2010년에는 절대적 빈곤 가구 수가 상대적 빈곤 가구 수보다 많다.
④ 1990년의 상대적 빈곤 가구 수와 2010년의 절대적 빈곤 가구 수는 같다.
⑤ 1990년부터 2010년까지 부의 불평등과 관련한 빈곤 지표는 점차 낮아졌다.

12 밑줄 친 부분에 해당하는 내용으로 적절한 것은?

> 빈곤 문제가 발생하는 데에는 개인적인 원인 못지않게 사회 구조적인 원인도 크게 작용한다. 따라서 빈곤 문제를 해결하기 위해서는 개인적 차원의 노력과 함께 <u>사회 제도적 차원의 노력</u>이 이루어져야 한다.

① 공동체 의식 및 공존의 가치관을 함양한다.
② 빈곤에서 벗어나고자 하는 자활 의지를 가진다.
③ 빈곤층에게 기초 생활비, 의료비 등을 지급한다.
④ 경제적 어려움에 처한 이웃에게 나눔과 기부를 실천한다.
⑤ 소득이 있을 때 미리 저축을 함으로써 경제적 어려움에 대비한다.

정답과 해설 27쪽

01 다음 글을 통해 내릴 수 있는 결론으로 가장 적절한 것은?

> 대개의 사회에서 비정상이라고 여겨지는 사회적 소수자의 집합적 정체성은 정적이고 안정적이기보다는 동적이고 불안정한 것이다. 이와 마찬가지로 사회적 소수자 개념 역시 영구적이거나 고정된 것이 아니다. 사회적 소수자는 특정한 사회적·역사적 맥락 속에서만 존재할 뿐, 상황이 바뀌면 사회적 소수자의 성격이 달라지거나 사라지는 경우가 많다.

① 사회적 소수자는 사회 적응에 어려움을 겪는다.
② 사회에는 다양한 유형의 사회적 소수자가 있다.
③ 상황과 여건에 따라 누구나 사회적 소수자가 될 수 있다.
④ 사회적 소수자는 스스로 차별받는 집단에 속해 있음을 인식한다.
⑤ 사회적 소수자를 비정상으로 규정하는 차별적 사고는 사회 갈등을 야기한다.

02 자료는 갑국의 남성 근로자 대비 여성 근로자의 임금 변화를 나타낸다. 이에 대한 옳은 분석을 <보기>에서 고른 것은?

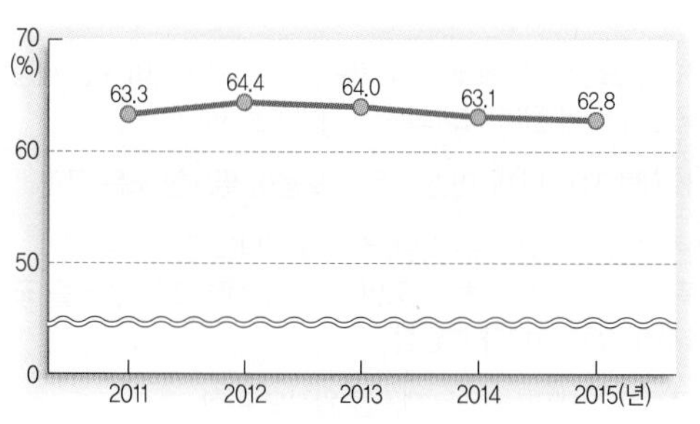

* 남성 근로자 임금 100을 기준으로 함
** 남성 근로자의 임금은 해마다 3%씩 상승함

보기

ㄱ. 여성 근로자의 임금은 지속적으로 감소하였다.
ㄴ. 여성 근로자는 남성 근로자에 비해 적은 임금을 받고 있다.
ㄷ. 2012년 대비 2015년 여성 근로자의 임금은 1.6% 감소하였다.
ㄹ. 2014년 대비 2015년 여성 근로자의 임금 상승률은 3% 미만이다.

① ㄱ, ㄴ ② ㄱ, ㄷ ③ ㄴ, ㄷ
④ ㄴ, ㄹ ⑤ ㄷ, ㄹ

2016 교육청 응용 최고난도

03 표는 갑국의 '중위 소득 대비 최저 생계비'의 변화를 나타낸 것이다. 이에 대한 분석으로 옳은 것은? (단, 갑국의 가구별 구성원 수는 동일하다.)

구분	2014년	2016년	2018년
최저 생계비/중위 소득	0.4	0.5	1

* 절대적 빈곤율: 전체 가구 중 소득이 최저 생계비에 미달하는 가구의 비율
** 상대적 빈곤율: 전체 가구 중 소득이 중위 소득의 50%에 미치지 못하는 가구의 비율
*** 중위 소득: 전체 가구를 소득 순으로 나열했을 때 한가운데 위치한 가구의 소득

① 2014년에 상대적 빈곤 가구는 모두 절대적 빈곤 가구에 속한다.
② 2016년에 절대적 빈곤 가구 수와 상대적 빈곤 가구 수는 같다.
③ 2018년에 최저 생계비는 상대적 빈곤선보다 작다.
④ 2018년에는 2016년에 비해 상대적 빈곤율이 증가하였다.
⑤ 2014년부터 2018년까지 절대적 빈곤 가구는 지속적으로 증가하였다.

서술형 문제

04 다음 글을 읽고 물음에 답하시오.

> 사회적 소수자들은 경제적으로나 정치적으로 불리한 위치에 처해 있고, 그러한 위치는 저학력과 저임금으로 이어짐으로써 다시 불리한 위치를 재생산한다. 따라서 단순히 차별을 금지하거나 의식 개혁의 노력만으로는 현재의 구조적인 불평등을 바로잡기 어렵다는 인식하에 적극적 차별 시정 조치가 등장하였다.

(1) 밑줄 친 '적극적 차별 시정 조치'의 예를 한 가지 쓰시오.

(2) 밑줄 친 '적극적 차별 시정 조치'의 의의와 한계를 각각 서술하시오.

03 사회 복지와 복지 제도

A 사회 복지

★ 1. 사회 복지의 의미

(1) 사회 복지: 사회 구성원의 기본적 삶의 요건을 충족하여 안전하고 행복한 삶을 보장하기 위한 제도나 정책 등의 사회적 노력과 활동

(2) 사회 복지 이념의 등장 배경: 자본주의 발전 과정에서 빈부 격차 확대, 대량 실업 발생 등 사회의 구조적 모순 심화 → 빈곤에 대한 사회적 책임이 강조되면서 사회 복지 이념 등장

2. 사회 복지의 의미 변화

구분	초기 자본주의 사회	현대 사회
대상	일부 취약 계층	모든 국민
목적	일부 취약 계층의 최저 생활 보장	모든 국민의 인간다운 생활 보장 및 삶의 질 향상
특징	• 빈곤의 개인적 책임을 강조함 • 사후 처방적 성격이 강함 • 시혜적 복지가 중심이 됨	• 빈곤의 사회적 책임을 강조함 • 사전 예방적 성격이 강함 • 복지를 국민의 권리로 인식함

시혜적 복지: 은혜를 베푸는 차원에서 나타나는 복지

베버리지 보고서(1942)

제2차 세계 대전 이후 영국 정부는 빈곤을 개인이 아닌 사회적 책임으로 인식하고 사회 복지에 관한 다양한 정책을 내놓기 시작하였다. 그중 하나가 베버리지 보고서이다. 베버리지는 이 보고서에서 궁핍을 없애는 것이 사회 보장의 궁극적인 목표라고 하였다.

베버리지는 보고서를 통해 궁핍을 해소하려면 국가의 적극적인 역할이 필요하다고 강조하였다. 이후 베버리지 보고서는 영국을 비롯한 많은 국가에서 복지 국가가 형성되는 데 큰 영향을 미쳤다.

복지 국가: 국가의 적극적인 개입을 통해 국민이 최소한의 인간다운 생활을 누리도록 보장하는 국가

B 복지 제도의 유형

★ 1. 사회 보험

구분	내용
의미	국민에게 발생할 수 있는 사회적 위험을 보험 방식으로 대비함으로써 국민의 건강과 소득을 보장하는 제도
대상	모든 국민
비용	가입자, 사용자, 국가의 공동 부담
특징	• 가입자 간 상호 부조의 원리를 기반으로 함 • 대상자의 강제 가입 및 금전적 지원을 원칙으로 함 • 미래의 위험에 대비하는 사전 예방적 성격을 띰 • 가입자의 부담 능력에 따라 보험료를 차등 징수함 → 소득 재분배 효과가 있음
한계	보험료를 납부하지 못하는 경우 혜택을 받을 수 없음
종류	국민연금, 국민 건강 보험, 고용 보험, 산업 재해 보상 보험 등

★ 2. 공공 부조

구분	내용
의미	국가가 생활이 어려운 국민의 최저 생활을 보장하고 자립을 지원하기 위해 금전적·물질적 급여를 제공하는 제도
대상	생활 유지 능력이 없거나 생활이 어려운 국민
비용	국가와 지방 자치 단체의 전액 부담 (조세 부담 능력이 있는 국민이 낸 세금을 재원으로 한다.)
특징	• 이미 발생한 사회적 위험에 대응하는 사후 처방적 성격을 띰 • 사회 보험보다 소득 재분배 효과가 큼
한계	• 대상자 선정 과정에서 인권 침해나 낙인 문제가 발생할 수 있음 • 수혜자의 근로 의욕이 저하되고 국가의 재정 부담은 증가하는 문제가 나타날 수 있음 (근로 의욕이 저하되고: 무상으로 지원하기 때문이다.)
종류	국민 기초 생활 보장 제도, 기초 연금 제도, 의료 급여 제도 등

우리나라의 주요 사회 보장 제도

• 국민연금: 노령, 장애, 사망 시 본인 및 가족에게 노령 연금, 장애 연금, 유족 연금 등을 지급하는 제도
• 국민 건강 보험: 국민의 질병 및 부상에 대한 예방, 진단, 치료, 재활과 출산, 사망 및 건강 증진에 보험 급여를 지급하는 제도
• 국민 기초 생활 보장 제도: 생활이 어려운 저소득 가구에게 필요한 급여를 제공하여 최저 생활을 보장하고 자활을 조성하는 제도
• 기초 연금 제도: 65세 이상인 노인 중 가구의 소득 인정액이 일정 기준 이하인 노인에게 매월 연금을 지급하는 제도

사회 보험과 공공 부조 모두 금전적 지원을 통해 복지를 제공한다. 그러나 공공 부조는 국가와 지방 자치 단체가 비용 전체를 부담하여 대상자에게 소득을 제공하므로 사회 보험에 비해 소득 재분배 효과가 큰 편이다.

3. 사회 서비스

구분	내용
의미	도움이 필요한 국민에게 상담, 재활, 돌봄 등의 서비스를 제공하여 국민의 삶의 질이 향상되도록 지원하는 제도
대상	국가, 지방 자치 단체, 민간 부문의 도움이 필요한 모든 국민
비용	• 비용 부담 능력이 있는 국민: 수익자 부담을 원칙으로 함 • 소득이 일정 수준 이하인 국민: 비용의 전부 또는 일부를 국가나 지방 자치 단체가 부담함
특징	• 비금전적 형태의 서비스 제공을 원칙으로 함 • 수혜자의 자활 능력을 길러 주고 생활 불안의 요소를 실질적으로 해결하는 데 도움을 줌
한계	사회 보험이나 공공 부조에 비해 보조적 사회 보장에 그침
종류	노인 돌봄, 장애인 활동 지원, 가사·간병 방문 지원 등

사회 서비스의 사례

장애를 가진 갑은 집에서 빨래, 청소 등을 할 때 어려움을 겪고 있다. 이에 갑은 국가에서 제공하는 장애인 활동 지원을 신청하였고, 가사 방문 서비스를 지원받을 수 있는 이용권을 제공받고 있다.

제시된 사례에서 갑은 국가에서 지원하는 사회 서비스를 제공받고 있다. 이러한 사회 서비스는 도움이 필요한 모든 국민의 삶의 질 향상을 목적으로 한다.

★ 표시는 시험 전에 확인해 주세요.

C 복지 제도의 역할과 한계

1. 복지 제도의 역할과 한계

(1) 복지 제도의 역할

개인적 측면	• 질병, 실업, 빈곤 등 사회적 위험에 대비하여 개인의 최소한의 인간다운 생활을 보장함 • 개인에게 경제적·사회적 자립의 기회를 제공함
사회적 측면	• 사회 문제의 원인이 되는 사회 구조나 제도를 개선함 • 사회적 위험에 공동으로 대비함으로써 사회 구성원 간 연대 의식을 높임 • 사회 구성원의 기본적인 생활을 보장함으로써 사회 안정과 통합을 달성하는 데 기여함

★ (2) 복지 제도의 한계

국가 재정 악화	경기 침체의 장기화로 실업이 급증하면서 복지 지출이 증가하고 국가의 재정이 악화됨 → 국민의 조세 부담이 높아질 수 있음
복지병의 발생	과도한 복지로 인해 국민이 일하지 않고 국가의 복지 제도에 의존하여 생활하려는 도덕적 해이 현상이 나타남 → 사회 전체의 생산성과 효율성이 저하될 수 있음
제도 운용상의 미비점 존재	자격이 되지 않음에도 복지 혜택을 받거나, 복지 혜택을 받아야 하는 국민이 실질적인 혜택을 받지 못하는 경우가 있음

• 복지 제도를 유지하는 과정에서 근로자들이 나태해져 기업의 생산성이 떨어지고 국가 경쟁력이 낮아진 현상을 비판한 말이다.

2. 복지 제도의 한계를 극복하기 위한 노력

★ (1) 생산적 복지 추구

• 예 근로 장려 세제, 직업 교육 실시 등

① 생산적 복지: 노동을 하는 것을 조건으로 복지를 지원하는 새로운 형태의 복지 제도

② 생산적 복지의 등장 배경: 복지 제도에 따른 효율성 저하와 복지 축소에 따른 형평성 저하를 모두 해결하기 위해 등장함

③ 생산적 복지의 특징: 일할 능력이 있는 사람의 근로 의욕을 높이고, 경제 활동 참여를 장려함 → 복지 수혜자의 자립을 지원하면서 국가의 재정 부담도 완화할 수 있음

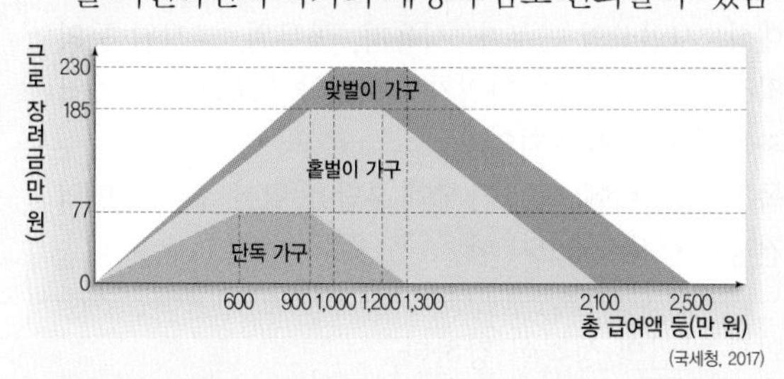

(국세청, 2017)

⊙ 근로 장려 세제 | 근로 장려 세제는 일정 요건을 충족하는 저소득 근로자 가구에 대하여 근로 소득에 따라 산정된 근로 장려금을 지급하는 제도이다. 이는 복지 수혜자의 근로 의욕을 높이고, 스스로 빈곤에서 벗어나도록 돕는다는 점에서 생산적 복지 이념에 부합한다.

(2) 복지 제도 정비: 경제적 어려움을 겪는 사람들이 실질적으로 복지 혜택을 누릴 수 있도록 복지 제도를 정비해야 함

1단계 개념 짚어 보기

정답과 해설 28쪽

01 사회 구성원의 기본적 욕구를 충족하여 안전하고 행복한 삶을 보장하기 위한 제도나 정책 등의 사회적 노력과 활동을 (   )라고 한다.

02 다음 괄호 안의 내용 중 알맞은 말에 ○표를 하시오.

(1) 초기 자본주의 사회에서는 (사후 처방적, 사전 예방적) 성격의 사회 복지를 강조하였다.

(2) 현대 사회로 올수록 빈곤의 (개인, 사회)적 책임을 강조하는 경향이 나타났다.

03 다음에서 설명하는 사회 보장 제도를 〈보기〉에서 골라 기호를 쓰시오.

> 보기
> ㄱ. 사회 보험　　ㄴ. 공공 부조　　ㄷ. 사회 서비스

(1) 국민에게 발생할 수 있는 사회적 위험을 보험 방식으로 대비하는 제도이다. (   )

(2) 도움이 필요한 국민에게 상담, 재활, 돌봄 등의 서비스를 제공하는 제도이다. (   )

(3) 국가가 생활이 어려운 국민의 최저 생활을 보장하고, 자립을 지원하는 제도이다. (   )

04 사회 보장 제도의 특징을 옳게 연결하시오.

(1) 사회 보험 •　　• ㉠ 강제 가입을 원칙으로 한다.

(2) 공공 부조 •　　• ㉡ 비금전적 지원을 원칙으로 한다.

(3) 사회 서비스 •　　• ㉢ 수혜자가 비용을 부담하지 않는다.

05 다음 설명이 맞으면 ○표, 틀리면 ×표를 하시오.

(1) 복지 제도가 확대될수록 국가의 복지 지출이 감소하여 국민의 조세 부담이 낮아진다. (   )

(2) 생산적 복지는 일할 능력이 있는 사람의 근로 의욕을 높이고 경제 활동 참여를 장려한다. (   )

(3) 과도한 복지는 국민이 일하지 않고 복지 제도에 의존하여 생활하려는 복지병을 유발할 수 있다. (   )

A 사회 복지

출제가능성 90%

01 ㉠에 대한 설명으로 옳지 않은 것은?

> 인간은 누구나 행복한 삶을 살기 원하지만 질병, 실직, 빈곤, 재해 등과 같은 위험에 직면할 수 있다. 이러한 위험은 개인의 안정적인 생활을 위협할 뿐만 아니라 사회 문제로 이어질 수도 있다. 이에 한 사회의 구성원이 행복하고 안정된 생활을 할 수 있도록 지원하는 사회적 노력과 활동이 필요한데, 이를 (㉠)(이)라고 한다.

① 갑작스러운 사회적 위험에 대비하는 데 도움을 준다.
② 사회 구성원의 기본적인 욕구를 충족하기 위해 필요한 활동이다.
③ 초기 자본주의 사회에서는 모든 사회 구성원을 대상으로 하였다.
④ 사회 구성원의 삶의 질을 향상하기 위한 모든 사회적·제도적 노력의 집합체이다.
⑤ 현대 사회에서는 모든 국민의 인간다운 생활을 보장하는 것으로 그 의미가 확대되고 있다.

02 밑줄 친 '이 보고서'의 채택 이후 확립된 사회 복지에 대한 설명으로 옳은 것은?

> 이 보고서는 국민의 생활을 불안하게 하는 5대 사회악으로 궁핍, 질병, 불결, 무지, 나태를 제시하고, 이러한 사회악을 제거하려면 국가의 적극적인 역할이 요구된다는 점을 강조하였다. 또한 이 보고서는 영국에서 '요람에서 무덤까지'로 표현되는 복지 국가가 발달하는 데 이바지하였고, 이후 다른 많은 국가에서 복지 국가가 형성되는 데 영향을 미쳤다.

① 시혜적인 복지가 중심이 된다.
② 빈곤에 대한 개인의 책임을 강조한다.
③ 사전 예방보다 사후 처방을 중시한다.
④ 모든 국민의 인간다운 생활을 보장하고자 한다.
⑤ 빈곤층과 같은 특정 집단에 한정한 복지를 강조한다.

B 복지 제도의 유형

03 갑~병이 설명하는 사회 보장 제도의 유형을 옳게 연결한 것은?

교사: 오늘날 복지 국가에서는 다양한 사회 보장 제도를 시행하고 있습니다. 우리나라에서 시행하고 있는 사회 보장 제도에는 어떤 것이 있을까요?

갑: 보험료를 미리 거두었다가 국민에게 노령, 사망 등의 위험이 발생했을 때 필요한 비용을 지급하는 제도가 있습니다.

을: 생활이 어려운 국민의 최저 생활을 보장하기 위해 기초 연금, 의료 급여 등을 제공하는 제도가 있습니다.

병: 신체적 특성으로 인해 활동 제약이 많은 장애인에게 전문 돌봄 인력이 동반하는 여행을 지원하는 제도가 있습니다.

	갑	을	병
①	사회 보험	공공 부조	사회 서비스
②	사회 보험	사회 서비스	공공 부조
③	공공 부조	사회 보험	사회 서비스
④	공공 부조	사회 서비스	사회 보험
⑤	사회 서비스	사회 보험	공공 부조

출제가능성 90%

04 다음에서 나타내는 사회 보장 제도에 대한 설명으로 옳지 않은 것은?

> • 내용: 국민의 질병 및 부상에 대한 예방, 진단, 치료, 재활과 출산, 사망 및 건강 증진에 보험 급여를 지급함
> • 대상: 사업장의 근로자, 사용자, 공무원, 교직원 등의 직장 가입자와 직장 가입자의 피부양자 또는 직장 가입자를 제외한 지역 가입자
> • 목적: 진료비에 대한 가계의 부담을 덜어 주고 국민의 건강을 향상시키고자 함

① 의무 가입의 성격이 강하다.
② 비금전적인 지원에 해당한다.
③ 미래의 위험에 대비하는 사전 예방적 성격을 지닌다.
④ 보험료를 납부하지 않는 경우에는 혜택을 받을 수 없다.
⑤ 가입자는 재산이나 소득 수준과 같은 경제적 능력에 따라 비용을 부담한다.

05 ㉠에 들어갈 사회 보장 제도에 대한 설명으로 옳은 것은?

> • 갑: 젊은 시절에 노후 대비는 어떻게 하셨습니까?
> • 을: 저는 젊은 시절에 경제적으로 너무 어려워 노후 대비를 하지 못하였습니다. 하지만 저와 같이 생활이 어려운 노인에게 국가가 매달 일정 금액을 지원해 주는 제도인 (㉠)이/가 시행되면서 일정한 소득을 보장받을 수 있게 되어 조금은 마음이 놓입니다.

① 모든 국민을 대상으로 한다.
② 민간 부문의 지원을 받기도 한다.
③ 사회적 위험을 분산시키는 보험의 성격이 강하다.
④ 조세를 재원으로 하여 국가가 비용을 전액 부담한다.
⑤ 제도가 확대될수록 수혜자의 근로 의욕이 높아지는 경향이 있다.

06 다음 사례에 나타난 사회 보장 제도에 대한 옳은 설명을 〈보기〉에서 고른 것은?

> 장애를 가진 갑은 식사 준비, 빨래, 청소 등과 같은 일상생활을 하는 데 어려움을 겪고 있다. 이에 갑은 국가에서 혼자서 일상생활 및 사회 활동을 하기 어려운 장애인에게 제공하는 장애인 활동 지원을 신청하였고, 한 달에 일정 시간 동안 가사 또는 간병 방문 서비스를 지원받을 수 있는 이용권을 제공받았다.

보기
ㄱ. 사회 서비스에 해당한다.
ㄴ. 일반적으로 금전적 지원을 원칙으로 한다.
ㄷ. 국민연금과 같은 형태의 사회 보장 제도이다.
ㄹ. 수혜자의 자활 능력과 삶의 질 향상을 목적으로 한다.

① ㄱ, ㄴ ② ㄱ, ㄹ ③ ㄴ, ㄷ
④ ㄴ, ㄹ ⑤ ㄷ, ㄹ

[07~08] 다음 글을 읽고 물음에 답하시오.

> • 이 제도는 (가)의 하나로서, 생활이 어려운 저소득 가구에게 필요한 급여를 제공하여 최저 생활을 보장하고 자활을 조성하는 제도이다.
> • 이 제도는 (나)의 하나로서, 노령, 장애, 사망 등으로 소득 획득 능력이 없어졌을 때 본인 및 가족에게 노령 연금, 장애 연금, 유족 연금 등을 지급하는 제도이다.

주관식

07 (가), (나)에 해당하는 사회 보장 제도의 유형을 각각 쓰시오.

08 우리나라의 사회 보장 제도 (가), (나)에 대한 설명으로 옳은 것은?

① (가)는 사전 예방적 성격이 강하다.
② (가)는 대상자의 강제 가입을 원칙으로 한다.
③ (나)는 국가가 비용을 전액 부담한다.
④ (가)는 (나)에 비해 수혜 대상자의 범위가 좁다.
⑤ (나)는 (가)에 비해 소득 재분배 효과가 더 크다.

출제가능성 90%

09 표는 사회 보장 제도의 유형을 구분한 것이다. (가)~(다)에 해당하는 사회 보장 제도에 대한 설명으로 옳지 않은 것은? (단, (가)~(다)는 각각 사회 보험, 공공 부조, 사회 서비스 중 하나이다.)

구분	(가)	(나)	(다)
강제 가입을 원칙으로 하는가?	예	아니요	아니요
비금전적 지원을 원칙으로 하는가?	아니요	아니요	예
모든 비용을 국가에서 부담하는가?	아니요	예	아니요

① (가)는 상호 부조의 원리를 기반으로 한다.
② (나)는 빈곤층의 최저 생활 보장을 목적으로 한다.
③ (다)는 상담, 재활, 사회 복지 시설 이용 등을 지원한다.
④ (나)는 (가)에 비해 사후 처방적 성격이 강하다.
⑤ (가)는 (나), (다)와 달리 대상자의 수혜 정도에 따른 비용 부담을 원칙으로 한다.

C 복지 제도의 역할과 한계

10 다음 두 사례를 통해 알 수 있는 복지 제도의 역할로 적절한 것을 〈보기〉에서 고른 것은?

> • 17세인 갑은 임신을 하였는데 병원비가 없어 건강 관리를 제대로 하지 못하였다. 이에 갑은 국가에서 청소년 산모를 대상으로 제공하는 임신 및 출산 의료비를 지원받아 출산 준비를 하고 있다.
> • 몇 년 전 실직한 을은 특별한 수입이 없어 국가로부터 생활 보조금을 지원받아 생활하였다. 을은 최소한의 생활을 유지하면서 책을 집필하였고, 현재는 그가 집필한 책이 베스트셀러가 되어 많은 수입을 얻고 있다.

보기
ㄱ. 개인의 자립과 성장을 촉진한다.
ㄴ. 국민의 최소한의 인간다운 생활을 보장한다.
ㄷ. 사회 문제에 대한 개인의 책임만을 강조한다.
ㄹ. 빈부 격차와 같은 사회 불평등 현상을 심화한다.

① ㄱ, ㄴ ② ㄱ, ㄷ ③ ㄴ, ㄷ
④ ㄴ, ㄹ ⑤ ㄷ, ㄹ

11 밑줄 친 부분에 해당하는 내용으로 적절하지 않은 것은?

> 사회 복지 제도는 개인적 차원에서 질병, 사고, 산업 재해, 노령 등의 위험이 닥쳤을 때 이를 극복할 수 있도록 돕는다. 그리고 사회적 차원에서는 소득을 재분배하고 사회 구성원의 기본적 생활을 보장함으로써 사회 안정과 통합에 기여한다. 그러나 국가가 사회 복지 제도를 운영하는 과정에서 여러 가지 한계가 나타나기도 한다.

① 복지병이 발생할 수 있다.
② 국가의 재정 부담이 심화할 수 있다.
③ 복지 제도에 대한 국민의 의존도가 낮아질 수 있다.
④ 복지 제도를 악용하는 도덕적 해이 문제가 발생할 수 있다.
⑤ 복지 혜택을 받아야 하는 사람이 실질적 혜택을 받지 못할 수 있다.

12 ㉠에 대한 옳은 설명을 〈보기〉에서 고른 것은?

> (㉠)은/는 자활 사업에 참여하는 등 노동을 하는 조건으로 경제적 지원을 해 주는 새로운 형태의 복지 제도이다. 이를 통해 국가는 자활 노력에 상응하는 복지 혜택을 제공하여 빈곤층 스스로 빈곤의 악순환에서 벗어날 수 있도록 돕는다.

보기
ㄱ. 근로 능력이 있는 사람들의 경제 활동 참여를 장려한다.
ㄴ. 복지 수혜자의 자립을 위해 직업 훈련을 실시하기도 한다.
ㄷ. 사회 전반적으로 생산성을 떨어뜨려 복지병을 심화할 수 있다.
ㄹ. 사회적 약자 보호보다 경제적 효율성 달성을 우선적으로 추구한다.

① ㄱ, ㄴ ② ㄱ, ㄹ ③ ㄴ, ㄷ
④ ㄴ, ㄹ ⑤ ㄷ, ㄹ

출제가능성 90%

13 그림은 우리나라 근로 장려 세제의 근로 장려금 산정 방법을 나타낸 것이다. 이에 대한 설명으로 옳지 않은 것은?

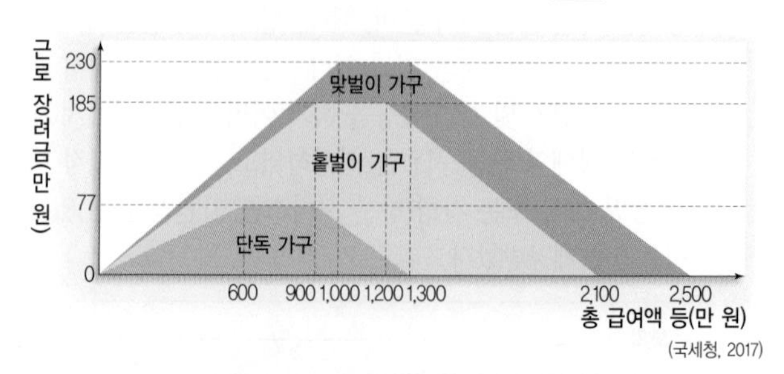

(국세청, 2017)

① 근로와 복지의 연계성을 강조한다.
② 생산적 복지 이념에 부합하는 제도이다.
③ 복지로 인한 사회적 비효율성을 개선하는 효과가 있다.
④ 노동 능력이 없는 계층의 빈곤 문제를 해결할 수 있다.
⑤ 총 급여액이 1,000만 원이라면 맞벌이 가구보다 홑벌이 가구의 근로 장려금이 더 적다.

2018 평가원 응용

01 그림은 우리나라 사회 보장 제도 A~C를 구분한 것이다. 이에 대한 분석으로 적절한 것을 〈보기〉에서 고른 것은? (단, A~C는 각각 사회 보험, 공공 부조, 사회 서비스 중 하나이다.)

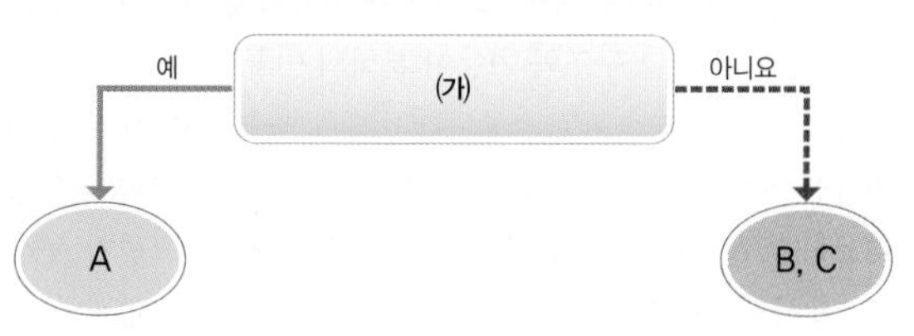

보기

ㄱ. A가 사회 보험이면, (가)에는 '강제 가입을 원칙으로 하는가?'가 적절하다.

ㄴ. A가 공공 부조이면, (가)에는 '수혜자가 비용을 부담하는가?'가 적절하다.

ㄷ. (가)가 '소득 재분배 효과가 가장 큰 제도인가?'이면, 기초 연금 제도는 B, C 중 하나에 속한다.

ㄹ. (가)가 '상담, 사회 복지 시설 이용 등의 지원을 기본으로 하는가?'이면, A는 비금전적 지원을 원칙으로 한다.

① ㄱ, ㄴ ② ㄱ, ㄹ ③ ㄴ, ㄷ
④ ㄴ, ㄹ ⑤ ㄷ, ㄹ

최고난도

02 그림은 갑국의 사회 복지 제도 변화를 나타낸 것이다. 이에 대한 분석으로 옳은 것은?

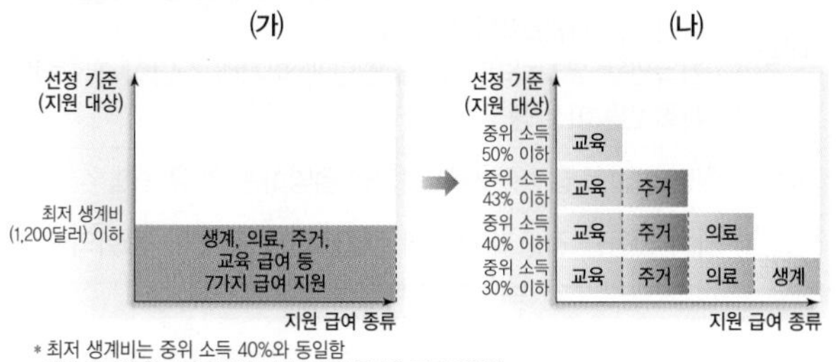

* 최저 생계비는 중위 소득 40%와 동일함
** 개별 가구의 월 소득 인정액 이외의 다른 조건은 모두 동일함
*** 중위 소득: 전체 가구를 소득 순으로 나열했을 때 한가운데 위치한 가구의 소득

① (가)에서 월 소득 인정액이 1,300달러인 가구는 주거 급여를 받을 수 있다.

② (나)에서 월 소득 인정액이 1,100달러인 가구는 생계 급여를 받을 수 있다.

③ (나)에서 교육 급여를 받을 수 있는 기준은 월 소득 인정액 1,500달러 이하이다.

④ (가)는 (나)와 달리 상대적 생활 수준을 반영한 기준을 적용한다.

⑤ 월 소득 인정액이 1,000달러인 가구는 (가)에서 모든 급여를 받았으나 (나)에서는 교육 급여만 받을 수 있다.

03 다음 자료에 나타난 복지 정책에 대한 설명으로 옳은 것은?

> A 시 「○○ 통장」 사업 안내
>
> • 사업 목적 및 내용: 자립 의지가 확고한 저소득 근로자 가구를 대상으로 목돈 마련의 기회와 경제적 자립을 돕기 위해 3년간 매월 근로 소득으로 저축하는 금액과 동일한 금액을 적립 지원함
>
> • 신청 자격: 다음 자격 요건에 모두 해당하는 자
>
> 1. 사업 공고일 현재 만 18세 이상 A 시 거주자로, 국민 기초 생활 보장 수급자 또는 차상위 복지 급여자, 자산과 소득이 기준에 해당하는 자(최저 생계비의 150% 이하)
> 2. 사업 공고일 기준 최근 1년간 6개월 이상 근로 소득이 있고 현재 재직 중인 자

① 강제 가입의 원칙이 적용된다.

② 지원금 중 절반은 수혜자가 부담한다.

③ 수혜자 간 상호 부조의 성격이 강하다.

④ 복지와 노동을 연계하여 자활 능력을 강조한다.

⑤ 사회 보장 제도 중 수혜 대상자의 범위가 가장 넓다.

서술형 문제

04 다음 글을 읽고 물음에 답하시오.

> (가) 보험 방식으로 국민에게 발생하는 사회적 위험에 대비함으로써 국민의 건강과 소득을 보장하는 제도를 말한다.
>
> (나) 국가가 생활이 어려운 국민의 최저 생활을 보장하고 자립을 지원하기 위해 금전적·물질적 급여를 제공하는 제도를 말한다.

(1) (가), (나)에 해당하는 사회 보장 제도의 유형을 쓰시오.

(2) (가)에 해당하는 사회 보장 제도의 특징을 비용의 측면에서 서술하시오.

01 사회 변동과 사회 운동

A 사회 변동의 의미와 요인

1. 사회 변동

의미	인간의 생활 방식, 의식 구조, 사회적 관계, 사회 구조 등이 총체적으로 변화하는 현상
특징	• 모든 사회에서 보편적으로 나타나지만, 그 규모와 속도, 양상 등은 사회마다 차이가 있음 • 어느 한 영역에서 나타난 변화가 다른 영역에서의 변화를 유발하거나 촉진하기도 함 • 최근 사회 변동의 속도가 과거에 비해 더욱 빨라지고 있음

★ 2. 사회 변동의 요인과 사례

요인	사례
과학과 기술의 발달	증기 기관의 발명으로 산업 사회로 변화하였고, 정보 통신 기술의 발달로 정보 사회로 변화하였음
가치관이나 이념의 변화	천부 인권 사상과 자유주의 이념이 확산하면서 근대 서구 사회는 민주주의를 지향하는 사회로 이행하였음
자연환경의 변화	지구 온난화에 따른 기후 변화는 신·재생 에너지 개발과 환경친화적인 생산 체제로의 변화를 초래하였음
인구 변화	외국인의 유입이 증가하면서 우리 사회는 여러 민족과 문화가 공존하는 사회로 변화하였음
새로운 문화 요소의 전파	삼국 시대 때 일본으로 전해진 우리 문화가 일본 내에서 아스카 문화의 형성에 이바지하였음

B 사회 변동을 설명하는 다양한 이론

★ 1. 사회 변동의 방향에 관한 관점

(1) 진화론

진화론에서는 사회 변동을 긍정적인 것으로 여긴다.

내용	• 사회는 일정한 방향으로 변동하며, 변동이 곧 진보임 • 사회는 단순하고 미분화된 상태에서 복잡하고 분화된 상태를 향하여 변화함
의의	사회 발전의 양상을 설명하는 데 유용함
한계	• 사회가 퇴보하거나 멸망하는 사례를 설명하기 어려움 • 서구 사회를 가장 진화한 사회로 보므로, 서구 제국주의 역사를 정당화하는 수단으로 악용될 수 있음

예 농업 사회가 산업 사회를 거쳐 정보 사회로 변화한 것, 개발 도상국이 선진국으로 발전한 것 등

(2) 순환론

내용	• 장기적인 역사의 관점에서 사회는 생성, 성장, 쇠퇴, 해체의 과정을 되풀이하며 순환함 • 사회는 특정 방향으로 지속해서 진보하는 것이 아니라 발전과 퇴보를 반복함
의의	장기적인 측면에서 반복되는 사회 변동을 설명하고 해석하는 데 유용함
한계	• 단기적 사회 변동을 설명하기 어렵고, 미래 사회의 변동을 예측하여 대응하는 데 부적합함 • 인간 행위의 역동성과 자율성을 과소평가함

모든 문명이 생성과 쇠퇴를 반복한다는 운명론적 시각에 해당하기 때문이다.

진화론과 순환론에서 보는 사회 변동

(가) 생물 유기체가 진화하면서 그 구조와 기능이 분화되거나 통합되듯이, 사회도 그 구조와 기능이 분화되거나 통합되면서 발전한다. – 스펜서(Spencer, H.)

(나) 열악한 자연환경이나 외부의 침략과 같은 도전에 성공적으로 대응하면 사회의 존속과 발전을 이룰 수 있지만, 그렇지 못하면 그 사회는 쇠퇴하거나 멸망한다. 또한 문명은 생명체와 같이 주기(cycle)를 가지고 있지만 모두 똑같은 과정을 밟는 것은 아니다. – 토인비(Toynbee, A. J.)

(가)는 진화론적 관점, (나)는 순환론적 관점에서 사회 변동을 바라보고 있다. 진화론에서는 사회 변동을 곧 진보라고 여기며, 모든 사회가 같은 경로로 진화한다고 본다. 반면 순환론에서는 사회가 발전과 퇴보를 반복하므로, 현대 사회가 과거 사회보다 반드시 우월하다고 보지는 않는다.

★ 2. 사회 변동에 관한 구조적 관점

(1) 기능론

내용	• 사회를 이루는 각 부분이 기능적으로 통합되면서 사회 전체의 질서와 안정을 유지함 • 사회 변동은 사회의 부분이나 전체가 일시적 불균형을 극복하면서 새로운 균형의 상태를 찾아가는 과정임
의의	사회 질서와 안정을 바탕으로 한 점진적인 사회 변동을 설명하는 데 유용함
한계	• 사회 변화보다 사회 질서와 안정을 중시하는 보수적 관점임 • 혁명과 같은 급격한 사회 변동을 설명하는 데 부적합함

(2) 갈등론

내용	• 사회 변동은 사회적 희소가치를 둘러싼 집단 간의 갈등 속에서 나타나는 자연스러운 현상임 • 기득권을 유지하려는 지배 집단에 피지배 집단이 저항하면서 사회 변동이 발생함
의의	혁명과 같은 급격한 사회 변동을 설명하는 데 유용함
한계	사회 변동을 갈등과 대립의 산물로만 이해함 → 사회의 안정과 질서, 사회 구성 요소 간 상호 의존성을 간과함

기능론과 갈등론에서 보는 산업화

(가) 산업화 과정에서 발생하는 빈부 격차, 도시와 농촌 간 격차, 물질 만능주의 등의 문제는 일시적으로 나타나는 불균형 상태이며, 회복될 수 있는 일련의 성장 과정이다.

(나) 산업화 과정에서 급격한 경제 성장을 이루었음에도 성장의 혜택이 공평하게 분배되지 않은 것은 불평등한 사회 구조에 근본적인 원인이 있다. 이를 해결하기 위해서는 불평등한 사회 구조를 변화시키려는 노력이 필요하다.

(가)는 기능론적 관점, (나)는 갈등론적 관점에서 산업화를 바라보고 있다. 기능론은 사회 구조가 갖는 항상성에 주목하고, 사회 변동이 일시적이며 병리적인 현상임을 강조하는 관점이다. 갈등론은 사회 구조가 갖는 내재적인 갈등에 주목하고, 사회 변동이 자연스러운 현상임을 강조하는 관점이다.

★ 표시는 시험 전에 확인해 주세요.

C 사회 운동과 사회 변동

1. 사회 운동

의미	구체적인 사회 문제를 해결하거나 사회 체제를 변혁하기 위하여 대중이 자발적으로 하는 집단적·지속적인 행동
특징	• 기존의 사회 질서를 유지하기 위해 이루어지기도 하고, 새로운 사회 질서를 형성하기 위해 전개되기도 함 • 뚜렷한 목표와 이념이 있으며, 목표 달성을 위한 구체적인 활동 방법과 조직을 가짐

2. 사회 운동의 변화

과거	• 민주주의를 추구하며 국가 권력에 저항하는 모습으로 나타남 • 주로 경제적 불평등이나 노동 문제의 해결을 목적으로 함

⬇

오늘날	시민들의 다양한 요구를 충족하고 대안적인 가치를 제시하는 새로운 형태의 사회 운동이 등장함 → 신사회 운동 예 환경 운동, 여성 운동, 소비자 운동 등

3. 사회 운동의 유형과 역할

(1) 사회 운동의 유형

개혁적 사회 운동	• 기존 사회 질서에 만족하지만 개혁이 필요할 경우 발생함 • 사회 체계의 일부분을 바꾸려는 제한적인 목표를 가짐 • 사형제 폐지, 소비자 주권 향상 등과 같은 각종 시민 단체의 운동이 해당함
혁명적 사회 운동	• 기존 사회 질서에 불만을 가지고 급진적인 변동을 추구할 때 발생함 • 현재의 사회 문제를 기존의 권력관계를 유지한 현 체제 내에서 해결할 수 없다고 인식하여 체제 자체를 변화시키려 함 • 절대 왕정이라는 구제도를 타파한 프랑스 혁명이 해당함
복고적 (반동적) 사회 운동	• 급격한 사회 변동에 대항하여 기존의 질서를 고수하고자 할 때 발생함 • 기존 사회에 새로운 이질적인 요소가 개입하면서 기존 구성원이 위협을 느낄 때 발생하기 쉬움

(2) 사회 운동의 역할: 사회 운동은 사회의 구조적 모순과 갈등을 드러내고 그에 대한 해결책을 제시함으로써 사회 변동을 유발함 — 사회 변동으로 촉발되기도 하지만, 사회 변동의 요인으로 작용하기도 한다.

사회 운동을 통한 사회 변동의 사례

• 마틴 루서 킹 목사는 미국의 인종 차별에 대항하여 흑인 민권 운동을 일으켰으며, 흑인 인권 신장을 이끌어 냈다.
• 우리나라의 6월 민주 항쟁은 학생과 시민이 함께 참여한 평화적 시위였으며, 대통령 직선제 개헌을 이끌어 냈다.

사회 운동은 시민들의 참여가 중심이 되어 사회 문제를 해결하고, 나아가 구조적인 개혁을 통해 사회 발전에 기여할 수 있다는 점에서 의의를 가진다. 그러나 사회 운동이 바람직하지 않은 목표나 이념을 추구할 경우 공동체의 삶에 위험을 가져올 수 있다.

1단계 개념 짚어 보기

정답과 해설 30쪽

01 다음 빈칸에 들어갈 내용을 쓰시오.

(1) 인간의 생활 방식, 의식 구조, 사회적 관계, 사회 구조 등이 총체적으로 변화하는 현상을 (   )이라고 한다.

(2) 사회 변동은 사회마다 그 속도나 방향에서 차이가 있지만, 어느 사회에서나 찾아볼 수 있는 (   )인 현상이다.

02 다음 설명이 맞으면 ○표, 틀리면 ×표를 하시오.

(1) 진화론은 사회 변동을 긍정적인 것으로 여긴다. (   )

(2) 진화론은 사회가 발전과 퇴보를 반복한다고 본다. (   )

(3) 순환론은 모든 사회가 과거에 비해 발전된 상태라고 본다. (   )

(4) 순환론은 미래 사회의 변동을 예측하여 대응하는 데 적합하지 않다. (   )

03 다음 내용이 기능론에 해당하면 '기', 갈등론에 해당하면 '갈'이라고 쓰시오.

(1) 사회 변동을 자연스러운 현상이라고 본다. (   )

(2) 사회 질서와 안정을 중시하는 보수적 관점이다. (   )

(3) 혁명과 같은 급격한 사회 변동을 설명하기 유용하다. (   )

04 사회 운동의 사례를 <보기>에서 골라 기호를 쓰시오.

보기
ㄱ. 개인의 기부 활동
ㄴ. 환경 단체의 재활용 장려 캠페인
ㄷ. 흑인 인권 신장을 위한 흑인들의 투쟁
ㄹ. 지하철 선로에 빠진 승객을 구조하려는 사람들의 행동

05 ㉠, ㉡에 들어갈 내용을 각각 쓰시오.

(㉠   ) 사회 운동은 기본적으로 기존 사회 질서에 만족하지만 어떤 개혁이 필요할 때 발생하는 제한적 성격의 사회 운동이다. (㉡   ) 사회 운동은 기존 사회 질서에 불만을 가지고 급진적인 변동을 추구할 때 발생하며, 체제 자체를 변화시키려 한다.

A 사회 변동의 의미와 요인

01 ㉠에 대한 옳은 설명을 〈보기〉에서 고른 것은?

> 농업 혁명, 산업 혁명, 정보 혁명과 같은 일련의 사건을 겪으면서 우리 사회는 부족 단위의 초기 원시 사회에서 정보 사회로 변화해 왔다. 이처럼 시간의 경과에 따라 인간의 생활 방식, 의식 구조, 사회적 관계, 사회 구조 등이 총체적으로 변화하는 현상을 (㉠)(이)라고 한다.

보기
ㄱ. 규모와 형태는 모든 사회에서 동일하게 나타난다.
ㄴ. 여러 요인이 복합적으로 작용하여 발생할 수 있다.
ㄷ. 한 영역의 변화가 다른 영역의 변화를 유발하기도 한다.
ㄹ. 최근에는 변화의 속도가 과거에 비해 점차 완만해지고 있다.

① ㄱ, ㄴ ② ㄱ, ㄷ ③ ㄴ, ㄷ
④ ㄴ, ㄹ ⑤ ㄷ, ㄹ

02 다음 사례에 나타난 사회 변동의 요인을 가장 적절하게 파악한 사람은?

> 18세기 영국에서 발명된 증기 기관이 산업 생산에 사용되면서 대량 생산이 가능해졌다. 광산, 면직 공장, 제철소 등에서 증기 기관을 도입하면서 공장제 생산이 가능해진 것이다. 또 증기 기관은 교통과 운송 수단에도 적용되면서 상품의 편리한 수송에 도움이 되었다.

① 갑: 자연환경에 대응하는 과정에서 사회 변동이 일어나기도 해.
② 을: 과학과 기술의 발달은 우리의 생활 전반에 큰 변화를 초래해.
③ 병: 인구의 변화는 기존의 사회 구조에 큰 변화를 가져오기도 해.
④ 정: 가치관이나 이념 등과 같은 정신적 요인은 사회 변동을 이끄는 힘이야.
⑤ 무: 다른 사회로부터 새로운 문화 요소가 전파되어 사회가 변동하기도 해.

03 사회 변동의 요인 (가), (나)와 관련 있는 사례를 옳게 연결한 것은?

> (가) 자연환경의 변화
> (나) 가치관이나 이념의 변화

① (가) – 고령화에 따른 노인 복지 제도의 확충
② (가) – 인터넷의 발달에 따른 정보 사회로의 변화
③ (나) – 지구 온난화에 대응하기 위한 친환경적 생활 양식 확산
④ (나) – 양성평등 의식의 확산에 따른 여성의 사회적 지위 향상
⑤ (나) – 외국인 이주민의 유입 증가에 따른 다문화 사회로의 변화

B 사회 변동을 설명하는 다양한 이론

[04~05] 다음 글을 읽고 물음에 답하시오.

> 생물 유기체가 진화하면서 그 구조와 기능이 분화되거나 통합되듯이, 사회도 그 구조와 기능이 분화되거나 통합되면서 발전한다.

04 윗글에 나타난 사회 변동을 바라보는 관점을 쓰시오.

출제가능성 90%

05 윗글에 나타난 사회 변동을 바라보는 관점에 대한 옳은 설명을 〈보기〉에서 고른 것은?

보기
ㄱ. 사회 변동을 진보와 발전이라고 본다.
ㄴ. 모든 사회가 일정한 방향으로 발전한다고 본다.
ㄷ. 사회 변동을 예측하여 대응하는 데 부적합하다.
ㄹ. 사회가 일정한 양상을 반복하면서 변동한다고 본다.

① ㄱ, ㄴ ② ㄱ, ㄷ ③ ㄴ, ㄷ
④ ㄴ, ㄹ ⑤ ㄷ, ㄹ

06 다음 글에 나타난 사회 변동을 바라보는 관점에 부합하는 진술로 옳은 것은?

> 열악한 자연환경이나 외부의 침략과 같은 도전에 성공적으로 대응하면 사회의 존속과 발전을 이룰 수 있지만, 그렇지 못하면 그 사회는 쇠퇴하거나 멸망한다. 또한 문명은 생명체와 같이 주기(cycle)를 가지고 있지만 모두 똑같은 과정을 밟는 것은 아니다.

① 현대 사회가 전통 사회보다 우수하다.
② 대립과 갈등이 사회 변동의 원동력이다.
③ 모든 사회는 같은 경로를 거쳐 발전한다.
④ 사회 변화보다는 사회의 안정이 더 중요하다.
⑤ 사회 변동은 생성, 성장, 쇠퇴, 해체의 반복이다.

출제가능성 90%

07 사회 변동을 바라보는 갑, 을의 관점에 대한 옳은 설명을 <보기>에서 고른 것은?

> • 갑: 사회는 단순하고 미분화된 상태에서 복잡하고 분화된 상태를 향하여 변화합니다.
> • 을: 인간의 문화도 생물 유기체와 마찬가지입니다. 각 문명은 독자적 정체성을 가지지만 결국 사회는 발전과 퇴보를 반복합니다.

보기

ㄱ. 갑의 관점은 사회 변동을 비관적으로 바라본다.
ㄴ. 을의 관점은 인간 행위의 역동성과 자율성을 과소평가한다는 비판을 받는다.
ㄷ. 을의 관점은 갑의 관점과 달리 서구 중심적 사고라는 비판을 받는다.
ㄹ. 갑의 관점과 을의 관점 모두 사회가 어떤 방향으로 변화하는가를 토대로 사회 변동을 파악한다.

① ㄱ, ㄴ　② ㄱ, ㄹ　③ ㄴ, ㄷ
④ ㄴ, ㄹ　⑤ ㄷ, ㄹ

08 다음 글에 나타난 사회 변동을 바라보는 관점에 대한 설명으로 옳은 것은?

> 교통 방송, 리포터의 보도, 운전자 등은 서로 관계를 맺고 각자의 역할을 수행한다. 만약 ○○ 지역에 교통사고나 도로 보수 공사로 인해 교통 체증이 심해졌다고 하자. 리포터는 이러한 사실을 교통 방송에 알리고, 이는 운전자들에게 전달된다. 운전자들은 ○○ 지역을 피해 운전을 하게 되며, 이로 인해 ○○ 지역에는 점차 차량의 수가 줄어들어 교통 체증이 완화된다.

① 사회 변동을 대립과 갈등의 관계로 파악한다.
② 사회 질서 유지보다 사회 변화를 더 중시한다.
③ 혁명과 같은 급격한 사회 변동을 설명하기 유용하다.
④ 과거에 비해 퇴보된 사회의 변동 과정을 설명하기 어렵다.
⑤ 사회 변동을 사회가 균형과 안정을 되찾는 과정으로 본다.

09 다음 글에 나타난 사회 변동을 바라보는 관점에 대한 옳은 설명을 <보기>에서 고른 것은?

> 2005년 3월 2일 호주제 폐지를 골자로 하는 민법 개정안이 통과되었다. 호주제는 호주(戶主)를 중심으로 호적에 가족 집단을 구성하고 이를 아버지에서 아들로 이어지게 하는 부계 혈통을 통해 대대로 잇게 하는 제도이다. 호주제 폐지는 남성이 지배하던 사회 구조 속에서 억압받던 여성이 투쟁을 통해 얻어낸 결과라고 볼 수 있다.

보기

ㄱ. 사회 변동을 자연스러운 현상이라고 본다.
ㄴ. 점진적인 사회 변동 과정을 설명하기 유용하다.
ㄷ. 사회에는 항상 갈등 요소가 내재해 있다고 본다.
ㄹ. 사회의 유지와 안정을 중시하는 보수적 관점이다.

① ㄱ, ㄴ　② ㄱ, ㄷ　③ ㄴ, ㄷ
④ ㄴ, ㄹ　⑤ ㄷ, ㄹ

10 사회 변동을 바라보는 갑, 을의 관점에 대한 설명으로 옳은 것은?

- 갑: 사회를 구성하는 부분들 간에 긴장이나 기능적 불균형이 나타나면 전체적으로 이를 조정하는 과정에서 사회 변동이 발생합니다.
- 을: 지배 집단이 기득권을 유지하려고 하지만 피지배 집단이 이에 도전하여 불평등한 구조를 변화시키려고 하는 과정에서 사회 변동이 발생합니다.

① 갑의 관점은 협동과 조화를 경시하는 경향이 있다.
② 을의 관점은 사회 변동을 일시적이고 병리적인 현상으로 본다.
③ 을의 관점은 사회를 구성하는 다양한 요소의 상호 의존성을 간과한다는 비판을 받는다.
④ 갑의 관점은 을의 관점과 달리 사회 변동을 필연적이며 보편적인 현상으로 본다.
⑤ 을의 관점은 갑의 관점과 달리 사회 변동을 구조적 측면에서 바라본다.

C 사회 운동과 사회 변동

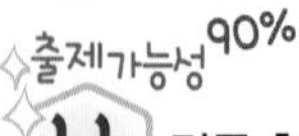

11 밑줄 친 '이것'에 대한 옳은 설명을 〈보기〉에서 고른 것은?

이것은 사회 변동을 끌어내기 위한 지속적이고 집단적인 노력을 의미한다. 즉 사회 문제를 해결하거나 사회 구조를 바꾸기 위해 대중이 조직적·집단적으로 벌이는 운동이다.

보기
ㄱ. 뚜렷한 목표를 가진다.
ㄴ. 대중적 운동으로 체계적인 조직은 없다.
ㄷ. 목표 달성을 위한 구체적인 활동 방법이 있다.
ㄹ. 실용적 측면에서 접근할 뿐이고 이념적 지향성은 없다.

① ㄱ, ㄴ ② ㄱ, ㄷ ③ ㄴ, ㄷ
④ ㄴ, ㄹ ⑤ ㄷ, ㄹ

12 밑줄 친 ㉠, ㉡에 대한 옳은 설명을 〈보기〉에서 고른 것은?

㉠ 기존의 사회 운동은 주로 국가 권력에 저항하는 모습으로 나타났는데, 우리나라에서는 5·18 민주화 운동, 6월 민주 항쟁 등의 사례로 확인할 수 있다. 1980년대 이후에는 기존 운동과는 다른 목표와 방법을 가진 ㉡ 신사회 운동이 등장하였고, 사회의 다양한 영역에서 문제를 제기하고 대안을 제시하는 방식으로 나타나고 있다.

보기
ㄱ. ㉠은 사회의 구조적 모순에 대한 해결책을 제시하지 못한다.
ㄴ. ㉡에는 환경 운동, 소비자 운동 등이 있다.
ㄷ. ㉡은 ㉠과 달리 체계적인 조직을 갖고 있지 않다.
ㄹ. ㉠, ㉡ 모두 사회 변동을 유발하는 계기가 된다.

① ㄱ, ㄴ ② ㄱ, ㄷ ③ ㄴ, ㄷ
④ ㄴ, ㄹ ⑤ ㄷ, ㄹ

13 다음 사례에 나타난 사회 운동의 유형에 대한 설명으로 옳은 것은?

○○ 환경 운동 단체에서는 원자력 발전과 화력 발전의 폐해를 지적하며 태양광과 풍력을 이용한 신·재생 에너지 사용을 촉진하는 법률 제정을 요구하고 있다. 이를 위해 이 환경 운동 단체에서는 시민들에게 서명받기, 신·재생 에너지 홍보 활동, 언론 기고 등 다양한 활동을 전개하고 있다.

① 급진적인 변동을 추구한다.
② 우발적이고 일시적인 성격을 가진다.
③ 기존의 사회 질서를 고수하려는 복고적 사회 운동이다.
④ 기존의 사회 체제 자체를 변화시키는 것을 목적으로 한다.
⑤ 사회 체계의 일부분을 바꾸려는 제한적인 목표를 갖는다.

01 (가), (나)에 나타난 사회 변동에 대한 옳은 설명을 〈보기〉에서 고른 것은?

(가) 최근 지구 온난화에 따른 기후 변화는 산업 전반에 걸쳐 신·재생 에너지 개발과 환경친화적인 생산 체제로의 변화를 초래하였다.
(나) 17~18세기의 서구 계몽사상은 인간의 이성에 대한 신뢰를 바탕으로 정치, 경제, 철학 등 사회 각 영역의 변화에 광범위한 영향을 미쳤으며, 이후 시민 혁명의 이론적 토대가 되기도 하였다.

보기
ㄱ. (가)는 자연환경의 변화에 대응하는 과정에서 사회 변동이 일어난 경우이다.
ㄴ. (나)는 기술의 발전이 가치관의 변화보다 사회 변동에 더 큰 영향을 미친 경우이다.
ㄷ. (나)는 물질문화의 변화가 다른 영역의 변화에 영향을 미친 경우이다.
ㄹ. (나)는 (가)와 달리 인간의 정신적 영역이 사회 변동의 요인으로 작용하였다.

① ㄱ, ㄴ ② ㄱ, ㄹ ③ ㄴ, ㄷ
④ ㄴ, ㄹ ⑤ ㄷ, ㄹ

2019 평가원 응용

02 사회 변동을 바라보는 (가), (나)의 주장에 대한 설명으로 옳은 것은?

(가) 인류 문명의 발전 속도는 지역에 따라 다르게 나타난다. 그렇지만 문명이 단순한 것에서 분화된 것으로, 미신적인 것에서 합리적인 것으로, 낡은 것에서 새로운 것으로 발전하는 경향은 일반적으로 나타난다.
(나) 인류 문명은 일정한 시간 동안에는 정해진 방향을 향해 나아가는 것 같지만 곧 한계에 부딪히게 되고, 문명에 내재한 힘을 따라 다시 반대 방향을 향해 움직이게 된다. 그러나 반대 방향의 움직임 역시 오래가지 못하고 문명은 다시 본래의 방향을 향하게 된다.

① (가)는 사회 변동을 운명론적 시각에서만 바라본다.
② (가)는 사회 변동의 유형이 사회마다 다르다고 본다.
③ (나)는 사회 변동 과정에서 문명이 퇴보할 수 있다고 본다.
④ (나)는 (가)와 달리 서구 사회가 진보한 사회임을 전제한다.
⑤ (가)는 급격한 사회 변동을, (나)는 점진적 사회 변동을 설명하기 용이하다.

최고난도

03 그림은 사회 변동을 바라보는 관점을 구분한 것이다. A, B에 대한 설명으로 옳은 것은?

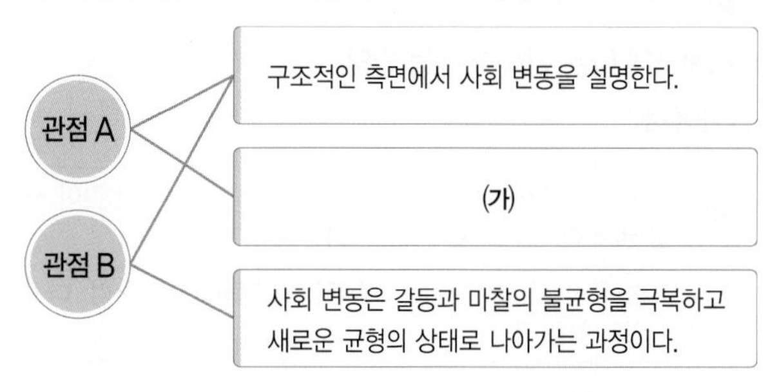

① A는 사회가 항상성을 가지고 있다고 본다.
② A는 사회 변동을 질서와 안정을 되찾는 과정으로 파악한다.
③ B는 사회 변동을 대립과 갈등의 산물로 이해한다.
④ B는 사회 속에 존재하는 협력과 안정을 경시한다는 비판을 받기도 한다.
⑤ (가)에는 '사회는 본질적으로 변동을 지향한다.'가 들어갈 수 있다.

서술형 문제

04 다음 글을 읽고 물음에 답하시오.

유목민과 정착민 간의 갈등을 통해 120년 주기로 나타나는 문화의 변동 과정을 설명할 수 있다. 유목민은 기회가 오면 도시의 정착민을 공격하고 정복한다. 이렇게 정복에 성공한 유목민은 차츰 도시 생활에 안주하면서 정착민으로 변모한다. 하지만 이들 역시 안일한 삶과 부패가 만연해지면서 또 다른 강력한 유목민에게 정복당한다.

(1) 윗글에서 사회 변동을 바라보는 관점을 쓰시오.

(2) (1)의 한계를 두 가지 이상 서술하시오.

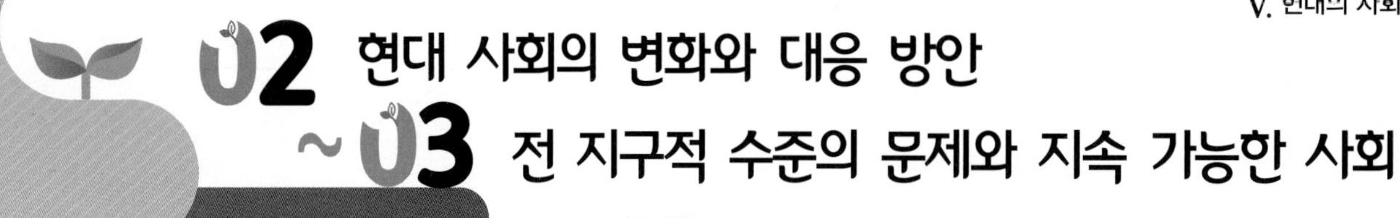

02 현대 사회의 변화와 대응 방안 ~03 전 지구적 수준의 문제와 지속 가능한 사회

A 세계화와 정보화

1. 세계화에 따른 변화와 대응 방안

(1) 세계화

구분	내용
의미	다양한 측면에서 전 세계가 상호 의존하면서 삶의 공간이 국경을 넘어 전 지구로 확대되는 과정
요인	교통·통신 기술의 발달, 세계 무역 기구(WTO)의 출범, 다국적 기업의 활동 등

★ (2) 세계화에 따른 변화

구분	내용
경제적 측면	전 세계의 단일 시장화, 생산자의 넓은 시장 확보, 소비자의 상품 선택의 폭 확대 등 ↔ 국가 간 빈부 격차 심화, 경쟁력 없는 기업 및 산업 도태 등
정치적 측면	지구촌 문제에 공동 대응, 민주주의나 인권 등의 가치 확산 등 ↔ 주권 국가의 자율성 침해 등
사회·문화적 측면	다양한 문화의 체험·향유 기회 확대, 새로운 문화 창출의 기회 확대 등 ↔ 문화의 획일화, 고유문화의 훼손 등

• 문화의 획일화: 강대국 중심의 문화가 일방적으로 전파되는 과정에서 나타난다.

(3) 세계화의 대응 방안

구분	내용
경제적 측면	국제 경쟁력을 높이기 위한 개인과 기업, 정부의 노력 필요, 세계화에 따른 양극화에 대비 등
문화적 측면	다른 문화를 존중하는 관용의 자세와 문화 상대주의적 태도 함양, 외래문화의 비판적 수용, 우리 문화의 창조적 계승 노력 등
개인적 측면	인류 전체의 보편적 가치 추구, 지구촌 문제 해결을 위한 세계 공동체 의식 함양 등

2. 정보화에 따른 변화와 대응 방안

(1) 정보화: 지식과 정보의 생산, 유통, 소비가 생활의 중심이 되는 현상

(2) 정보화에 따른 변화

구분	내용
경제적 측면	지식과 정보 관련 산업 발달, 재택근무 실현, 다품종 소량 생산 방식 확산 등
정치적 측면	전자 투표, 전자 정부 등을 통한 국민의 정치 참여 기회 확대 등
사회·문화적 측면	정보의 생산자와 소비자로서 대중의 역할 확대, 가상 공간에서 맺는 사회적 관계 증가 등

• 재택근무 실현: 업무의 편리성과 효율성이 높아진다.
• 전자 투표, 전자 정부: 직접 민주 정치의 실현 가능성을 높인다.
• 가상 공간에서 맺는 사회적 관계 증가: 구성원 간 비대면적 접촉이 증가한다.

★ (3) 정보화에 따른 문제점

구분	내용
정보 격차	정보의 소유와 접근 정도에 따라 계층 간의 격차가 나타날 수 있음 → 사회적·경제적 격차로 이어짐
사이버 범죄	개인 정보의 유출에 따른 사생활 침해, 해킹, 악성 루머 유포, 저작권 침해 등
기타	정보 홍수 및 정보 오남용 문제, 특정 집단이나 권력자에 의한 정보의 통제와 감시, 대면 접촉의 부족으로 인한 인간 소외 등

(4) 정보화의 대응 방안

구분	내용
개인적 차원	정보 사회에 필요한 다양한 지식과 기능 습득, 정보 윤리 의식 함양 등
사회적 차원	정보 인프라 구축 및 정보 격차 완화 방안 마련, 사이버 범죄를 방지할 수 있는 법적 장치 마련 및 정비 등

• 정보 격차 완화 방안: 정보 통신 기기 지원, 정보 활용 교육 등

B 저출산·고령화와 다문화적 변화

1. 저출산·고령화에 따른 변화와 대응 방안

(1) 저출산·고령화의 의미와 원인

구분	내용
저출산 현상	• 의미: 출산율이 적정 수준보다 낮은 현상 • 원인: 자녀 양육에 대한 경제적 부담 증가, 결혼이나 자녀에 관한 가치관 변화, 여성의 사회 진출 증가 등
고령화 현상	• 의미: 전체 인구에서 노인 인구가 차지하는 비율이 증가하는 현상 • 원인: 의료 기술의 발달과 생활 수준의 향상에 따른 평균 수명의 연장

• 노인 인구: 65세 이상 인구

★ (2) 저출산·고령화에 따른 문제점과 대응 방안

구분	내용
문제점	• 생산 가능 인구 감소에 따른 생산성 저하로 경제 성장 둔화 • 노후 소득 감소에 따른 노인의 빈곤 문제 발생 • 노인을 대상으로 한 복지 지출 증가로 국가 재정 악화 • 노인 부양 책임 및 일자리를 둘러싼 세대 간 갈등 심화
대응 방안	• 출산·양육에 대한 사회적 책임 강화 → 출산 보조금과 양육 수당 지급, 국공립 어린이집 개설 확대 등 • 노인 일자리 창출 및 정년 연장에 대한 사회적 합의 • 노후 소득 보장을 위한 연금 제도 개선

• 생산 가능 인구: 15~64세 인구

2. 다문화적 변화와 대응 방안

(1) 다문화 사회

구분	내용
의미	다양한 인종, 종교, 문화를 가진 사람들이 함께 살아가는 사회
형성 배경	• 세계화에 따른 국가 간 인적·물적 교류 증가 • 취업, 학업, 결혼 등을 목적으로 하는 이주민의 유입 증가

• 우리나라에서는 1990년대 이후 결혼 이민자, 외국인 노동자, 유학생, 북한 이탈 주민 등의 증가로 다문화적 변화가 나타나기 시작했다.

(2) 다문화 사회의 영향

구분	내용
긍정적 영향	• 다양한 문화의 공존으로 풍요로운 문화생활 영위 • 문화 다양성을 바탕으로 문화 발전 촉진 • 저출산·고령화에 따른 노동력 부족 문제 해소
부정적 영향	• 다른 문화에 대한 이해 부족에 따른 대립과 갈등 발생 • 외국인 이주민에 대한 편견과 차별에 따른 인권 침해 발생

(3) 다문화 사회의 대응 방안

구분	내용
개인적 차원	• 문화 다양성을 존중하는 관용의 자세 함양 • 외국인 이주민에 대한 편견 및 차별 지양
사회적 차원	• 이주민의 적응을 돕는 문화 체험 및 언어 교육 제공 • 이주민에 대한 차별을 막을 수 있는 법적·제도적 장치 마련

• 법적·제도적 장치: 예 다문화 가족 지원 센터 운영 등

★ 표시는 시험 전에 확인해 주세요.

용광로 정책과 샐러드 볼 정책
원칙적으로 용광로 정책은 다양한 문화를 모두 녹여 새로운 문화를 형성하려는 정책이지만, 현실에서는 주류 문화에 비주류 문화를 동화시키는 정책으로 나타났다. 샐러드 볼 정책은 다양한 채소들이 그릇 안에서 어우러져 그 자체로 요리가 되는 것처럼 서로 다른 집단의 문화들이 고유한 특성을 유지하면서 공존하는 사회를 만들어 가려는 정책이다.

용광로 정책은 이주민의 문화를 주류 문화에 동화시켜 문화적 동질성을 유지하려는 동화주의에 기반하며, 샐러드 볼 정책은 이주민의 고유한 문화를 있는 그대로 인정하는 다문화주의에 기반한다.

C 전 지구적 수준의 문제와 지속 가능한 사회

★ 1. 전 지구적 수준의 문제

• 특정 지역이나 특정 국가의 노력만으로 해결할 수 없으며, 현재 세대뿐만 아니라 미래 세대에까지 치명적 영향을 미칠 수 있다.

(1) 환경 문제

양상	지구 온난화로 인한 기상 이변, 사막화와 열대 우림 파괴, 황사 및 미세 먼지 발생, 토양·수질·대기 오염 등
대응 방안	자연과 더불어 살아가려는 인식 확립, 환경친화적인 상품 개발, 환경 문제 해결을 위한 국제 사회의 유기적 협력 등

• 기후 변화 협약, 생물 다양성 협약 체결 등

(2) 자원 문제

양상	석유, 석탄 등과 같은 에너지 자원 고갈, 식량 자원과 물 부족 문제 발생, 한정된 자원을 둘러싼 국가 간 분쟁 발생 등
대응 방안	자원 절약과 재활용을 위한 인류 공동의 노력, 신·재생 에너지 개발, 성장 위주의 정책과 소비 위주의 문화 개선 등

(3) 전쟁과 테러

• 전쟁: 국가나 정치 집단 간에 무력을 사용하는 행위
• 테러: 특정 목적을 가진 개인이나 단체가 살인, 납치 등의 폭력을 써서 사회적 공포 상태를 일으키는 행위

양상	민족 간의 대립, 이념 및 종교 갈등, 정치적·경제적 이해관계의 충돌 등으로 전쟁과 테러 발생
대응 방안	분쟁 당사자 간의 상호 존중과 이해 및 협력, 국제기구의 적극적 개입을 통한 분쟁 중재 등

2. 지속 가능한 사회와 세계 시민 의식

(1) 지속 가능한 사회: 미래 세대가 자신들의 필요를 충족시키기 위해 갖춰야 할 여건을 저해하지 않으면서, 현재 세대가 필요로 하는 다양한 욕구를 충족시키는 사회

(2) 지속 가능한 사회를 위한 노력

① 세계 시민 의식 함양: 시민 각자가 인류 공동체의 구성원으로서 책임 의식을 갖고 인류 보편의 가치를 내면화하며, 전 지구적 수준의 문제 해결에 능동적으로 참여해야 함

② 국제적 연대: 지역을 초월한 인류 공동의 노력과 국제 협력이 필요하다는 인식을 바탕으로 각국 정부와 국제기구가 협력하여 전 지구적인 대책을 수립하고 실천해야 함

1단계 개념 짚어 보기

정답과 해설 32쪽

01 다음 빈칸에 들어갈 내용을 쓰시오.

(1) 다양한 측면에서 전 세계가 상호 의존하면서 삶의 공간이 전 지구로 확대되는 과정을 (   )라고 한다.

(2) 지식과 정보의 생산, 유통, 소비가 생활의 중심이 되는 현상을 (   )라고 한다.

02 다음 설명이 맞으면 ○표, 틀리면 ×표를 하시오.

(1) 세계화는 전 세계를 단일한 시장으로 통합한다. (   )

(2) 정보 격차는 사회적·경제적 불평등으로 이어질 수 있다. (   )

(3) 정보화는 소품종 대량 생산 방식을 확산하여 다양한 소비자의 기호를 충족하게 한다. (   )

03 표는 저출산·고령화 현상의 원인과 영향을 정리한 것이다. ㉠~㉢에 들어갈 내용을 각각 쓰시오.

구분	원인	영향
저출산 현상	자녀 양육에 대한 경제적 부담 증가, 여성의 사회 진출 증가 등	• (㉡) 감소에 따른 생산성 저하로 경제 성장 둔화 • 노후 소득 감소에 따른 노인 빈곤 문제 발생 • 노인을 대상으로 한 복지 지출 (㉢)로 국가 재정 악화
고령화 현상	의료 기술 발달, 생활 수준 향상 → (㉠)의 연장	

04 다음 괄호 안의 내용 중 알맞은 말에 ○표를 하시오.

(1) 다문화 사회로의 변화는 우리 사회의 노동력 부족 문제를 (해소, 심화)할 수 있다.

(2) 다문화 사회에서는 여러 문화가 한 사회 속에 공존하면서 문화 다양성이 (감소, 증가)한다.

(3) (용광로, 샐러드 볼) 정책은 서로 다른 집단의 문화들이 고유한 특성을 유지하면서 공존하는 사회를 만들어 가려는 정책이다.

05 전 지구적 수준의 문제와 그 사례를 옳게 연결하시오.

(1) 환경 문제 •　　　　• ㉠ 물 부족
(2) 자원 문제 •　　　　• ㉡ 지구 온난화
(3) 전쟁과 테러 •　　　　• ㉢ 무력에 의한 인명 살상

A 세계화와 정보화

01 ㉠의 영향으로 적절한 것을 〈보기〉에서 고른 것은?

요즘 우리 주변에서는 외국 상품을 쉽게 볼 수 있으며, 외국 기업과 합작한 우리나라 드라마나 영화가 증가하고 있다. 이처럼 다양한 측면에서 국가 간 교류가 확대되면서 국경을 넘어 전 세계가 마치 하나의 공동체처럼 상호 의존적으로 통합되어 가는 현상을 (㉠)(이)라고 한다.

보기
ㄱ. 모든 주권 국가의 자율성이 강화된다.
ㄴ. 소수 민족의 문화적 정체성이 강화된다.
ㄷ. 전 세계가 하나의 단일한 시장으로 통합된다.
ㄹ. 어느 한 지역의 문제가 전 세계적으로 영향을 미친다.

① ㄱ, ㄴ ② ㄱ, ㄹ ③ ㄴ, ㄷ
④ ㄴ, ㄹ ⑤ ㄷ, ㄹ

02 밑줄 친 ㉠~㉣에 대한 설명으로 옳지 않은 것은?

오늘날 ㉠ 세계화의 흐름에 따라 우리의 삶에는 많은 변화가 일어나고 있다. 그러나 그 변화에는 ㉡ 긍정적 측면만 있는 것은 아니다. 세계화의 진행에 따라 ㉢ 여러 가지 문제점이 드러나면서 반세계화 운동의 움직임이 나타나기도 한다. 따라서 우리 사회도 ㉣ 세계화로 인한 문제를 파악하고 적절하게 대처하는 방안을 마련할 필요가 있다.

① ㉠ – 교통·통신 기술의 발달을 주요 요인으로 한다.
② ㉡ – 소비자는 다양한 상품을 접할 수 있다.
③ ㉢ – 국가 간 빈부 격차가 심화한다.
④ ㉣ – 세계 공동체 의식을 함양해야 한다.
⑤ ㉣ – 자문화의 특성만을 있는 그대로 고수해야 한다.

03 다음과 같은 변화로 나타날 현상으로 적절하지 않은 것은?

스마트폰을 이용해서 버스를 타고 편의점에서 물건을 사며, 누리 소통망(SNS)을 통해 가상 공간에서 타인과 관계를 맺는 것이 우리의 일상적인 모습으로 자리 잡고 있다. 이와 같이 오늘날에는 컴퓨터와 정보 통신 기술을 통한 지식과 정보의 생산, 유통, 소비가 생활의 중심이 되고 있다.

① 다품종 소량 생산 방식이 확대된다.
② 직접 민주 정치의 실현 가능성이 높아진다.
③ 구성원 간 면대면 접촉의 비중이 높아진다.
④ 정보의 생산자와 소비자 간 구분이 모호해진다.
⑤ 재택근무가 가능해져 업무의 편리성과 효율성이 증대된다.

출제가능성 90%

04 다음 두 사례에서 공통으로 추론할 수 있는 정보화의 영향으로 가장 적절한 것은?

- 최근 기업에서 입사 지원자의 누리 소통망(SNS)을 사전에 조사하여 채용 과정에 반영하는 경우가 증가하고 있다.
- 미국의 A 지역에서는 휴대 전화 도난 사건을 방지하기 위해 휴대 전화 판매자와 구매자 모두의 인상착의를 비디오로 녹화하거나 사진으로 찍어 남겨야 한다.

① 개인 정보 유출에 따라 사생활이 침해된다.
② 형식적이고 피상적인 인간관계가 확산된다.
③ 정보 격차가 커지면서 사회적 불평등이 심화한다.
④ 인터넷의 과다한 사용으로 인해 사회생활에 심각한 지장을 준다.
⑤ 지나치게 많은 정보 속에서 정보 소비자들이 정보 선택에 어려움을 겪는다.

05 다음 사례에 나타난 문제를 해결하기 위한 노력으로 적절한 것을 〈보기〉에서 고른 것은?

갑은 자신의 누리 소통망(SNS)에 허위 사실을 올렸다는 이유로 경찰 조사를 받게 되었다. 갑은 한 사이트에서 인기 가수 A가 친구 B에서 돈을 빌리고 갚지 않았으며 이를 돌려달라고 요구하는 B를 폭행하였다고 쓰여 있는 글을 보고, 이를 자신의 누리 소통망(SNS)에 올렸다고 진술하였다.

보기
ㄱ. 정보 윤리를 함양해야 한다.
ㄴ. 정보 인프라 확대를 위한 재정을 늘려야 한다.
ㄷ. 정보 취약 계층에 대한 교육을 확대해야 한다.
ㄹ. 정보를 비판적으로 분석하고 정확하게 평가할 수 있는 능력을 갖추어야 한다.

① ㄱ, ㄴ ② ㄱ, ㄹ ③ ㄴ, ㄷ
④ ㄴ, ㄹ ⑤ ㄷ, ㄹ

B 저출산·고령화와 다문화적 변화

출제가능성 90%

06 그림은 우리나라의 합계 출산율과 65세 이상 인구 비율 변화를 나타낸다. 이러한 추세가 지속될 경우 나타날 수 있는 현상을 〈보기〉에서 고른 것은?

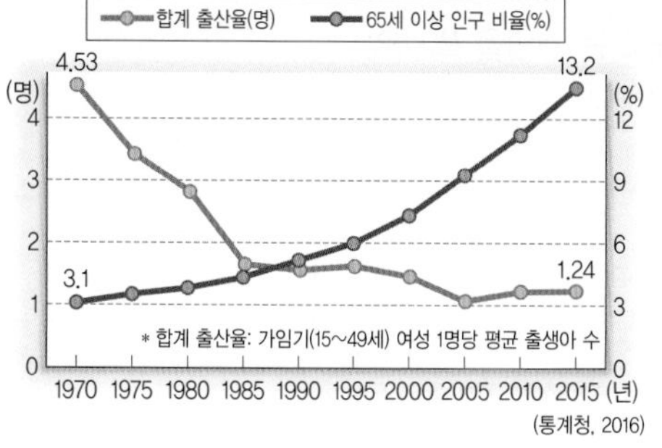

(통계청, 2016)

보기
ㄱ. 세대 간 갈등이 발생할 수 있다.
ㄴ. 가족의 노인 부양 기능이 강화될 것이다.
ㄷ. 정부의 복지 지출 부담이 줄어들 것이다.
ㄹ. 생산성이 낮아져 경제 활력이 저하될 것이다.

① ㄱ, ㄴ ② ㄱ, ㄹ ③ ㄴ, ㄷ
④ ㄴ, ㄹ ⑤ ㄷ, ㄹ

07 교사의 질문에 옳은 답변을 한 학생을 고른 것은?

① 갑, 을 ② 갑, 병 ③ 을, 병
④ 을, 정 ⑤ 병, 정

08 ㉠, ㉡에 대한 설명으로 옳지 않은 것은?

오늘날 서로 다른 문화권에 속한 사람들 간의 접촉이 빈번해지고 다양한 인종, 종교, 문화를 가진 사람들이 함께 살아가게 되었는데, 이러한 사회를 (㉠)(이)라고 한다. 우리나라는 1990년대부터 (㉡) 등의 요인으로 (㉠)(으)로 변화하기 시작하였다.

① ㉠으로의 변화로 문화 다양성이 증대된다.
② ㉠으로의 변화는 노동력 부족 문제를 심화한다.
③ ㉠으로의 변화로 서로 다른 집단 간에 갈등이 발생할 가능성이 높아질 수 있다.
④ ㉡에는 '국제결혼의 증가'가 들어갈 수 있다.
⑤ ㉡에는 '외국인 노동자의 증가'가 들어갈 수 있다.

09 다음은 서술형 평가와 학생 답안이다. 학생 답안의 밑줄 친 ㉠~㉤ 중 옳지 않은 것은?

> **서술형 평가**
> • 문제: 다문화 사회에서 나타나는 문제를 해결하기 위한 방안을 개인적·사회적 차원에서 서술하시오.
> • 답안: 우선 개인적 차원에서는 ㉠ 사회 구성원 각자가 서로의 문화적 차이를 인정하고 ㉡ 문화 다양성을 존중하는 관용의 자세를 갖추어야 한다. 또한 ㉢ 이주민에 대한 편견이나 차별을 비판적으로 성찰할 필요가 있다. 그리고 사회적 차원에서는 ㉣ 이주민에 대한 차별과 인권 침해를 막기 위한 법적·제도적 장치를 마련해야 한다. 이때 ㉤ 다문화 교육은 일반 시민들은 제외하고 외국인 이주민들만을 대상으로 실시해야 한다.

① ㉠ ② ㉡ ③ ㉢ ④ ㉣ ⑤ ㉤

C 전 지구적 수준의 문제와 지속 가능한 사회

10 다음 두 사례의 공통점으로 적절하지 않은 것은?

> • 화석 연료의 사용이 급증하면서 지구 온난화가 가속화되고, 이로 인한 이상 기후 현상이 지구 곳곳에서 나타나고 있다.
> • 특정 종교나 이념을 맹목적으로 추종하는 사람들이 집단을 결성하고 테러를 자행하는 일이 세계 곳곳에서 나타나고 있다.

① 전 지구적 수준의 문제이다.
② 특정 지역의 경계를 넘어서는 문제이다.
③ 특정 국가가 주도적으로 해결해야 하는 문제이다.
④ 국제적 공동 대응을 통해 해결해야 하는 문제이다.
⑤ 현재 세대뿐만 아니라 미래 세대에까지 치명적인 영향을 미칠 수 있는 문제이다.

출제가능성 90%

11 다음 사례에 나타난 문제에 대한 옳은 설명을 <보기>에서 고른 것은?

> 인류가 산업화를 추구하는 과정에서 무분별하게 자원을 사용하면서 한정된 자원이 고갈되고 있다. 특히 석유나 석탄 등 인류가 의존해 온 에너지 자원이 줄어들면서 세계 경제에 큰 불안 요소로 작용하고 있다.

> 보기
> ㄱ. 국가 간 분쟁과 갈등을 유발할 수 있다.
> ㄴ. 에너지 자원에 대한 수요 부족으로 발생한다.
> ㄷ. 신·재생 에너지를 개발함으로써 해결할 수 있다.
> ㄹ. 성장 위주의 정책을 추진함으로써 해결할 수 있다.

① ㄱ, ㄴ ② ㄱ, ㄷ ③ ㄴ, ㄷ
④ ㄴ, ㄹ ⑤ ㄷ, ㄹ

[12~13] 다음 글을 읽고 물음에 답하시오.

> A란 미래 세대가 자신들의 필요를 충족시키기 위해 갖춰야 할 여건을 저해하지 않으면서, 현재 세대가 필요로 하는 다양한 욕구를 충족시키는 사회이다. 전 지구적 수준의 문제에 능동적으로 대응하며, A를 이끌어 가기 위해서는 시민 각자가 ㉠ 세계 시민으로서의 자질을 함양할 필요가 있다.

12 A에 해당하는 개념을 쓰시오.

13 밑줄 친 ㉠에 해당하는 내용으로 적절하지 않은 것은?

① 인권과 같은 보편적 가치를 중시한다.
② 지구 환경 문제에 지속적인 관심을 가진다.
③ 인류의 불평등 현상은 당연한 이치라고 본다.
④ 다른 나라의 빈곤 문제 해결에 이바지하고자 한다.
⑤ 전 지구적 수준의 문제 해결에 능동적으로 참여한다.

2012 수능 응용

01 (가), (나)에 대한 옳은 설명을 〈보기〉에서 고른 것은?

(가) 방송 통신 위원회는 인터넷상의 비밀번호 변경, 휴면 계정 정리 등을 주요 내용으로 하는 캠페인을 실시하고 있다.
(나) 정부는 정보 취약 계층과 취약 지역을 파악하여 정보 인프라를 우선적으로 구축할 수 있도록 다양한 재정적 지원 제도를 마련하고 있다.

보기
ㄱ. (가)는 인터넷상에서의 정보 공유를 촉진하기 위한 것이다.
ㄴ. (나)는 정보 활용 능력보다 정보 접근성을 높이는 데 초점을 두고 있다.
ㄷ. (가)는 사이버 범죄 예방에, (나)는 정보 격차 해소에 도움이 된다.
ㄹ. (가), (나) 모두 개인 정보 보호에 중점을 두고 있다.

① ㄱ, ㄴ ② ㄱ, ㄷ ③ ㄴ, ㄷ
④ ㄴ, ㄹ ⑤ ㄷ, ㄹ

02 표는 A국~D국의 노년 부양비 변화 추이를 비교한 것이다. 이에 대한 옳은 분석만을 〈보기〉에서 있는 대로 고른 것은?

(단위: 명)

구분	2005년	2015년	2020년	2050년
A국	10	10	13	27
B국	23	24	29	48
C국	19	19	25	36
D국	13	15	22	72

* 노년 부양비 = (65세 이상 인구 / 15~64세 인구) × 100

보기
ㄱ. A국의 65세 이상 인구수는 2005년과 2015년이 같다.
ㄴ. 2050년 B국의 노년 부양비는 2005년의 두 배 이상이다.
ㄷ. 2020년에 C국에서는 15~64세 인구 4명이 65세 이상 인구 1명을 부양한다.
ㄹ. D국은 2020년에 전체 인구 중 65세 이상 인구의 비율이 20% 이상이다.

① ㄱ, ㄴ ② ㄴ, ㄷ ③ ㄱ, ㄴ, ㄷ
④ ㄱ, ㄴ, ㄹ ⑤ ㄴ, ㄷ, ㄹ

최고난도

03 (가)의 입장과 비교하여 (나)의 입장이 갖는 상대적인 특징을 그림의 ㉠~㉤에서 고른 것은?

(가) 이민자는 새로운 사회에 정착하는 과정에서 해당 주류 문화에 융해되어 자신의 언어와 문화, 사회적 특성을 포기하고 기존 사회의 일원이 되어야 한다.
(나) 샐러드 볼에 담긴 각종 채소와 과일들이 모여 고유한 특성을 유지한 채 조화를 이루듯, 다양한 집단의 문화를 인정하고 그들이 조화롭게 살아갈 수 있도록 해야 한다.

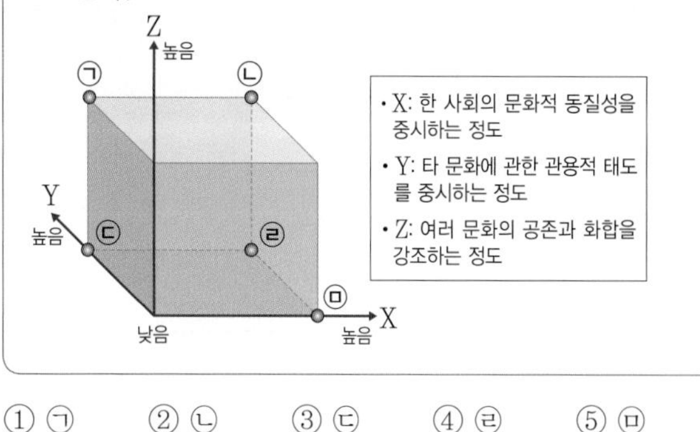

① ㉠ ② ㉡ ③ ㉢ ④ ㉣ ⑤ ㉤

서술형 문제

04 다음 글을 읽고 물음에 답하시오.

과거 사람들은 주로 자신의 국가의 일에만 관심을 보였다. 하지만 오늘날 사람들은 다른 국가의 일이나 국제적 차원의 사건에도 큰 관심을 갖는다. 또한 많은 기업들이 국경을 넘어 활동하고, 여러 단체들도 국가 간 연대 활동을 활발하게 펼치고 있다.

(1) 윗글에 나타난 현대 사회의 변동 양상을 쓰시오.

(2) (1)로 인한 문화적 측면의 변화를 두 가지 이상 서술하시오.

memo

내공 점검

내공 점검 Ⅰ. 사회·문화 현상의 탐구

점수 ／100점

01 밑줄 친 ㉠~㉣과 같은 현상의 일반적인 특성에 대한 설명으로 옳은 것은?

> ㉠ 이상 기후 현상이 전 지구적으로 ㉡ 농작물 생산에 영향을 미치고 있다. 동남아시아 지역은 예년에 비해 더위가 심했고, 남미 지역에는 폭우가 내려 세계 식량 가격이 올랐다. 아프리카의 한 지역에서는 ㉢ 홍수로 인한 급격한 수위 상승으로 수천 채의 가옥이 파손된 반면, 또 다른 지역에서는 혹독한 가뭄으로 인해 수백만 명이 ㉣ 식량 원조를 기다리고 있다.

① ㉠과 같은 현상은 가치 함축적이다.
② ㉡과 같은 현상은 인과 관계가 명확하다.
③ ㉢과 같은 현상은 당위 법칙이 적용된다.
④ ㉣과 같은 현상은 ㉠과 같은 현상과 달리 개연성으로 설명된다.
⑤ ㉠, ㉡과 같은 현상은 ㉢, ㉣과 같은 현상에 비해 보편성이 강하다.

02 사회·문화 현상을 바라보는 갑~병의 관점에 대한 설명으로 옳은 것은?

> • 사회자: 노인 소외의 원인과 대책에 대해 말해 봅시다.
> • 갑: 가정이 노인을 봉양하는 역할을 제대로 하지 못하기 때문입니다. 가족 내에서 노인이 어른의 위치를 다시 회복하게 하고, 가족이 없는 노인에게는 지역 내의 다른 가족과 결연을 맺어 주어야 합니다.
> • 을: 현재 우리 사회에서 노인의 의미가 약화하면서 노인 소외 문제가 발생하는 것입니다. 젊은 사람들이 나이 든 부모나 노인을 어떻게 이해하는지 먼저 파악해야 합니다.
> • 병: 우리 사회에서 부와 권력을 가진 사람들이 사회적 역할에서 노인들을 배제하기 때문입니다. 노인들의 경제적 불평등을 해소할 방안을 세워야 합니다.

① 갑의 관점은 사회 구성 요소의 기능과 역할이 사회적으로 합의된 것으로 본다.
② 을의 관점은 사회 변동의 불가피성을 강조한다.
③ 병의 관점은 기득권층의 이익을 대변하는 논리로 사용된다는 비판을 받는다.
④ 갑의 관점은 을의 관점과 달리 행위자의 주체적 능동성을 강조한다.
⑤ 을, 병의 관점은 갑의 관점과 달리 사회·문화 현상을 설명하는 데 사회 구조적 요인을 중시한다.

03 사회·문화 현상의 연구 방법 (가), (나)에 대한 옳은 설명을 〈보기〉에서 고른 것은?

> (가) 연구 대상자를 상대로 수집한 자료를 통계적인 기법을 사용하여 분석함으로써 변수 간의 인과 관계를 밝혀내고자 한다.
> (나) 상황에 대한 전체적인 맥락을 이해하기 위하여 연구 대상자들이 어떻게 자신들의 세계를 기술하고 구성하는지를 드러내고자 한다.

보기

> ㄱ. (가)에서는 연구자의 직관적 통찰이 중시된다.
> ㄴ. (나)에서는 개념의 조작적 정의 과정을 거친다.
> ㄷ. (가)는 (나)에 비해 경험적 자료의 분석을 통한 일반화가 용이하다.
> ㄹ. (나)는 (가)와 달리 인간 행위의 동기를 주된 분석 대상으로 삼는다.

① ㄱ, ㄴ ② ㄱ, ㄷ ③ ㄴ, ㄷ
④ ㄴ, ㄹ ⑤ ㄷ, ㄹ

04 (가)~(라)에 해당하는 자료 수집 방법에 대한 설명으로 옳은 것은?

> (가) 선거 후보자의 지지도를 파악하기 위한 질문지를 만들어 배포하였다.
> (나) 교내 도서관에 대한 만족도를 조사하기 위해 학생들을 심층 면접하였다.
> (다) 약물 중독자에 대한 상담 치료가 약물 치료에 어떤 영향을 끼치는지 실험을 통해 측정하였다.
> (라) 아마존강 유역에 사는 원주민의 문화를 알아보기 위해 원주민과 함께 생활하며 그들의 행동을 관찰하였다.

① (가)는 (나)와 달리 언어적 상호 작용이 필수적이다.
② (나)는 (다)에 비해 연구자의 주관을 배제하기 용이하다.
③ (다)는 (라)보다 일상생활을 심층적으로 파악하기 어렵다.
④ (라)는 (가)에 비해 시간과 공간의 제약을 적게 받는다.
⑤ (나), (라)는 (가), (다)와 달리 양적 연구에서 주로 활용된다.

[05~06] 다음 연구 과정을 보고 물음에 답하시오. (단, (가)~(마)는 연구 과정을 순서 없이 나열한 것이다.)

> (가) 청소년이 스마트폰 게임 중독에 빠지는 원인을 탐구하기로 하였다.
> (나) A 지역 청소년 300명을 대상으로 구조화된 질문지로 자료를 수집하였다.
> (다) 부모와 자녀 간 유대가 약할수록 자녀의 스마트폰 게임 중독 정도가 높을 것으로 추정하였다.
> (라) 스마트폰 게임 빈도 및 시간은 부모와 자녀 간 대화 시간과 부(−)의 관계가 있음을 확인하였다.
> (마) 스마트폰 게임 중독은 게임 빈도 및 시간으로, 부모와 자녀의 유대 정도는 부모와 자녀 간 대화 시간으로 측정하기로 하였다.

05 위 (가)~(마)를 사회·문화 현상의 탐구 과정의 순서대로 옳게 나열한 것은?

① (가) − (나) − (다) − (마) − (라)
② (가) − (다) − (마) − (나) − (라)
③ (다) − (마) − (나) − (라) − (가)
④ (라) − (가) − (마) − (다) − (나)
⑤ (마) − (다) − (나) − (가) − (라)

06 위 연구에 대한 분석으로 옳지 않은 것은?

① (가)에서는 연구자의 가치 개입이 배제된다.
② (나)에서는 양적 연구에 적합한 자료 수집 방법이 사용되었다.
③ (다)는 잠정적인 결론이다.
④ (라)로 보아 가설이 수용되었음을 알 수 있다.
⑤ (마)에서 개념의 조작적 정의가 이루어졌다.

07 다음에서 강조하는 사회·문화 현상의 탐구 태도로 가장 적절한 것은?

> ‘까마귀는 검다.’라는 명제는 검지 않은 까마귀가 나타날 때까지만 참일 수 있다. 이처럼 모든 과학적 진술은 늘 잠정적일 수밖에 없다. 언제라도 새로운 사실이 나타나 그 진술을 완전히 뒤엎어 버릴 수 있기 때문이다.

① 객관적 태도 ② 개방적 태도
③ 성찰적 태도 ④ 종합적 태도
⑤ 상대주의적 태도

08 다음 사례를 연구 윤리 측면에서 평가한 것으로 가장 적절한 것은?

> 연구자 갑은 인간의 특성이 후천적으로 결정된다는 생각을 증명하기 위해 부모에게서 동의를 구한 후 태어난 지 9개월 정도 된 아기인 을을 대상으로 공포 조성 실험을 하였다. 갑은 을에게 토끼, 강아지와 같은 털 달린 동물을 차례대로 보여 주면서 동시에 망치로 쇠막대를 두들겨 깜짝 놀라게 하는 과정을 반복하였다. 그 결과 을은 털 달린 다른 동물뿐만 아니라 비슷하게 생긴 물건만 보아도 공포를 느끼는 반응을 보였다.

① 연구 대상자의 인권을 침해하였다.
② 연구 결과를 비윤리적으로 활용하였다.
③ 연구 대상자의 익명성을 보장하지 않았다.
④ 수집한 자료를 연구 외의 목적으로 사용하였다.
⑤ 자료 분석 과정에서 특정 방향으로 결론을 유도하기 위한 조작이 이루어졌다.

주관식+서술형 문제

09 다음 대화를 보고 물음에 답하시오.

> • 갑: 저는 청소년들의 팬덤 문화와 소비 양식의 관계를 분석하기 위해 우리 학교 학생들에게 질문지를 배포하여 직접 답변을 기재하도록 할 생각입니다.
> • 을: 저는 청소년들의 팬덤 문화가 그들에게 어떤 의미를 갖는지 알아보기 위해 팬클럽에 가입하고 콘서트장과 팬미팅 현장에 가서 직접 느끼고 확인해 보려고 합니다.

(1) 갑과 을이 선택한 자료 수집 방법을 각각 쓰시오.

(2) 갑이 선택한 자료 수집 방법에 비해 을이 선택한 자료 수집 방법이 갖는 장점을 두 가지 이상 서술하시오.

내공 점검 Ⅱ. 개인과 사회 구조

점수 /100점

01 그림은 개인과 사회의 관계를 바라보는 관점을 나타낸 것이다. (가), (나)에 부합하는 진술을 〈보기〉에서 골라 옳게 연결한 것은?

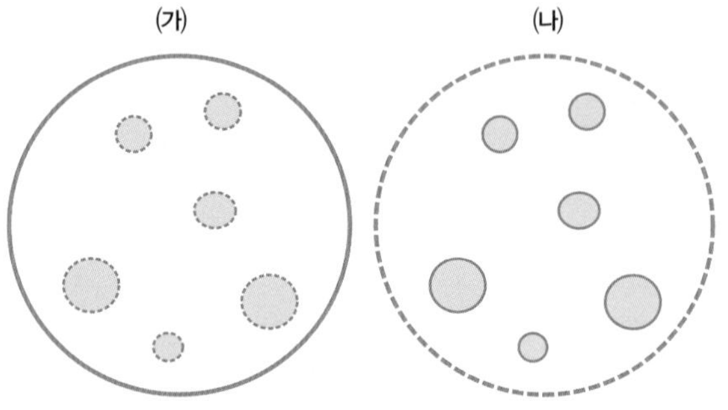

* 작은 도형은 개인, 이를 둘러싼 큰 도형은 사회를 의미한다.
** 실선은 주도적 역할을, 점선은 비주도적 역할을 의미한다.

보기
ㄱ. 사회는 개인들의 집합체를 가리키는 말에 불과하다.
ㄴ. 사회 규범의 구속성이 개인의 자율성보다 우선한다.
ㄷ. 사회 구성원 개개인을 이해함으로써 사회를 이해할 수 있다.
ㄹ. 사회 구성원들이 도덕적일지라도 사회는 비도덕적일 수 있다.

	(가)	(나)		(가)	(나)
①	ㄱ, ㄴ	ㄷ, ㄹ	②	ㄱ, ㄷ	ㄴ, ㄹ
③	ㄴ, ㄷ	ㄱ, ㄹ	④	ㄴ, ㄹ	ㄱ, ㄷ
⑤	ㄷ, ㄹ	ㄱ, ㄴ			

02 ㉠, ㉡에 해당하는 사회화 기관에 대한 설명으로 옳지 않은 것은?

(㉠)은/는 가장 기초적이고 중요한 사회화 기관으로서 언어와 예절 등 기본적인 생활 방식을 습득하고, 인성의 기본 틀을 형성하는 데 큰 영향을 미친다. 한편, (㉡)은/는 학생들의 발달 단계에 맞추어 사회 구성원으로 살아가는 데 필요한 지식, 기능, 태도 등을 체계적으로 가르친다.

① ㉠은 1차 집단, ㉡은 2차 집단이다.
② ㉠은 공동 사회, ㉡은 이익 사회이다.
③ ㉠은 비공식 조직, ㉡은 공식 조직이다.
④ ㉠은 1차적 사회화 기관, ㉡은 2차적 사회화 기관이다.
⑤ ㉠은 비공식적 사회화 기관, ㉡은 공식적 사회화 기관이다.

03 다음 사례에 대한 옳은 설명을 〈보기〉에서 고른 것은?

어렵게 배우라는 꿈을 실현한 갑은 국민 배우라는 수식어를 얻으며 대중의 인기를 얻고 있다. 그는 현재 ○○ 대학에서 교수로서 학생들을 지도하며 배우로서도 활발하게 활동하고 있다. 그런데 해외 촬영 일정이 잡히면서 교수직을 그만두어야 할지 고민 중이다.

보기
ㄱ. 갑은 소속 집단과 준거 집단이 일치한다.
ㄴ. 대중의 인기는 갑의 역할에 대한 보상이다.
ㄷ. ○○ 대학은 공식적 사회화 기관이면서 1차적 사회화 기관이다.
ㄹ. 갑은 후천적으로 획득한 서로 다른 지위 사이에서 역할 갈등을 경험하고 있다.

① ㄱ, ㄴ ② ㄱ, ㄹ ③ ㄴ, ㄷ
④ ㄴ, ㄹ ⑤ ㄷ, ㄹ

04 다음 글을 통해 도출할 수 있는 내용으로 가장 적절한 것은?

한국인들은 우리나라, 우리 민족, 우리 사회, 우리 학교 등 '우리'라는 말을 즐겨 쓴다. 한국인들이 '우리'라는 말을 자주 쓰는 배경에는 집단의식이 자리하고 있다. 이는 공동체성을 강화한다는 장점이 있지만, 차이와 다양성을 용인하지 못한다는 단점이 있다.

① 내집단은 개인의 자아 정체성 형성에 영향을 준다.
② 내집단과 외집단의 경계와 범위는 상황에 따라 달라질 수 있다.
③ 준거 집단은 현재 자신이 속한 집단일 수도 있고 그렇지 않을 수도 있다.
④ 소속 집단과 준거 집단이 일치하지 않으면 상대적 박탈감을 느낄 수 있다.
⑤ 내집단 의식은 외집단에 대한 배타적인 태도로 이어져 사회 통합을 저해할 수 있다.

05 ㉠, ㉡에 해당하는 사회 집단의 공통점만을 〈보기〉에서 있는 대로 고른 것은?

(㉠)은/는 사회 문제의 해결과 공익 증진을 목적으로 결성된 반면 (㉡)은/는 특정 집단의 이익을 증진하기 위해 결성되었다.

보기

ㄱ. 비공식 조직에 해당한다.
ㄴ. 사회의 다원화를 촉진하는 데 기여한다.
ㄷ. 공통의 관심사나 이해관계를 가진 사람들이 자발적으로 결성한 집단이다.
ㄹ. 구성원들은 뚜렷한 목표와 신념을 가지고 적극적으로 조직 활동에 참여한다.

① ㄱ, ㄴ ② ㄱ, ㄷ ③ ㄴ, ㄷ
④ ㄱ, ㄴ, ㄹ ⑤ ㄴ, ㄷ, ㄹ

06 기업의 조직 형태가 그림과 같이 개편되었을 때 나타날 수 있는 변화를 〈보기〉에서 고른 것은?

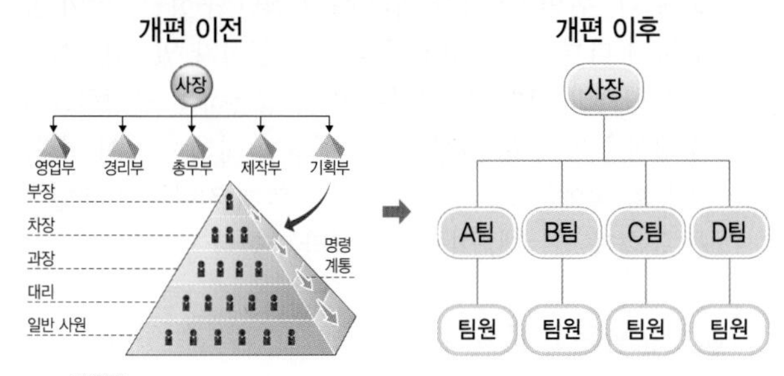

보기

ㄱ. 의사 결정 권한이 소수에 의해 독점될 것이다.
ㄴ. 외부 환경 변화에 유연하게 대처할 수 있을 것이다.
ㄷ. 정해진 규칙과 절차에 따른 업무 처리를 강조할 것이다.
ㄹ. 조직의 안정성이 약화하여 개인의 심리적 부담이 증가할 것이다.

① ㄱ, ㄴ ② ㄱ, ㄷ ③ ㄴ, ㄷ
④ ㄴ, ㄹ ⑤ ㄷ, ㄹ

07 일탈 이론 (가), (나)에 대한 설명으로 옳지 않은 것은?

(가) 일탈 행동은 정해져 있는 어떤 행동이 아니라 다른 사람들이 특정한 행위를 일탈 행동이라고 규정하기 때문에 생기는 것이다.
(나) 일탈 행동은 일탈자와 접촉하면서 그들의 문화와 행동을 학습하여 사회화한 결과이다. 즉, 사회적으로 인정되지 않는 일탈 행동도 다른 행동과 마찬가지로 타인과의 상호 작용으로 학습한 결과이다.

① (가)는 주변인의 부정적 반응이 일탈 행동을 유발한다고 본다.
② (나)는 일탈 행동에 대한 판단 기준이 상대적이라고 본다.
③ (나)는 일탈 집단과의 교류를 일탈 행동의 원인이라고 본다.
④ (가), (나)는 모두 일탈 행동이 발생하는 상호 작용 과정을 중시한다.
⑤ (가)는 신중한 낙인, (나)는 일탈 집단과의 교류 차단을 일탈 행동의 해결 방안으로 제시한다.

주관식+서술형 문제

08 다음 글을 읽고 물음에 답하시오.

○○ 대학교의 학부 사무실에서 근로 장학생으로 일하던 한 학생이 시험 1시간 전 조교로부터 시험지를 넘겨받아 교수에게 전달하는 과정에서 시험지를 촬영하여 부정 행위를 한 사실이 적발되었다. 이 학생은 좋은 성적을 받기 위해 부정 행위를 했다고 밝혔다.

(1) 위 사례에 가장 부합하는 일탈 이론을 쓰시오.

(2) (1)의 관점에서 일탈의 해결 방안을 서술하시오.

내공 점검 Ⅲ. 문화와 일상생활

점수 ／100점

01 (가)~(마)에 대한 학생들의 발표 내용으로 옳지 않은 것은?

• 과제: '문화의 속성'을 설명하는 데 적합한 주제를 조사하시오.

문화의 속성	조사 주제
(가)	서로 다른 사회에서 자란 쌍둥이의 생활 모습
(나)	우리나라 청소년 특유의 언어에 대한 성인과 청소년 간 이해 양상의 차이
(다)	우리나라 각 지역의 김치 문화에 영향을 준 지역별 기후와 특산물
축적성	(라)
변동성	(마)

① 갑: (가)를 통해 유전적 요인에 따른 행동은 문화가 아님을 알 수 있어요.
② 을: (나)를 통해 같은 사회 구성원의 행동을 이해하고 예측할 수 있어요.
③ 병: (다)를 통해 문화 요소들의 상호 연관성을 이해할 수 있어요.
④ 정: (라)에 들어갈 내용으로 '우리나라의 민간 신앙이 복잡해지고 풍부해진 과정'이 적절해요.
⑤ 무: (마)에 들어갈 내용으로 '인터넷의 발달이 전자 투표와 전자 상거래 등장에 미친 영향'이 적절해요.

02 다음은 젓가락 문화 연구에 대한 갑과 을의 대화이다. 이에 대한 옳은 분석을 〈보기〉에서 고른 것은?

• 갑: 우리나라, 중국, 일본의 젓가락 문화의 공통점과 차이점에 대해 연구할 것입니다. 이를 통해 각 나라의 젓가락 문화에 담긴 사회적 의미를 분석하고자 합니다.
• 을: 우리나라의 젓가락 문화가 우리나라 사람들이 주로 먹는 음식이나 음식을 먹는 방식 등과 어떤 연관성을 가지는지를 살펴보려고 합니다.

보기
ㄱ. 갑은 문화 요소 간의 유기적 관계에 초점을 둔다.
ㄴ. 갑의 관점은 자기 문화에 대한 객관적 이해를 가능하게 한다.
ㄷ. 을은 문화 요소 간의 관계를 전체적으로 파악하고자 한다.
ㄹ. 을은 서로 다른 문화 간의 보편성과 특수성을 찾는 것에 초점을 둔다.

① ㄱ, ㄴ ② ㄱ, ㄷ ③ ㄴ, ㄷ
④ ㄴ, ㄹ ⑤ ㄷ, ㄹ

03 문화를 바라보는 태도 (가)~(다)에 대한 설명으로 옳지 않은 것은?

(가) 문화를 그 사회의 역사적·문화적 배경과 사회적 맥락을 고려하여 이해하는 태도
(나) 자기 문화만을 우수한 것으로 여기고 그것을 기준으로 다른 사회의 문화를 낮게 평가하는 태도
(다) 다른 사회의 문화를 우수한 것으로 여기고 추종하면서 자기 문화를 열등하고 낮게 평가하는 태도

① (가)는 모든 문화가 나름의 고유한 의미와 가치를 지닌다고 본다.
② (나)는 국제적 고립을 초래할 가능성이 높다.
③ (다)로 인해 문화적 주체성을 상실할 우려가 있다.
④ (나)는 (다)에 비해 선진 문물을 수용하는 데 유리하다.
⑤ (가)는 (나), (다)와 달리 서로 다른 문화 간에 우열을 평가할 수 없다고 본다.

04 밑줄 친 A~C 문화의 일반적인 특징에 대한 설명으로 옳은 것은? (단, A~C 문화는 각각 주류 문화, 하위문화, 반문화 중 하나이다.)

한 사회의 구성원 대부분이 공유하는 문화를 A 문화라고 한다. 반면 한 사회 내의 특정 집단 구성원들만이 공유하여 다른 구성원들과 구분되는 문화가 있는데, 이를 B 문화라고 한다. B 문화는 이를 공유하는 구성원들의 정체성을 알려 주는 문화로서 중요한 삶의 양식이 된다. B 문화 중에는 그 사회의 지배 문화에 저항하고 대립하는 문화가 있는데, 이를 C 문화라고 한다.

① A 문화는 B 문화의 총합으로 설명할 수 있다.
② 사회가 다원화될수록 B 문화는 A 문화로 수렴되는 경향을 보인다.
③ C 문화는 A 문화의 문제를 인식하는 계기를 제공하기도 한다.
④ C 문화는 B 문화와 달리 집단 간 갈등을 초래하여 사회 통합을 저해할 수 있다.
⑤ B 문화는 C 문화와 달리 사회가 변화함에 따라 A 문화가 되기도 한다.

05 대중문화를 바라보는 (가), (나)의 입장에 대한 옳은 분석을 〈보기〉에서 고른 것은?

(가) 대중 매체를 통해 동일한 정보나 지식이 제공됨에 따라 전 세계 모든 사람들은 동일한 문화를 동시에 접하고 그것에 동화된다.
(나) 오늘날 대중 매체를 보유한 기업이 대중문화를 생산하고, 대중은 그것을 소비하는 역할에 한정된다. 기업은 이윤 추구라는 목적에 따라 소비자인 대중의 주목을 받기 위해 저질 문화를 양산한다.

보기
ㄱ. (가)는 대중문화로 인한 사고나 행동의 획일화를 우려한다.
ㄴ. (나)는 대중문화의 상업성을 경계한다.
ㄷ. (나)는 대중문화가 대중의 비판 의식을 강화한다고 본다.
ㄹ. (가)는 (나)와 달리 대중문화의 역기능을 우려한다.

① ㄱ, ㄴ ② ㄱ, ㄷ ③ ㄴ, ㄷ
④ ㄴ, ㄹ ⑤ ㄷ, ㄹ

06 표는 문화 변동의 요인을 구분한 것이다. (가)~(다)에 대한 옳은 설명을 〈보기〉에서 고른 것은? (단, (가)~(다)는 각각 발명, 직접 전파, 자극 전파 중 하나이다.)

구분	(가)	(나)	(다)
문화 변동의 내재적 요인인가?	예	아니요	아니요
다른 문화로부터 아이디어를 얻어 새로운 문화 요소를 만들었는가?	아니요	아니요	예

보기
ㄱ. '불교 사상의 등장'은 (가)에 해당하는 사례이다.
ㄴ. (나)를 통한 문화 변동은 지배 사회의 강제력에 의해서만 나타난다.
ㄷ. '우리나라에서 한자의 음과 훈을 빌려 표기하는 이두를 만든 것'은 (다)에 해당하는 사례이다.
ㄹ. (다)는 (가), (나)와 달리 사회의 문화적 다양성에 기여한다.

① ㄱ, ㄴ ② ㄱ, ㄷ ③ ㄴ, ㄷ
④ ㄴ, ㄹ ⑤ ㄷ, ㄹ

07 다음 글에 나타난 문화 현상에 대한 설명으로 옳은 것은?

21세기 정보 통신 업계의 주도권을 잡기 위한 기업 간의 스마트폰 특허 소송이 관심을 받고 있다. 전문가들은 현행 특허 제도의 문제점을 이 소송의 근본적인 원인으로 꼽고 있다. 새로운 기술이 적용되는 스마트폰의 발전 속도에 비해 새로운 기술 변화의 특성을 반영하지 못하는 현행 특허 제도로 인해 혼란이 가중되고 있다는 것이다.

① 자문화의 정체성 약화를 초래할 수 있다.
② 자기 문화를 보존하고 발전시키려는 의지를 약화할 수 있다.
③ 급속한 문화 변동으로 인해 전통적 가치관이 붕괴되어 발생한다.
④ 비물질문화의 변동 속도가 물질문화의 변동 속도를 따라가지 못하여 나타난다.
⑤ 기존 문화를 유지하려는 집단과 새로운 문화를 받아들이려는 집단 간에 갈등이 발생할 수 있다.

주관식+서술형 문제

08 다음 글을 읽고 물음에 답하시오.

(가) 아메리카 대륙의 원주민들은 서구 열강의 식민 지배 과정에서 서양의 문화와 접촉하면서 토속 신앙을 잃어버리고 서양의 종교인 기독교를 믿게 되었다.
(나) 인도의 간다라 지방에서는 알렉산드로스 대왕의 동방 원정의 영향을 받아 인도의 불교문화와 서양의 문화가 만나 간다라 미술이라는 독특한 미술이 나타났다.

(1) (가), (나)에 나타난 문화 변동의 양상을 각각 쓰시오.

(2) (가), (나)에 나타난 문화 변동 양상의 차이점을 서술하시오.

내공 점검 Ⅳ. 사회 계층과 불평등

점수 /100점

01 사회 불평등 현상을 바라보는 (가), (나) 관점에 대한 옳은 설명을 〈보기〉에서 고른 것은?

(가) 사회 불평등 현상은 사회적 희소 자원이 개인의 능력이나 노력, 직업의 사회적 기여도에 따라 합리적으로 분배된 결과이다.
(나) 사회 불평등 현상은 사회적 희소 자원이 개인의 능력이나 노력보다는 권력이나 사회·경제적 배경 등의 요인에 의해 차등 분배된 결과이다.

보기
ㄱ. (가)는 사회 불평등 현상이 사회의 유지와 발전에 기여한다고 본다.
ㄴ. (나)는 사회 불평등 현상을 불가피한 것으로 본다.
ㄷ. (가)는 (나)와 달리 사회 불평등 현상을 지배 집단의 가치가 반영된 산물이라고 본다.
ㄹ. (나)는 (가)와 달리 차등 보상의 긍정적 기능을 간과할 우려가 있다.

① ㄱ, ㄴ ② ㄱ, ㄹ ③ ㄴ, ㄷ
④ ㄴ, ㄹ ⑤ ㄷ, ㄹ

02 (가)~(다)에 나타난 사회 이동에 대한 설명으로 옳지 않은 것은?

(가) 회사 내에서 홍보부 소속이었던 갑은 직위 변화 없이 총무부로 발령받았다.
(나) 조선 시대에 백정의 아들로 태어난 을은 갑오개혁 이후 신분제가 철폐되면서 백정의 신분에서 해방되었다.
(다) 가난한 농민의 아들로 태어난 병은 고등학교 졸업 후 대기업에 입사하였고, 능력을 인정받아 일반 사원에서 회장의 자리까지 올랐다.

① (가)에는 수평 이동이 나타나 있다.
② (나)에는 세대 간 이동이 나타나 있다.
③ (다)에는 하강 이동이 나타나 있다.
④ (다)에는 세대 내 이동과 세대 간 이동이 모두 나타나 있다.
⑤ (가), (다)와 달리 (나)에는 구조적 이동이 나타나 있다.

03 표는 A국과 B국의 계층 구조 비율을 나타낸 것이다. 이에 대한 옳은 설명을 〈보기〉에서 고른 것은?

(단위: %)

구분	A국	B국
상층	20	10
중층	51	32
하층	29	58

보기
ㄱ. A국에서는 다이아몬드형 계층 구조가 나타난다.
ㄴ. B국의 계층 구조에서는 소수의 상층이 대부분의 사회적 자원을 독점할 가능성이 크다.
ㄷ. 사회 안정에 기여하는 중층의 역할은 A국에 비해 B국의 계층 구조에서 더 크게 나타난다.
ㄹ. A국은 세대 간 이동이 가능하지만, B국은 세대 간 이동이 제한된다.

① ㄱ, ㄴ ② ㄱ, ㄷ ③ ㄴ, ㄷ
④ ㄴ, ㄹ ⑤ ㄷ, ㄹ

04 다음 글을 통해 추론할 수 있는 내용으로 가장 적절한 것은?

갈색 눈동자를 가진 갑은 푸른색 눈동자를 가진 집단이 지배적인 사회에서 사회적 소수자가 될 수 있다. 반대로 푸른색 눈동자를 가진 을은 갈색 눈동자를 가진 집단이 지배적인 사회에 가면 사회적 소수자가 될 수 있다.

① 사회적 소수자는 태어나면서부터 결정된다.
② 사회적 소수자는 집단 구성원의 수에 의해서만 결정된다.
③ 사회적 소수자는 신체적으로는 구별되지만, 문화적으로는 구별되지 않는다.
④ 사회적 소수자는 시대, 소속 집단의 범주 등에 따라 상대적으로 규정되는 개념이다.
⑤ 한 사회에서 사회적 소수자로 규정된 사람은 다른 사회에서도 반드시 사회적 소수자로 규정된다.

05 ㉠, ㉡에 해당하는 빈곤의 유형에 대한 설명으로 옳은 것은?

> (㉠)은/는 인간으로서 최소한의 생활을 유지하는 데 필요한 자원이나 소득이 절대적으로 부족한 상태를 말한다. 반면, (㉡)은/는 한 사회에서 다른 사람들보다 자원이나 소득을 상대적으로 적게 가져 사회 구성원 대부분이 누리는 생활 수준을 영위하지 못하는 상태를 말한다.

① 우리나라에서는 ㉠을 파악하기 위해 중위 소득을 활용한다.
② 우리나라에서는 최저 생계비에 미달하는 가구를 ㉡ 상태에 있다고 본다.
③ 경제가 성장할수록 ㉡을 측정하는 기준은 높아진다.
④ ㉠과 ㉡은 모두 개인의 주관적인 판단에 따라 결정된다.
⑤ ㉠은 부의 불평등, ㉡은 생존에 필요한 자원의 결핍과 관련이 깊다.

06 표는 우리나라의 사회 보장 제도를 유형별로 구분한 것이다. (가)~(다)에 대한 옳은 설명을 <보기>에서 고른 것은? (단, (가)~(다)는 각각 사회 보험, 공공 부조, 사회 서비스 중 하나이다.)

(가)	국민연금, 국민 건강 보험, 고용 보험 등
(나)	국민 기초 생활 보장 제도, 기초 연금 제도 등
(다)	노인 돌봄, 장애인 활동 지원, 가사·간병 방문 지원 등

보기

ㄱ. (가)는 대상자 선정 과정에서 인권 침해 문제가 발생할 수 있다.
ㄴ. (나)는 수혜자의 근로 의욕을 저해한다는 비판을 받기도 한다.
ㄷ. (나)는 (가)에 비해 사전 예방적 성격이 강하다.
ㄹ. (다)는 (가), (나)와 달리 비금전적 지원을 원칙으로 한다.

① ㄱ, ㄴ ② ㄱ, ㄷ ③ ㄴ, ㄷ
④ ㄴ, ㄹ ⑤ ㄷ, ㄹ

07 밑줄 친 제도에 대한 설명으로 옳지 않은 것은?

> 우리나라에서는 일정 요건을 충족하는 저소득 근로자 가구에 가구원 구성과 총 급여액 등에 따라 산정된 근로 장려금을 지급하는 근로 장려 세제를 시행하고 있다. 이 제도는 근로 소득이 높아질수록 근로 장려금이 늘어나고, 근로 소득이 일정 수준을 넘으면 근로 장려금이 점차 줄어드는 방식으로 고안되었다.

① 생산적 복지를 추구한다.
② 복지 수혜자의 자립에 기여한다.
③ 복지와 노동을 연계하는 제도이다.
④ 일할 능력이 없는 계층은 복지 혜택을 받기 어렵다.
⑤ 기존의 복지 제도에 비해 경제적 효율성이 떨어진다.

주관식+서술형 문제

08 다음 글을 읽고 물음에 답하시오.

> (㉠) 현상이란 생물학적 성과 사회적 성에 근거하여 특정한 성에 대한 편견과 차별이 존재하는 상태를 말한다. 이러한 현상은 일상에서의 차별적 언행, 대중 매체의 왜곡된 인식 조장, 정치 참여 기회의 차별, 취업 및 회사 내 승진에서의 제한, 임금 격차 등 다양한 형태로 나타나고 있다.

(1) ㉠에 들어갈 내용을 쓰시오.

(2) (1)을 해결하기 위한 노력을 두 가지 이상 서술하시오.

정답과 해설 38쪽

내공 점검 V. 현대의 사회 변동

점수 ／100점

01 (가), (나)에 나타난 사회 변동의 요인을 옳게 연결한 것은?

> (가) 증기 기관이 발명되면서 산업 혁명이 일어났으며, 이는 산업 구조와 경제, 정치, 교육 등 많은 분야에서 인류의 생활을 바꾸어 놓았다.
> (나) 자유주의와 민주주의 의식이 확산되면서 사람들의 정치 참여가 확대되었으며, 이는 경제 활동의 자유로 이어져 사람들의 부 축적을 가능하게 하였다.

	(가)	(나)
①	인구 변화	자연환경의 변화
②	자연환경의 변화	과학과 기술의 발달
③	과학과 기술의 발달	자연환경의 변화
④	과학과 기술의 발달	가치관이나 이념의 변화
⑤	가치관이나 이념의 변화	인구 변화

02 사회 변동을 바라보는 갑, 을의 관점에 대한 설명으로 옳은 것은?

> • 갑: 사회 변동은 새롭고 보다 나은 문명의 사회로 진보한다는 것을 의미해.
> • 을: 사회 변동은 진보의 과정일 수도 있지만, 필연적으로 퇴보의 과정이 나타나기 마련이야.

① 갑의 관점은 사회 변동이 주기적으로 동일한 과정을 반복한다고 본다.
② 을의 관점은 서구 중심적 사고라는 비판을 받는다.
③ 을의 관점에 따르면 현대 사회가 전통 사회보다 반드시 우월한 것은 아니다.
④ 갑의 관점은 을의 관점과 달리 미래의 사회 변동에 대한 역동적 대응이 곤란하다는 비판을 받는다.
⑤ 을의 관점은 갑의 관점과 달리 모든 사회가 일정한 방향으로 발전한다고 본다.

03 다음 글에 나타난 사회 변동을 바라보는 관점에 대한 옳은 설명을 〈보기〉에서 고른 것은?

> 사회 구성 요소의 일부분에 기능상 문제가 발생하여 나타나는 탈균형 상태는 일시적인 현상이며, 사회는 사회 구성 요소의 문제점을 해결하고 다시 원래의 안정된 상태로 복원된다. 이러한 과정이 바로 사회 변동이다.

보기
ㄱ. 사회 변화보다는 사회 안정과 유지를 중시한다.
ㄴ. 혁명과 같은 급격한 사회 변동을 설명하기 어렵다.
ㄷ. 사회 변동을 필연적이며 보편적인 현상이라고 본다.
ㄹ. 사회 변동을 집단 간 갈등과 대립의 산물이라고 본다.

① ㄱ, ㄴ ② ㄱ, ㄷ ③ ㄴ, ㄷ
④ ㄴ, ㄹ ⑤ ㄷ, ㄹ

04 갑의 주장을 비판하는 을의 주장을 뒷받침할 수 있는 근거로 적절하지 않은 것은?

> • 갑: 우리는 세계화의 흐름에 적극적으로 동참해야 해. 세계화는 우리에게 큰 기회가 되고 있어.
> • 을: 글쎄, 나는 그렇게 생각하지 않아. 세계화 과정에서 우리의 삶이 더욱 불안해질 수 있어.

① 약소국의 정책 자율성이 침해된다.
② 소비자는 다양한 제품을 싸게 소비할 수 있다.
③ 전 세계의 문화가 강대국의 문화로 획일화된다.
④ 세계화에 따른 자유 무역의 확대로 국가 간 빈부 격차가 심화한다.
⑤ 국가 간 경쟁 심화로 경쟁력이 약한 개발 도상국의 산업이 도태된다.

05 다음 글에 나타난 사회 문제에 대한 대응 방안으로 가장 적절한 것은?

「2015 정보 격차 실태 조사」에 따르면 일반 국민 대비 취약 계층(장애인, 저소득층, 장·노년층, 농어민 등)의 스마트 정보화 수준은 59.7% 수준에 그치는 것으로 나타났다. 특히 장·노년층의 정보화 수준은 다른 계층에 비해 낮은 편으로 나타났다.

① 정보 윤리 교육을 강화한다.
② 사이버 범죄에 대응하는 법률을 마련한다.
③ 유해 정보를 차단할 수 있는 제도적 정치를 마련한다.
④ 정보 기기에 중독되지 않도록 절제하는 습관을 기른다.
⑤ 정보 취약 계층에게 정보 통신 기기를 지원하고 정보 활용 교육을 실시한다.

06 표는 우리나라의 연령별 인구 구성비 추계를 나타낸 것이다. 이에 대한 옳은 분석 및 추론을 〈보기〉에서 고른 것은?

(단위: %)

구분 \ 연도	2010년	2030년	2050년
0~14세 인구	16.1	12.6	9.9
15~64세 인구	72.9	63.1	52.7
65세 이상 인구	11.0	24.3	37.4

보기

ㄱ. 인구 증가의 요인이 된다.
ㄴ. 경제 성장이 둔화될 것이다.
ㄷ. 출산을 장려하기 위한 사회적 노력이 필요해질 것이다.
ㄹ. 사회 전체적으로 노인 부양에 대한 부담이 감소할 것이다.

① ㄱ, ㄴ ② ㄱ, ㄷ ③ ㄴ, ㄷ
④ ㄴ, ㄹ ⑤ ㄷ, ㄹ

07 밑줄 친 ㉠~㉢에 대한 설명으로 옳지 않은 것은?

인류가 산업화를 추구하는 과정에서 무분별하게 자원을 사용한 결과 ㉠ 석유, 석탄 등과 같은 에너지 자원이 고갈되고 있다. 그리고 ㉡ 지구 온난화, 사막화, 열대 우림 파괴 등으로 생태계가 파괴되고 기상 이변이 발생하기도 한다. 또한 ㉢ 벨기에 테러, 시리아 내전 등 세계 곳곳에서 발생하는 무력과 폭력 행위는 인명과 재산에 참혹한 피해를 입히고, 많은 사람에게 상처와 아픔을 남기게 된다.

① ㉠은 국가 간 갈등을 유발하기도 한다.
② ㉠을 해결하기 위해 신·재생 에너지를 개발해야 한다.
③ ㉡은 특정 지역에 국한되는 문제이다.
④ ㉢은 인류의 보편적 가치를 저해한다.
⑤ ㉠~㉢을 해결하기 위해 전 지구적 수준의 협력이 요구된다.

주관식+서술형 문제

08 다음 글을 읽고 물음에 답하시오.

교통·통신 기술의 발달과 더불어 세계 각국의 상호 의존성이 증가하면서 국가 간에 인적·물적 교류가 늘어나고 있다. 특히 취업, 결혼, 교육 등을 목적으로 하는 이주민이 늘어나면서, 서로 다른 문화적 배경을 가진 집단들이 함께 살아가는 (㉠)이/가 형성되고 있다.

(1) ㉠에 들어갈 내용을 쓰시오.

(2) (1)의 영향을 두 가지 이상 서술하시오.

memo

15개정 교육과정

핵심만 빠르게~ 단기간에
내신 공부의 힘을
키운다

정답과 해설

사회·문화

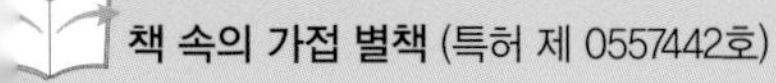
책 속의 가접 별책 (특허 제 0557442호)

'정답과 해설'은 본책에서 쉽게 분리할 수 있도록 제작되었으므로
유통 과정에서 분리될 수 있으나 파본이 아닌 정상제품입니다.

ABOVE IMAGINATION

우리는 남다른 상상과 혁신으로
교육 문화의 새로운 전형을 만들어
모든 이의 행복한 경험과 성장에 기여한다

내 공부의 힘

정답과 해설

사회·문화

01 사회·문화 현상의 이해

1단계 개념 짚어 보기

본문 9쪽

01 (1) 자연 (2) 당위 법칙 (3) 특수성 02 (1) – ㉠, ㉢ (2) – ㉡, ㉣ 03 (1) 간학문적 (2) 거시적, 미시적 04 (1) × (2) × (3) ○ 05 (1) ㄴ (2) ㄱ (3) ㄷ

2단계 내신 다지기

본문 10~12쪽

01 ⑤	02 ②	03 ④	04 ③	05 ①
06 ⑤	07 ②	08 갈등론	09 ③	10 ②
11 ⑤	12 ②	13 ⑤		

01 (가)는 자연 현상, (나)는 사회·문화 현상에 해당한다. ㄷ. 사회·문화 현상은 자연 현상과 달리 인간의 의지와 가치가 개입되어 나타나기에 가치 함축적이다. ㄹ. 사회·문화 현상은 자연 현상과 달리 같은 조건에서 다른 결과가 나타날 수 있다.

바로 알기 ㄱ. 사회·문화 현상은 인과 관계가 명확한 자연 현상과 달리 일정한 조건 아래에서 어떤 결과가 발생할 가능성이 확률적으로 높을 뿐이다. ㄴ. 사회·문화 현상은 존재 법칙을 따르는 자연 현상과 달리 당위 법칙의 지배를 받는다.

02 (가)는 자연 현상, (나)는 사회·문화 현상에 해당한다. ② 사회·문화 현상은 '마땅히 그러해야 한다.'라는 당위 법칙을 따른다.

바로 알기 ①, ③ 사회·문화 현상에 대한 설명이다. ④ 자연 현상과 사회·문화 현상 모두 인과 관계가 나타난다. ⑤ 사회·문화 현상은 자연 현상에 비해 예측이 어렵다.

극비 노트 자연 현상과 사회·문화 현상의 특성

자연 현상	사회·문화 현상
• 몰가치적 • 존재 법칙 • 필연성과 인과 법칙 • 보편성	• 가치 함축적 • 당위 법칙 • 개연성과 확률의 원리 • 보편성과 특수성의 공존

03 ㉠, ㉣은 자연 현상, ㉡, ㉢은 사회·문화 현상에 해당한다. ④ 사회·문화 현상은 가치 함축적인 반면, 자연 현상은 몰가치적이다.

바로 알기 ①, ⑤는 사회·문화 현상, ②, ③은 자연 현상의 특성이다.

04 제시된 글을 통해 죽음을 애도하는 습관과 같은 사회·문화 현상은 대부분의 사회에서 나타난다는 점에서 보편성을 띠지만, 세부 양상은 사회적 상황에 따라 차이가 있다는 점에서 특수성도 함께 지닌다는 점을 알 수 있다.

바로 알기 ①, ②, ④ 자연 현상의 특성이다. ⑤ 제시된 글을 통해 사회·문화 현상이 공간에 따라 특수한 모습으로 나타나고 있음을 알 수 있다.

05 제시된 사례를 통해 사회·문화 현상은 일정한 조건 아래에서 어떤 결과가 발생할 가능성이 확률적으로 높을 뿐이고, 그 인과 관계가 필연적인 것은 아니라는 점을 알 수 있다. 이처럼 사회·문화 현상은 개연성과 확률의 원리가 작용하는데, 이는 사회·문화 현상이 인간의 의지와 판단에 따라 나타나기 때문이다.

06 제시된 사례는 성 불평등 현상을 다양한 학문적 관점에서 분석하는 간학문적 탐구 경향을 나타낸다. 복잡한 사회·문화 현상을 개별 학문의 관점과 연구 방법만으로는 올바르게 이해하는 데 한계가 있기 때문에 간학문적 탐구 경향이 등장하였다.

07 제시된 글에서는 기능론적 관점에서 사회·문화 현상을 바라보고 있다. ㄱ. 기능론에서는 사회를 이루는 구성 요소들이 서로 조화와 균형을 이룬다고 본다. ㄹ. 기능론에서는 사회의 각 부분은 사회 전체가 합의한 규범에 따라 사회의 안정과 질서 유지에 필요한 기능을 수행한다고 본다.

바로 알기 ㄴ. 갈등론적 관점에 대한 설명이다. ㄷ. 상징적 상호 작용론적 관점에 대한 설명이다.

08 제시된 글에서는 사회가 서로 대립하는 집단들로 구성되어 있으며, 갈등이 필연적으로 발생한다고 본다. 따라서 갈등론적 관점임을 알 수 있다.

09 ③ 갈등론은 지나치게 갈등을 강조함으로써 현실 속에 존재하는 협동과 조화의 현상을 경시한다는 비판을 받기도 한다.

바로 알기 ①, ②, ⑤ 기능론적 관점의 한계이다. ④ 상징적 상호 작용론적 관점의 한계이다.

10 갑은 기능론적 관점, 을은 갈등론적 관점에서 법을 바라보고 있다. ㄱ. 기능론에서는 사회의 구성 요소들이 사회 전체의 존속과 통합을 위해 맡은 기능을 수행하며 상호 유기적 관계를 맺고 있다고 본다. ㄷ. 갈등론에서는 사회 각 부분의 기능과 역할은 지배 집단이 정당한 것으로 규정하거나 강제와 억압을 통해 기정사실로 된 것이며, 불평등을 재생산하는 도구에 불과하다고 본다.

바로 알기 ㄴ. 갈등론에서는 갈등을 사회의 본질적인 속성이라고 본다. ㄹ. 기능론과 갈등론 모두 사회·문화 현상을 사회 구조적 측면에서 바라보는 거시적 관점에 해당한다.

11 제시된 글에서는 현대 사회에서 나타나는 노인 문제의 원인을 사회가 노인에 대해 부정적인 의미를 부여하고 이를 사람들이 수용하였기 때문이라고 보고 있으므로, 상징적 상호 작용론적 관점에 해당한다. ⑤ 상징적 상호 작용론에 따르면 사회는 개인 간의 일상적인 상호 작용 과정에서 주관적인 의미 규정과 해석을 주고받으며 형성되고 변화한다.

바로 알기 ①, ③ 기능론에 부합하는 진술이다. ②, ④ 갈등론에 부합하는 진술이다.

12 제시된 글은 상징적 상호 작용론에 대해 설명하고 있다. ② 축제에 참여한 사람들이 축제에 대해 각자 다른 의미를 부여한다고 보는 것은 상징적 상호 작용론적 관점에 해당한다.

바로 알기 ①, ③, ⑤ 기능론적 관점에 해당하는 진술이다. ④ 갈등론적 관점에 해당하는 진술이다.

13 ㈎는 상징적 상호 작용론, ㈏는 기능론, ㈐는 갈등론에 해당한다. ① 상징적 상호 작용론에서는 인간이 자율성을 지닌 능동적인 주체로서 사회·문화 현상에 의미를 부여한다는 점을 강조한다. ② 기능론에서는 사회가 구성 요소 간의 상호 의존적 관계 형성을 통해 질서와 안정을 이룬다고 본다. ③ 갈등론에서는 갈등을 사회의 본질적인 속성으로 본다. ④ 거시적 관점은 사회 전체의 특성을 바탕으로 사회·문화 현상을 이해하려는 관점으로, 대표적으로 기능론과 갈등론이 있다. 미시적 관점은 개인 간의 상호 작용과 인간의 행위에 담긴 의미를 통해 사회·문화 현상을 이해하려는 관점으로, 대표적으로 상징적 상호 작용론이 있다.
바로 알기 ⑤ 사회 통합과 안정을 중시하는 것은 기능론적 관점에 해당한다.

극비 노트 사회·문화 현상을 보는 다양한 관점

기능론	• 사회를 하나의 통합된 유기적 체제로 봄 • 사회의 구성 요소는 사회 전체의 존속과 통합을 위해 맡은 기능을 수행하며 상호 연관되어 있음
갈등론	• 사회는 사회적 희소가치를 둘러싼 사회 구성원 간의 갈등과 대립의 장임 • 갈등은 사회의 본질적인 속성으로 사회 발전과 사회 변화의 원동력이 됨
상징적 상호 작용론	• 사회는 사람들이 다양한 상징을 활용하여 의미를 주고받는 상호 작용이 얽혀서 나타나는 곳임 • 인간 행동의 동기에 대한 의미와 해석을 중시함

3단계 등급 올리기

본문 13쪽

01 ② 02 ③ 03 ③ 04 (1) ㉠ 자연 현상 ㉡ 사회·문화 현상 (2) 해설 참조

01 ㉠은 사회·문화 현상, ㉡은 자연 현상에 해당한다. 표의 질문 A에는 사회·문화 현상에 '예', 자연 현상에 '아니요'라는 답변을 할 수 있는 질문이 들어가야 한다. 표의 질문 B에는 자연 현상에 '예'라는 답변을, 사회·문화 현상에 '아니요'라는 답변을 할 수 있는 질문이 들어가야 한다. ② 보편성과 특수성이 공존하는 것은 사회·문화 현상이다.
바로 알기 ①, ③ 자연 현상에 '예'라는 답변을 할 수 있는 질문이다. ④, ⑤ 사회·문화 현상에 '예'라는 답변을 할 수 있는 질문이다.

02 ㈎는 기능론적 관점, ㈏는 갈등론적 관점에서 학교 교육을 바라보고 있다. ③ 기능론은 지배 집단의 이익을 옹호하고 사회 변동을 거부하는 보수적인 관점이라는 비판을 받는다.
바로 알기 ①은 갈등론, ②는 기능론, ④는 상징적 상호 작용론에 대한 설명이다. ⑤ 기능론과 갈등론 모두 사회 구조의 영향력을 중시하는 거시적 관점에 해당한다.

03 제시된 글에서는 주먹을 쥔 행위 속에 담긴 의미에 초점을 두어 사회·문화 현상을 바라보고 있으므로, 상징적 상호 작용론적 관점에 해당한다. ③ 상징적 상호 작용론에 따르면 인간은 각자의 상황 정의를 바탕으로 행위를 선택하고, 의미 전달의 수단으로서 상징을 활용하여 타인과 상호 작용을 한다.
바로 알기 ① 갈등론에 부합하는 진술이다. ②, ④ 기능론에 부합하는 진술이다. ⑤ 사회 구조나 제도에 주목하여 사회·문화 현상을 이해하는 관점은 거시적 관점에 해당한다. 상징적 상호 작용론은 개인 행위의 의미나 동기를 강조하는 미시적 관점에 해당한다.

서술형 문제

04 (2) 예시 답안 사회·문화 현상은 자연 현상과 달리 인간의 의지와 가치가 개입되어 나타나므로 가치 함축적이다. 그리고 그 현상의 발생 원인과 결과가 확률적으로 관련을 맺고 있어 예외적인 현상이 나타날 수 있다는 점에서 개연성과 확률의 원리가 적용된다.

채점 기준	배점
사회·문화 현상의 특성을 두 가지 이상 정확하게 서술한 경우	상
사회·문화 현상의 특성을 한 가지만 서술한 경우	하

02 사회·문화 현상의 탐구 방법

1단계 개념 짚어 보기

본문 16쪽

01 (1) 개념의 조작적 정의 (2) 질적 02 (1) 양 (2) 질 (3) 양 (4) 질
03 (1) ○ (2) ○ (3) × (4) × 04 ㉠ 실험 집단 ㉡ 통제 집단
05 (1) 면접법 (2) 2차 자료 (3) 참여 관찰법 (4) 질문지법

2단계 내신 다지기

본문 16~19쪽

01 ③	02 ②	03 ③	04 ④	05 ④
06 ⑤	07 질문지법	08 ②	09 ②	10 ③
11 ③	12 ④	13 ③	14 ②	15 ⑤

01 제시된 연구에서는 부모와 자녀의 친밀도가 학업 성적에 미치는 영향을 계량화된 자료를 분석하여 증명하고자 하므로, 양적 연구 방법이 사용되었음을 알 수 있다. ③ 양적 연구 방법은 자료를 통계적으로 분석하기 때문에 일반화나 인과 법칙 발견이 용이하다.

바로 알기 ①, ②, ④, ⑤ 질적 연구 방법에 대한 설명이다.

02 제시된 글에서는 자연 과학의 연구 방법을 사회·문화 현상의 연구에도 적용할 수 있다고 보는 방법론적 일원론에 기초한 양적 연구 방법을 활용해야 함을 주장하고 있다. ㄱ, ㄹ. 자료를 계량화하여 통계적 분석을 통해 탐구할 수 있으므로, 양적 연구 방법에 적합한 주제이다.

바로 알기 ㄴ, ㄷ. 결혼 이민자가 겪는 문화 차이와 갈등 양상, 가출 청소년의 가출 동기 및 심리 상태는 수량화·객관화하기 어려우므로, 질적 연구 방법에 적합한 주제이다.

03 제시된 연구에서는 연구 대상자의 주관적인 세계를 심층적으로 이해하고자 하는 질적 연구 방법이 사용되었다. ③ 질적 연구 방법은 개인이 처한 상황이나 사회적 맥락 등을 고려하고 연구 대상의 관점에서 현상을 이해하기 위해 감정 이입적 이해를 추구한다.

바로 알기 ①, ②, ④, ⑤ 양적 연구 방법에 대한 설명이다.

04 A는 질적 연구 방법, B는 양적 연구 방법에 해당한다. ① 질적 연구 방법은 수치화하기 어려운 인간의 행위 속에 담긴 주관적 동기나 의미를 해석하고자 한다. ② 양적 연구 방법은 변수 간의 관계를 파악하여 일반화된 법칙을 끌어내고자 한다. ③ 양적 연구 방법은 사회·과학 현상이 일정한 원리나 규칙성에 따라 발생한다는 점에서 자연 현상과 본질적인 특성이 같다고 보는 방법론적 일원론에 기초한다. ⑤ 양적 연구 방법은 계량화된 자료를 수집하고 통계 분석을 통해 결론을 도출하기 때문에 질적 연구 방법에 비해 연구자의 가치나 주관이 개입될 가능성이 낮다.

바로 알기 ④ 질적 연구 방법은 연구 결과를 일반화하기 어렵다는 한계가 있어 현상에 대한 예측이 용이하지 않다.

극비 노트 양적 연구 방법과 질적 연구 방법

양적 연구 방법	질적 연구 방법
• 경험적 자료를 계량화하여 사회·문화 현상을 분석하는 방법 • 방법론적 일원론에 기초함 • 인과 관계 파악 및 일반화된 법칙의 발견을 목적으로 함	• 직관적 통찰에 의해 사회·문화 현상의 의미를 해석하는 방법 • 방법론적 이원론에 기초함 • 행위의 동기나 의미의 해석을 목적으로 함

05 갑이 설문 조사를 통해 연예인 팬덤 정도와 청소년기의 자아 정체성 인식, 사회성 등의 상관관계를 파악하고자 하는 것은 양적 연구 방법에 해당한다. 을이 연구 대상에 대한 면담과 관찰을 통해 연예인 팬덤 현상을 심층적으로 이해하고자 한 것은 질적 연구 방법에 해당한다. ㄴ. 양적 연구 방법은 추상적인 개념을 측정 가능한 구체적인 지표로 바꾸는 개념의 조작적 정의를 거치므로, 연구 대상자의 동기나 의도를 객관화할 수 있다고 본다. ㄹ. 양적 연구 방법은 방법론적 일원론에, 질적 연구 방법은 방법론적 이원론에 기초한다.

바로 알기 ㄱ. 질적 연구 방법에 대한 설명이다. ㄷ. 양적 연구 방법에 대한 설명이다.

06 제시된 연구에서는 다수를 대상으로 설문 문항을 통해 자료를 수집하고 있으므로, 질문지법이 사용되었다. ⑤ 질문지법은 비교적 짧은 시간에 적은 비용으로 대량의 자료를 수집할 수 있다는 장점이 있다.

바로 알기 ① 질문지법은 문자를 통해 질문을 제시하므로, 문맹자에게 활용하기 어렵다. ② 질문지법은 구조화된 자료 수집 방법으로, 연구자의 가치 개입을 줄일 수 있다. ③ 질문지법은 통계 분석을 위한 양적 자료를 수집하는 데 용이하므로, 양적 연구 방법에서 주로 활용된다. ④ 질문지법은 연구 대상자가 질문지의 항목에 국한하여 응답하므로 심층적인 정보를 얻기 어렵다.

07 갑은 조사하고자 하는 내용을 질문지로 구성한 후 연구 대상자에게 직접 답변을 기재하도록 하는 자료 수집 방법인 질문지법을 선택하였다.

08 을은 연구 대상자와의 대화를 통해 자료를 수집하는 면접법을 선택하였다. ② 면접법은 연구자의 주관적 가치가 개입될 가능성이 크다.

바로 알기 ①, ④ 면접법은 소수의 사람을 상대로 주관적인 세계에 대한 깊이 있는 자료를 수집하는 데 적합하다. 반면 다수의 사람을 상대로 활용하기에는 시간과 비용과 많이 든다는 한계가 있다. ③, ⑤ 면접법은 연구자가 연구 대상자와 직접 대면하여 대화를 통해 자료를 수집하므로 글을 모르는 사람에게도 사용할 수 있으며, 무성의하거나 악의적인 응답을 줄일 수 있다.

09 연구자 갑은 양성평등 교육을 한 집단과 그렇지 않은 집단을 구분하여 처치에 따른 효과를 비교하고 있으므로, 실험법을 사용하였음을 알 수 있다. 그리고 질문지를 구성하여 자료를 수집하였으므로, 질문지법을 사용하였음을 알 수 있다.

10 ㄴ. 표본에 대해 성별이나 건강 상태 등에서 차이가 나지 않도록 조정하는 이유는 독립 변수 이외에 다른 변수가 종속 변수에 영향을 미치는 것을 통제하기 위해서이다. ㄷ. 보건 교육을 실시한 A 집단은 실험 집단, 실시하지 않은 B 집단은 통제 집단에 해당한다.
바로 알기 ㄱ. 연구에서 조사하고자 하는 전체 대상이 되는 모집단은 노인들이며, 노인 200명은 표본에 해당한다. ㄹ. 연구 대상에게 인위적으로 가한 일정한 조작인 ㉣은 독립 변수, 독립 변수에 따라 변화하는 변수인 ㉥은 종속 변수에 해당한다.

11 제시된 연구에서는 연구자가 연구 대상과 함께 생활하고 현상을 직접 관찰하면서 자료를 수집하는 참여 관찰법이 사용되었다. ① 참여 관찰법은 관찰하고자 하는 현상이 나타날 때까지 기다려야 하므로 시간과 비용이 많이 든다. ② 참여 관찰법은 관찰 내용을 기록하는 과정에서 연구자의 주관이나 편견이 개입될 소지가 있다. ④ 참여 관찰법은 조사 대상자의 행동을 직접 관찰하여 기록하므로 자료의 실제성이 높다. ⑤ 참여 관찰법은 예측하지 못한 상황이 돌발적으로 일어날 수도 있다.
바로 알기 ③ 참여 관찰법은 언어가 다른 사회의 사람이나 유아처럼 언어적 의사소통이 어려운 대상에게서도 자료를 수집할 수 있다.

12 제시된 연구에서는 기존의 연구 결과물이나 통계 자료, 기록물 등을 활용하여 2차 자료를 수집하는 문헌 연구법이 사용되었다. ㄴ. 문헌 연구법은 기존 연구의 동향이나 성과를 파악할 수 있어 모든 연구의 기초가 되기도 한다. ㄹ. 문헌을 분석하거나 해석하는 과정에서 연구자의 주관이 개입될 수 있다.
바로 알기 ㄱ. 문헌 연구법은 과거에 수집 및 분석하여 기록으로 남아 있는 자료를 활용하여 정보를 수집하므로, 시간과 비용 측면에서 효율적이다. ㄷ. 실제성이 높은 현장 자료를 얻기 용이한 자료 수집 방법은 참여 관찰법이다.

13 (가)에서는 문헌 연구법, (나)에서는 참여 관찰법이 사용되었다. ㄴ. 정해진 시간 및 공간에서 자료를 수집해야 하는 참여 관찰법에 비해 기존 문헌에서 자료를 수집하는 문헌 연구법은 시간과 공간의 제약을 적게 받는다. ㄷ. 참여 관찰법은 기존의 자료를 활용하는 문헌 연구법과 달리 조사 대상자의 행위를 실제로 관찰하면서 자료를 수집하므로 수집한 자료의 실제성이 더 높다.
바로 알기 ㄱ. 문헌 연구법은 기존 연구물이나 통계 자료 등을 활용하여 2차 자료를 수집하는 방법이다. ㄹ. 문헌 연구법과 참여 관찰법 모두 자료를 해석하는 과정에서 연구자의 주관이 개입될 수 있다.

14 (가)에는 면접법, 참여 관찰법과 구분되는 질문지법의 특징을 묻는 질문이 들어가야 한다. ② 질문지법은 면접법, 참여 관찰법과 달리 다수를 대상으로 대량의 자료를 수집하는 데 효율적이다.

15 A는 면접법, B는 참여 관찰법, C는 질문지법이다. ⑤ 질문지법은 구조화된 자료 수집 방법으로, 면접법과 참여 관찰법에 비해 분석 기준이 명확하고 통계 처리가 용이하다.
바로 알기 ① 면접법은 소수를 대상으로 깊이 있는 자료를 수집하기 용이하다. ② 참여 관찰법은 연구자가 연구 대상자의 행동을 직접 관찰하여 자료를 수집하므로, 글을 모르는 사람에게도 사용할 수 있다. ③ 질문지법은 단편적인 사실이나 피상적인 의견을 조사하는 경우가 많아 심층적인 정보를 얻기 부적합하다. ④ 참여 관찰법은 예상치 못한 상황이 발생할 경우 유연한 대처나 통제가 어렵다.

극비 노트 다양한 자료 수집 방법

질문지법	조사 내용을 질문지로 구성한 후 연구 대상자에게 답변을 얻어 자료를 수집하는 방법
실험법	가상의 상황을 설정하여 인위적인 자극을 가한 다음 그에 따른 변화를 관찰하여 자료를 수집하는 방법
면접법	연구자가 연구 대상자와 대화하면서 질문을 통해 얻은 응답을 바탕으로 자료를 수집하는 방법
참여 관찰법	연구자가 연구 대상자와 함께 생활하면서 관찰을 통해 자료를 수집하는 방법
문헌 연구법	기존의 연구 결과물이나 통계 자료, 기록물 등을 활용하여 2차 자료를 수집하는 방법

3단계 등급 올리기

본문 20~21쪽

01 ④ 02 ② 03 ⑤ 04 ⑤ 05 ④
06 ⑤ 07 (1) 양적 연구 방법(실증적 연구 방법) (2) 해설 참조 08 해설 참조 09 해설 참조

01 (가)는 양적 연구 방법, (나)는 질적 연구 방법이다. ㄱ. 양적 연구 방법에서는 연구 대상자의 가치나 태도를 양적으로 수치화하는 개념의 조작적 정의 과정을 거쳐 현상을 객관적으로 파악하려고 한다. ㄷ. 질적 연구 방법에서는 인간 행위의 의미를 깊이 탐구할 수 있는 일기, 편지 등의 비공식적인 자료를 중요하게 여긴다. ㄹ. 양적 연구 방법은 사회·문화 현상도 자연 현상 연구와 동일한 방법으로 연구할 수 있다는 방법론적 일원론에 기초한다. 질적 연구 방법은 사회·문화 현상은 자연 현상과 본질적으로 다르므로 다른 방법으로 연구해야 한다는 방법론적 이원론에 기초한다.
바로 알기 ㄴ. 질적 연구 방법에서는 연구자의 직관적 통찰을 통해 인간 행위의 이면을 심층적으로 분석하고자 한다.

02 제시된 연구에서는 특정 지역의 문화와 그 지역 주민들의 폭력적 행동 양식 간의 관련성을 파악하기 위해 참여 관찰법을 사용하여 자료를 수집하였다. 이를 통해 폭력 범죄율이 높은 지역의 맥락적인 이유를 밝혀 그들만의 문화적 특징을 이해하는 질적 연구를 수행하였다. ① 연구 대상을 선정할 때 수량화된 2차 자료를 활용하였다. ③ 참여 관찰법을 통하여 계량화하기 어려운 인간 행위의 의미를 직관적 통찰을 통해 파악하는 질적 연구를 수행하였다. ④ 질적 연구 방법에서는 사회·문화 현상의 의미는 그것을 인식하는 주체, 즉 연구자의 해석에 의해 다르게 규정된다고 본다. ⑤ 참여 관찰법은 실제성이 높은 생생한 자료를 얻기 용이하다.
바로 알기 ② 폭력 범죄율이 높은 지역과 낮은 지역을 공식 통계를 통해 파악하고 있으므로 수량화된 양적 자료가 활용되었으며, 사회적 맥락에서 의미를 해석하는 질적 연구가 이루어졌다.

03 ①, ② 3번 문항의 경우, 질문에 연구자의 가치가 개입되어 있어 특정 대답을 유도하고 있음을 알 수 있다. ③ 2번 문항의 경우, 영어와 수학 공부의 두 가지 내용을 한 문항에서 동시에 묻고 있다. ④ 1번 문항의 경우, 1시간 이상~2시간 미만, 4시간 이상~5시간 미만에 해당하는 답지가 없다.

바로알기 ⑤ 제시된 문항 가운데 답지가 상호 배타적이지 않은 문항은 존재하지 않는다.

04 연구자 갑은 실험법을 통해 자료를 수집하였다. ㄴ. ㉢은 연구자가 연구 목적에 따라 직접 수집한 자료에 해당하므로, 1차 자료에 해당한다. ㄷ. 독립 변수는 연구 대상에게 인위적으로 가한 일정한 조작으로, 음악 감상이 독립 변수에 해당한다. ㄹ. 갑은 실험 상황을 만들어 연구 대상자의 행동을 관찰하였다.

바로알기 ㄱ. 실험 집단은 실험에서 독립 변수의 효과를 측정하기 위해 실험 처치를 하는 집단으로, 음악 감상을 하게 될 집단에 해당한다. 통제 집단은 실험 처치를 하지 않은 집단으로, 우울증을 앓고 있는 집단에 해당한다.

05 제시된 연구에서는 질문지법을 통해 우리나라 고등학생들의 학업 성취도와 유명 상품 선호도의 관련성을 파악하고자 한다. ① 학업 성취도라는 추상적인 개념을 중간고사 성적이라는 측정 가능한 지표로 바꾸었으므로, 개념의 조작적 정의가 이루어졌음을 알 수 있다. ② 자료 분석 결과 성적이 상위 25% 이내인 학생 중 유명 상품 선호도가 '상'인 학생은 3명(12%)으로, 비교적 유명 상품 선호도가 낮은 것으로 나타났다. 반면 성적이 하위 75% 이하인 학생 중 유명 상품 선호도가 '상'인 학생은 20명(80%)으로, 유명 상품 선호도가 비교적 높은 것으로 나타났다. 이에 따라 연구 가설은 타당성이 없어 기각될 것이다. ③ 우리나라 고등학교 학생의 성향을 대표하기에 'A 고등학교 학생 100명'은 대표성이 부족하므로 연구 결과를 일반화하기 어렵다. ⑤ 제시된 연구에서는 사회·문화 현상을 계량적으로 측정하여 객관적으로 파악할 수 있다는 전제를 바탕으로 하는 양적 연구가 이루어졌다.

바로알기 ④ 질문지법에서는 설문 문항을 구성하는 질문을 통해 연구 대상의 주관적인 인식을 파악할 수 있다.

06 A는 질문지법, B는 면접법, C는 참여 관찰법이다. ⑤ 면접법은 신뢰 관계를 기반으로 허용적인 분위기를 조성하는 것이 조사 목적 달성에 중요한 역할을 한다. 참여 관찰법 역시 연구자와 연구 대상자 간에 신뢰감이 형성되지 않을 경우 연구 대상이 연구자를 경계하여 실제성 있는 자료 수집이 어려울 수 있다.

바로알기 ① 질문지법은 연구 대상자가 무성의하게 응답할 가능성이 높은 반면, 면접법은 연구자가 연구 대상자와 직접 대화하므로 무성의한 응답을 줄일 수 있다. ② 질문지법은 구조화된 질문을 사용하므로 질문의 요점을 명확히 해야 하는 반면, 면접법은 비교적 자유롭게 질문할 수 있다. 따라서 자료 수집에 대한 통제 수준은 질문지법이 면접법에 비해 높다. ③ 참여 관찰법은 질문지법과 달리 구조화된 대량의 자료를 얻는 데 불리하다. ④ 참여 관찰법과 면접법 모두 연구 대상에 대한 연구자의 감정 이입이 중시되는 질적 연구 방법에서 주로 활용된다.

서술형 문제

07 (2) 예시답안 양적 연구 방법은 계량화된 자료를 이용하므로 정확하고 정밀한 연구가 가능하며, 연구자의 가치가 개입되는 것을 막는 데 용이하다. 또한 사회·문화 현상의 일반적인 법칙을 발견하고 현상을 예측하는 데 유용하다.

채점 기준	배점
양적 연구 방법의 장점을 두 가지 이상 정확하게 서술한 경우	상
양적 연구 방법의 장점을 한 가지만 서술한 경우	하

08 예시답안 면접법. 면접법은 연구에 적합한 대상을 찾는 과정이 상대적으로 쉽지 않고, 시간과 비용이 많이 드는 편이다. 또한 자료 수집 과정에서 연구자의 주관이 개입될 우려가 있다.

채점 기준	배점
면접법을 쓰고, 그 단점을 두 가지 이상 정확하게 서술한 경우	상
면접법을 쓰고, 그 단점을 한 가지만 서술한 경우	중
면접법이라고만 쓴 경우	하

09 예시답안 인간을 실험 대상으로 할 경우 윤리적 문제가 발생할 수 있다.

채점 기준	배점
인간을 실험 대상으로 하여 윤리적 문제가 발생할 수 있다는 점을 정확하게 서술한 경우	상
윤리적 문제 발생 이외의 일반적인 실험법의 문제점을 서술한 경우	하

03 사회·문화 현상의 탐구 절차와 태도

1단계 개념 짚어 보기

본문 23쪽

01 (1) 가설 (2) 질적 02 (1) 양적 (2) 직관적 통찰 03 (1) ㄴ (2) ㄱ (3) ㄷ (4) ㄹ 04 (1) - ㉠, ㉣ (2) - ㉡, ㉢ 05 (1) × (2) ○ (3) ×

2단계 내신 다지기

본문 24~26쪽

01 ③	02 ②	03 ⑤	04 ④	05 ④
06 ①	07 상대주의적 태도		08 ②	09 ③
10 ⑤	11 ②	12 ③	13 ②	

01 제시된 글에는 연구 문제를 인식하고 이에 대한 답을 얻기 위해 연구 주제를 선정하는 과정이 나타나 있다. 연구 문제 인식 단계에서는 어떠한 사회 현상에 대한 기존 이론을 바탕으로 새로운 이론을 개발하거나 사회 문제를 해결하기 위해 연구 주제를 선정한다.

02 제시된 연구에서 갑은 소득 수준과 삶의 만족도 간의 관계를 알아보기 위해 질문지법을 통해 자료를 수집하는 양적 연구를 수행하고 있다. (가)는 자료 수집 단계, (나)는 연구 설계 단계, (다)는 가설 설정 단계, (라)는 자료 분석 단계에 해당한다. ② (나)에서는 소득 수준과 삶의 만족도라는 추상적인 개념을 측정 가능한 개념인 연 소득과 주당 화를 내는 횟수로 조작적 정의하였다.

바로 알기 ① (가)에서 질문지법은 양적 연구에서 주로 사용되는 자료 수집 방법이다. ③ (다)에서는 연구 문제에 관한 잠정적 결론인 가설을 설정하였다. ④ (라)에 따르면 연 소득이 많을수록 주당 화를 내는 횟수가 적어진다. 따라서 가설은 수용되었을 것이다. ⑤ '(다) - (나) - (가) - (라)'의 순서로 연구가 진행되었다.

03 제시된 연구에서는 가설을 설정하지 않았으며, 수집한 자료를 바탕으로 행위자의 주관적 세계가 가지는 의미를 해석하여 결론을 도출하고 있으므로, 질적 연구의 탐구 절차임을 알 수 있다. ㄷ. 질적 연구에서는 연구자의 직관적 통찰과 감정 이입적 이해를 통해 자료 해석이 이루어진다. ㄹ. 고등학생의 아르바이트 경험이 갖는 의미는 연구 대상자의 주관적 가치에 해당한다.

바로 알기 ㄱ, ㄴ. 양적 연구의 탐구 절차에 대한 설명이다.

04 ④ 부모의 교육 수준은 독립 변수, 자녀의 학업 성취도는 종속 변수에 해당하며, 이는 경험적 자료를 통해 검증할 수 있으므로 제시된 가설의 조건을 모두 충족한다.

바로 알기 ①, ② 사실에 해당하므로 인과 관계를 검증할 필요가 없다. ③ 독립 변수와 종속 변수가 명확히 드러나 있지 않다. ⑤ '바람직한 사회 발전'을 경험적으로 증명할 수 없으며, 변수 간의 인과 관계가 명확하지 않다.

05 제시된 글에서는 사회·문화 현상을 탐구할 때 연구자의 개인적 취향이나 선호를 배제하고, 제삼자의 입장에서 있는 그대로 현상을 관찰해야 한다는 객관적 태도를 강조하고 있다. ④ 객관적 태도는 연구 과정에 연구자의 주관적 가치나 이해관계가 개입되지 않도록 해야 한다는 것이다.

바로 알기 ②는 개방적 태도, ③은 상대주의적 태도, ⑤는 성찰적 태도에 관한 진술이다.

극비 노트 사회·문화 현상의 탐구 태도

객관적 태도	제삼자의 입장에서 있는 그대로 사회·문화 현상을 관찰하는 태도
개방적 태도	자신의 주장에 관한 비판과 새로운 주장의 가능성을 허용하는 태도
상대주의적 태도	사회·문화 현상이 지닌 고유한 가치와 의미를 각 사회의 맥락에서 이해하는 태도
성찰적 태도	사회·문화 현상의 내면에 담긴 의미나 인과 관계를 파악하고자 하는 태도

06 갑에게는 자신의 주관적 가치나 이해관계 등을 배제하고 제삼자의 관점에서 있는 그대로 현상을 관찰하는 태도인 객관적 태도가 요구된다. 을에게는 특정 주장이나 이론을 무조건 추종하지 말고 자신의 연구 결과에 관한 비판과 새로운 주장의 가능성을 허용하는 태도인 개방적 태도가 요구된다.

07 (가)에서는 사회·문화 현상이 지닌 고유한 가치와 의미를 그 사회의 맥락에서 이해해야 한다는 상대주의적 태도를 강조하고 있다.

08 (나)에서는 자신의 연구 결과가 절대적인 진리가 아닐 수 있음을 전제로 다른 사람들의 비판을 허용해야 한다는 개방적 태도를 강조하고 있다.

바로 알기 ①은 상대주의적 태도, ③은 객관적 태도, ④는 성찰적 태도에 관한 진술이다.

09 제시된 글에서는 제사라는 현상을 있는 그대로 받아들이기보다 그 이면에 담긴 의미를 궁금해 하며 이를 능동적으로 파악하고자 한다. 즉, 성찰적 태도를 강조하고 있음을 알 수 있다.

10 ㉠은 가치 중립, ㉡은 가치 개입이다. 연구 과정에서 연구 문제 인식이나 연구 설계, 연구 결과의 활용 단계에서는 연구자의 가치 개입이 인정될 수 있다. 그러나 자료 수집 및 분석, 결론 도출 단계에서는 연구자의 가치나 이해관계를 엄격하게 배제하는 가치 중립이 필요하다.

극비 노트 연구 과정에서의 가치 개입과 가치 중립

가치 개입	연구 문제 인식, 연구 설계, 연구 결과의 활용
가치 중립	자료 수집 및 분석, 결론 도출

11 ㄱ. (가)에서는 연구 대상자에 관한 윤리를 강조하고 있다. 연구자는 연구 대상자의 자발적인 참여를 위해 사전에 동의를 얻어야 하고, 연구 대상자에게 연구 목적과 방법을 알려 주어야 한다. ㄷ. (나)에서는 자료의 수집과 분석 과정에서 연구자가 정직해야 함을 강조하고 있다. 다른 연구를 표절하는 행위, 인용이나 출처 표시를 하지 않고 활용하는 행위는 정직하지 못한 행위에 해당한다.
바로 알기 ㄴ. 공동 연구 성과를 단독 연구 성과로 발표하는 것은 연구 윤리에 위배되는 행동이지만 (가)와는 관련 없다. ㄹ. (가)에서는 연구 대상을 결정하기 전에 연구 대상자에게 지켜야 할 윤리를, (나)에서는 자료를 수집하고 분석하는 단계에서 연구자가 지켜야 할 윤리를 강조하고 있다.

12 제시된 사례에서 입사 시험 지원자에게 설문 조사에 강제적으로 응답하게 한 것은 연구 대상자의 자발적 참여를 침해한 것이다.

13 ㄱ. 갑이 연구 대상자의 동의를 구하지 않고 가족들로부터 일기나 편지 등의 자료를 확보한 것은 연구 윤리에 어긋나는 행위이다. ㄹ. 갑이 연구 결과를 제출할 때 연구 대상자의 이름을 밝힌 것은 연구 대상자의 익명성을 보장하지 않은 것이다.
바로 알기 ㄴ. 갑이 수집한 자료를 금전적 보상을 받고 상담 기관에 제공한 것은 조사 자료를 연구 이외의 목적으로 활용한 것이다. ㄷ. 갑은 자신이 기대한 것과 다른 내용의 자료도 분석에 반영하였으므로 의도적으로 자료를 왜곡했다고 볼 수 없다.

3단계 등급 올리기

본문 27쪽

01 ④ 02 ② 03 ① 04 해설 참조

01 갑의 연구는 소득 수준과 물질주의 가치관을 독립 변수로, 행복감을 종속 변수로 하여 변수 간의 관계를 살펴본 양적 연구에 해당한다. ④ 갑의 연구에서 월평균 수입 정도는 소득 수준을, 삶에서 돈이 중요하다고 생각하는 정도는 물질주의 가치관을 측정하기 위해 조작적으로 정의한 것이다.
바로 알기 ① ㉠은 인위적으로 자극이 된 독립 변수, ㉡은 독립 변수의 영향을 받는 종속 변수이다. ② ㉢은 모집단이고, 표본은 전국의 30세 이상 성인 중 선정된 1,000명이다. ③ 설문 조사를 통해 연구 대상자의 주관적 인식을 물을 수 있다. ⑤ 갑이 어떤 가설을 세웠는지 제시되어 있지 않기 때문에 가설의 수용 여부는 알 수 없다.

02 (가)에서는 객관적 태도, (나)에서는 개방적 태도를 강조하고 있다. ② 개방적 태도는 자신의 연구 결과에 관한 비판과 새로운 주장의 가능성을 허용하는 자세를 의미한다.
바로 알기 ① 상대주의적 태도에 대한 설명이다. ③ 성찰적 태도에 대한 설명이다. ④ 객관적 태도에 대한 설명이다. 객관적 태도는 특정 가치가 개입되어서는 안 된다는 측면에서 연구자의 가치 중립적 태도를 강조한다. ⑤ 제삼자의 관점을 중시하는 것은 객관적 태도, 연구 대상자의 관점을 중시하는 것은 상대주의적 태도이다.

03 ㄱ. 갑이 자료 수집 단계에서 결혼에 호의적인 미혼자만을 대상으로 조사한 것은 의도적으로 왜곡된 자료를 수집한 것이다. ㄷ. 갑이 연구 대상자의 개인 정보를 결혼 정보 회사를 운영하는 친구에게 제공한 것은 수집한 자료를 연구 외의 목적으로 유출한 것이다. 반면 을이 수집한 자료를 연구 외의 목적으로 유출하였는지는 나타나 있지 않다.
바로 알기 ㄴ. 을은 주가 상승을 예측한 자료만을 분석하였으므로, 원하는 결과를 얻기 위한 자의적인 자료 분석이 이루어졌음을 알 수 있다. ㄹ. 갑은 자료 수집 단계에서 왜곡된 자료를 수집하였지만 분석 결과에 대한 은폐는 하지 않았다. 반면 을은 주가 상승을 예측한 자료만을 발표하였으므로, 분석 결과의 일부를 은폐했다고 볼 수 있다.

서술형 문제

04 예시 답안 개방적 태도. 과학적 연구의 결론이더라도 언제든지 반증으로 진리가 아님이 밝혀질 가능성이 있다. 따라서 자신의 연구 결과에 대한 비판과 새로운 주장의 가능성을 허용하는 개방적 태도가 필요하다.

채점 기준	배점
개방적 태도를 쓰고, 그 필요성을 정확하게 서술한 경우	상
개방적 태도라고만 쓴 경우	하

01 사회적 존재로서의 인간

1단계 개념 짚어 보기

본문 30쪽

01 (1) 실 (2) 실 (3) 명 (4) 명 02 (1) – ㉠ (2) – ㉡ 03 재사회화 04 ㉠ 공식적 ㉡ 비공식적 05 (1) 성취 지위 (2) 역할 행동 06 (1) 역할 행동 (2) 역할 갈등

2단계 내신 다지기

본문 30~33쪽

01 ④	02 ①	03 ②	04 ③	05 ④
06 ②	07 ⑤	08 ⑤	09 ①	10 ④
11 ②	12 ②	13 ④	14 ③	

01 제시문은 사회적 사실이 개인적 사실로 환원될 수 없다는 내용이므로 사회 실재론의 관점에 해당한다. ④ 개인이 사회 속에서만 존재 의미를 갖는다는 것은 개인이 사회를 떠나서는 존재할 수 없다는 것을 의미하므로 개인보다 사회의 우월성을 강조하는 사회 실재론의 관점에 해당한다.

바로 알기 ①, ②, ③, ⑤ 사회 명목론의 관점에 해당한다.

02 제시문에서 필자는 사회 현상을 분석함에 있어 개인에게 초점을 맞추고, 개인이 사회에 미치는 영향력을 중시하므로 사회 명목론의 관점을 지니고 있음을 알 수 있다. ㄱ. 사회 명목론은 사회를 개인들의 집합체에 불과하다고 보는 관점으로, 개인의 속성들이 모여서 사회의 속성을 결정한다고 본다. ㄹ. 사회 명목론은 사회를 구성하는 개인의 특성과 행동 양식에 초점을 맞추어 사회·문화 현상을 분석한다.

바로 알기 ㄴ. 사회가 개인의 의식과 행위를 구속한다고 보는 것은 사회 실재론의 관점에 해당한다. 사회 명목론에 따르면 개인은 자신의 자유 의지에 따라 행동한다. ㄷ. 개인보다 사회의 우월성을 강조한다는 점에서 사회 실재론의 관점에 해당한다.

03 (가)는 사회를 개인 간 계약의 산물이자 개인의 이익 증진을 위한 수단으로 본다. 이는 사회보다 개인의 우월성을 강조하는 사회 명목론의 관점에 해당한다. (나)는 개인을 사회를 구성하는 일부에 불과하다고 보며, 사회를 떠난 개인은 존재할 수 없다고 본다. 이는 개인보다 사회의 우월성을 강조하는 사회 실재론의 관점에 해당한다. ㄱ. 사회 명목론의 관점에 따르면 사회는 개인들의 단순한 집합체일 뿐이고, 실제로 존재하는 것은 개인뿐이다. 따라서 개인의 발전이 곧 사회의 발전이라고 본다. ㄹ. 사회 실재론에서는 사회를 개인으로 환원하여 설명할 수 없는 고유한 성격을 지닌 실체라고 본다.

바로 알기 ㄴ. 인간을 주체적이고 능동적인 존재로 보는 것은 사회 명목론의 관점에 해당한다. ㄷ. 사회 전체를 위한 개인의 희생이 정당화될 우려가 있는 것은 사회 실재론의 한계에 해당한다.

04 갑은 개인의 능력과 자질을 강조하므로 사회보다 개인을 중시하는 사회 명목론의 입장이다. 을은 집단이 개인의 사고에 영향을 미치고 구속력을 행사한다고 보므로 개인보다 사회를 중시하는 사회 실재론의 입장이다. ① 사회 명목론은 실제로 존재하는 것은 개인뿐이며, 사회는 개인들의 집합체에 붙여진 이름에 불과하다고 본다. ② 사회 명목론은 사회 문제를 해결하기 위해서는 개인의 의식과 행동 변화가 중요하다고 본다. ④ 사회 실재론은 개인의 이익보다 사회 전체의 이익을 강조한다.

바로 알기 ③ 개인이 옳다고 믿기에 사회 규범이 존재한다고 보는 것은 개인의 행동이 사회에 미치는 영향력을 중시한 것이므로 사회 명목론의 관점에 해당한다.

극비 노트 사회 실재론과 사회 명목론

사회 실재론	• 사회는 개인의 합 이상임 • 사회는 개인의 외부에 실재하는 독립적 실체임 • 사회 구조적인 요인에 초점을 두고 사회를 연구함 • 지나칠 경우 전체주의로 흐를 수 있음
사회 명목론	• 사회는 개인들의 합에 불과함 • 개인만이 실제로 존재함 • 개인의 특성과 행동 양식에 초점을 두고 사회를 연구함 • 지나칠 경우 극단적 이기주의가 초래될 수 있음

05 ㉠은 사회화이다. ①, ⑤ 사회화의 내용과 방법은 사회에 따라 다르며, 한 사회 내에서도 시간의 흐름에 따라 그 내용이 달라지기도 한다. ② 사회화는 사회 구성원에게 그 사회의 규범과 가치를 전달함으로써 사회의 유지와 존속 및 발전에 기여한다. ③ 개인은 사회화 과정을 거치며 자아 정체성을 형성하면서 사회적 존재로 성장한다.

바로 알기 ④ 사회화는 특정 시기에만 이루어지는 것이 아니라 평생에 걸쳐 이루어진다.

06 제시된 사례는 야생에서 늑대들과 생활하였던 소녀들이 인간에 의해 발견된 이후 교육을 받았음에도 불구하고 인간다운 모습을 갖추지 못하였음을 보여 준다. 이를 통해 인간의 사회화에는 결정적 시기가 있으며, 이 시기에 사회화를 경험하지 못하면 사회적 존재로 성장하는 데 어려움이 있을 수 있음을 추론할 수 있다.

바로 알기 ① 사회화는 평생에 걸쳐 이루어지나 제시된 자료를 통해 알 수 없다. ③ 사회화가 가족을 통해 이루어질 때 가장 효과적이라는 내용은 자료를 통해 알 수 없다. ④ 인간은 생물학적 존재로 태어나며, 사회화를 통해 사회적 존재로 성장한다. ⑤ 사회화는 행동에 대한 모방과 동일시뿐 아니라 언어적 상호 작용이나 보상과 처벌의 경험을 통해서도 이루어진다.

07 (가)는 예비부부 교실에 참여하여 부부에게 요구되는 행동 양식을 미리 학습한 것이므로 예기 사회화에 해당한다. (나)는 북한 이탈 주민이 한국 사회에 적응하기 위해 새로운 행동 양식을 습득한 것이므로 재사회화에 해당한다. ㄷ. 노인을 대상으로 한 정보화 교육은 재사회화의 사례이다.

바로 알기 ㄱ. 1차적 사회화에 대한 설명이다. ㄴ. 재사회화 과정에서 탈사회화가 동시에 나타나기도 하지만 반드시 기존의 생활 방식을 버려야 하는 것은 아니다.

08 1차적 사회화 기관은 인성의 기본 틀을 형성하고 기초적인 행동 양식을 습득하는 데 영향을 미치는 기관으로 가족과 또래 집단 등이 해당한다. 2차적 사회화 기관은 전문적인 지식과 기능의 사회화를 담당하는 기관으로 학교와 직장, 대중 매체 등이 해당한다. 공식적 사회화 기관은 사회화 자체를 목적으로 설립된 기관으로 학교, 직업 훈련소 등이 해당한다. 비공식적 사회화 기관은 사회화 이외의 목적으로 형성되었으나 부수적으로 사회화 기능을 수행하는 기관으로 가족과 직장, 대중 매체 등이 해당한다.

바로 알기 ⑤ (다)는 2차적 사회화 기관이면서 비공식적 사회화 기관이므로 직장이나 대중 매체가 들어갈 수 있다. (라)는 2차적 사회화 기관이면서 공식적 사회화 기관이므로 학교가 들어갈 수 있다.

극비 노트 **사회화 기관의 유형**

분류 기준	유형	내용
사회화의 내용	1차적 사회화 기관	기초적인 행동 양식을 습득하는 데 영향을 미치는 기관 예 가족, 또래 집단 등
	2차적 사회화 기관	전문적인 지식과 기능의 사회화를 담당하는 기관 예 학교, 직장, 대중 매체 등
형성 목적	공식적 사회화 기관	사회화 자체를 목적으로 설립된 기관 예 학교, 직업 훈련소 등
	비공식적 사회화 기관	사회화 이외의 목적으로 형성되었으나 사회화를 부수적으로 수행하는 기관 예 가족, 직장, 대중 매체 등

09 집단생활의 규칙이나 질서 의식 등을 학습하고, 서로의 행동 발달에 영향을 주고받는다는 내용을 통해 ㉠이 또래 집단임을 알 수 있다. ① 또래 집단은 기초적인 행동 양식을 습득하는 데 영향을 미치므로 1차적 사회화 기관으로 분류된다.

바로 알기 ② 또래 집단은 사회화 자체를 목적으로 형성된 기관은 아니지만 부수적으로 사회화 기능을 수행하므로 비공식적 사회화 기관에 해당한다. ③ 가장 기초적이고 중요한 사회화 기관은 가족이다. ④ 또래 집단은 주로 1차적 사회화를 담당한다. ⑤ 또래 집단은 아동기와 청소년기의 사회화에 큰 영향을 미친다.

10 제시문의 누리 소통망은 뉴 미디어로서 대중 매체에 해당한다. ㄱ, ㄷ. 새로운 정보와 지식을 빠르게 전달하여 변화하는 사회에 적응할 수 있도록 도움을 주는 대중 매체는 오늘날 정보 통신 기술의 발달로 개인의 사회화에 미치는 영향력이 점차 확대되고 있다. ㄹ. 대중 매체는 부수적으로 사회화 기능을 수행하는 비공식적 사회화 기관으로서 가족과 같은 유형의 사회화 기관에 해당한다.

바로 알기 ㄴ. 대중 매체는 개인의 전 생애에 걸쳐 사회화에 영향을 미친다.

11 제시문은 사회가 변화함에 따라 아버지와 어머니의 역할이 변화하는 모습을 보여 준다. 이를 통해 지위에 따른 역할은 고정된 것이 아니며, 사회가 변화함에 따라 바뀌기도 한다는 것을 알 수 있다.

12 ①, ③ '서자'는 선천적으로 주어진 귀속 지위이고, '의관'은 후천적인 노력으로 획득한 성취 지위이다. ④ 갑이 왕과 왕세자들을 극진히 보살핀 것은 의관의 지위에서 수행한 역할 행동이다. ⑤ 공적을 인정받아 종1품 숭록대부에 오른 것은 갑의 역할 행동에 대한 보상이다.

바로 알기 ② 역할 갈등은 개인이 가진 여러 지위에 따른 역할 간에 충돌이 발생하여 나타나는 심리적 갈등이다. 따라서 미래에 대한 단순한 고민은 역할 갈등이라고 볼 수 없다.

13 제시문에서 갑은 아버지로서 딸과의 약속을 지켜야 할지, 회사원으로서 야근을 해야 할지 고민하고 있다. 이는 갑이 가진 서로 다른 지위에 따른 역할들이 충돌하여 발생한 역할 갈등이다.

14 아이 돌봄 서비스는 맞벌이 가정에 자녀 양육을 사회 제도적으로 지원하는 서비스이다. 이 서비스는 직장 업무와 자녀의 양육 사이에서 발생하는 맞벌이 가정의 역할 갈등을 해결하여 일과 가정의 양립을 돕고자 한다. 따라서 해당 자료는 역할 갈등의 해결 방안이라는 수업 주제와 가장 관련이 있다.

3단계 등급 올리기

본문 34~35쪽

01 ④ 02 ③ 03 ⑤ 04 ① 05 ②
06 ④ 07 해설 참조 08 해설 참조
09 (1) 역할 갈등 (2) 해설 참조

01 제시문은 사회를 개인과 다른 독자적인 특성을 지닌 실체라고 보고 있으므로 사회 실재론의 관점에 해당한다. ④ 사회 실재론에 따르면 개인은 사회를 이루는 구성 요소에 불과하다.

바로 알기 ① 사회는 이름만 존재할 뿐 실체가 없다고 보는 것은 사회 명목론의 관점에 해당한다. 사회 실재론은 사회를 고유한 특성을 지니는 독립적 실체라고 본다. ② 개인의 이익을 사회의 이익보다 우선하는 것은 개인을 사회보다 더 중시하는 사회 명목론의 관점에 해당한다. ③ 사회의 특성은 개인적 행동이 반영된 결과라고 보는 입장은 사회 명목론의 관점에 해당한다. ⑤ 합리적인 구성원들로 이루어진 사회는 반드시 합리적이라는 것은 개인의 속성에 의해 사회의 속성이 결정된다는 것을 의미하므로 사회 명목론의 관점에 해당한다.

02 (가)에서는 대학의 강의가 강의에 참여하는 개인들의 특성에 따라 결정된다고 보고 있다. 이는 개인의 속성들이 모여 사회의 속성이 결정된다고 보는 사회 명목론의 관점에 해당한다. (나)에서는 권력 구조, 평가 시스템, 행동 규칙 등과 같이 개인의 행동에 영향을 미치는 사회 구조를 강조하고 있다. 이는 사회 실재론의 관점에 해당한다. ㄴ. 사회 실재론의 관점은 사회가 개인의 사고와 행위를 구속하기 때문에 개인이 구조화된 행동을 한다고 본다. ㄷ. 사회 명목론의 관점에 따르면 개인은 사회를 변화시키는 능동적인 존재이므로, 개인의 자율성이 사회 규범의 구속성보다 우선한다고 본다.

바로 알기 ㄱ. 사회 명목론의 관점에 따르면 개인은 자유 의지에 따라 사고하고 행동하므로, 사회·문화 현상의 분석 단위로 사회 구조나 제도보다 개인을 중시한다. ㄹ. 사회를 개인의 목표 증진을 위한 도구에 불과하다고 보는 관점은 사회 명목론이다.

03 (가)는 공식적 사회화 기관이고, (나)는 비공식적 사회화 기관이자 2차적 사회화 기관이며, (다)는 비공식적 사회화 기관이자 1차적 사회화 기관이다. 따라서 (가)는 학교, (나)는 직장, (다)는 가족이다. ⑤ 가족은 1차적 사회화 기관으로서 인성의 기본 틀을 형성하고 기초적인 행동 양식을 습득하는 데 영향을 미친다. 반면, 직장은 2차적 사회화 기관으로서 전문적인 지식과 기능의 사회화를 담당한다.

바로 알기 ① 직장에서 업무 수행에 필요한 지식과 기술 등을 배운다. ② 가족 구성원과의 상호 작용을 통해 언어, 예절 등의 기본적인 생활 방식을 익힌다. ③ 가족은 비공식적 사회화 기관이다. ④ 학교는 공식적 사회화 기관이고, 직장은 비공식적 사회화 기관이다.

04 ㄱ. 갑은 현재 장남이라는 귀속 지위와 기업의 대표라는 성취 지위를 동시에 가지고 있다. ㄴ. 갑이 대표로 일하고 있는 회사는 사회화 이외의 목적으로 설립되었으나 부수적으로 사회화 기능을 수행하므로 비공식적 사회화 기관에 해당한다.

바로 알기 ㄷ. 제시문에는 기존에 습득한 규범이나 생활 방식을 버리는 탈사회화가 나타나 있지 않다. 갑이 입사 전 받은 신입 사원 연수는 예기 사회화에 해당한다. ㄹ. 경영인상은 갑이 기업의 대표로서 역할을 잘 수행하여 받은 보상에 해당한다.

05 ㄱ. 갑은 사회화 자체를 목적으로 설립된 공식적 사회화 기관인 학원의 구성원이다. ㄷ. 갑은 부서 이동 후 업무 처리에 어려움을 겪었을 뿐 역할 갈등을 경험하지는 않았다. 반면, 을은 직장인이라는 성취 지위와 자녀라는 귀속 지위 사이에서 역할 갈등을 겪고 있다.

바로 알기 ㄴ. 을이 역할 행동에 대한 보상을 받았는지는 나타나 있지 않다. ㄹ. 갑이 부서 이동 후 회계 공부를 시작한 것은 변화된 환경에 적응하기 위해 새로운 지식을 공부하는 것이므로, 재사회화에 해당한다. 반면, 을이 외국어 공부를 시작한 것은 미래에 속하게 될 집단에 적응하는 데 필요한 지식을 미리 학습하는 것이므로, 예기 사회화에 해당한다.

06 ① 대학교수는 후천적 노력으로 획득한 성취 지위이다. ② 대학은 전문적인 지식과 기능의 사회화를 담당하는 2차적 사회화 기관이며, 사회화를 목적으로 설립된 공식적 사회화 기관이다. ③ 친척은 개인의 능력이나 노력과는 관계없이 선천적으로 갖게 되는 귀속 지위이다. ⑤ 갑은 면접 위원이라는 성취 지위와 친척이라는 귀속 지위 사이에서 두 역할이 충돌하여 역할 갈등을 경험하였다.

바로 알기 ④ 대학에서 정한 기준에 따라 공정하게 평가해야 하는 것은 면접 위원인 갑의 역할에 해당한다.

극비 노트 귀속 지위와 성취 지위

귀속 지위	개인의 능력이나 노력과 관계없이 가지게 되는 지위 예) 딸, 아들, 맏이, 손자 등
성취 지위	개인의 의지나 노력으로 후천적으로 얻게 되는 지위 예) 어머니, 아버지, 아내, 남편, 학생 등

서술형 문제

07 **예시 답안** 사회 실재론. 사회가 개인의 사고와 행동에 어떤 영향을 미치는지 설명하기가 용이하다는 장점이 있는 반면, 개인의 자율성에 기초한 능동적인 행동을 설명하기 어렵다는 한계가 있다.

채점 기준	배점
사회 실재론을 쓰고, 사회 실재론의 장점과 한계를 모두 정확하게 서술한 경우	상
사회 실재론을 쓰고, 사회 실재론의 장점과 한계 중 한 가지만 서술한 경우	중
사회 실재론만 쓴 경우	하

08 **예시 답안** ㉠ 지위 ㉡ 역할. 지위는 한 개인이 집단이나 사회 속에서 차지하는 위치를 의미한다. 역할은 일정한 지위에 대해 사회적으로 기대되는 행동 양식을 의미한다.

채점 기준	배점
㉠은 지위, ㉡은 역할이라고 쓰고, 그 의미를 모두 정확하게 서술한 경우	상
㉠은 지위, ㉡은 역할이라고 쓰고, 그 의미를 한 가지만 서술한 경우	중
㉠은 지위, ㉡은 역할이라고만 쓴 경우	하

09 (2) **예시 답안** 갈등을 일으키는 역할 간 우선순위를 정하여 중요한 것부터 수행하거나, 갈등을 일으키는 지위와 역할을 분석하여 타협점을 찾는다.

채점 기준	배점
개인적 차원의 역할 갈등 해결 방안을 두 가지 이상 정확하게 서술한 경우	상
개인적 차원의 역할 갈등 해결 방안을 한 가지만 서술한 경우	하

02 사회 집단과 사회 조직

1단계 개념 짚어 보기

본문 37쪽

01 ㉠ 소속감 ㉡ 상호 작용 02 (1) 접촉 방식 (2) 선택적 의지 (3) 내집단과 외집단 (4) 불일치 03 (1) 사회 조직 (2) 자발적 결사체 04 ㄴ, ㄹ 05 (1) - ㉠ (2) - ㉡

2단계 내신 다지기

본문 38~40쪽

01 ⑤ 02 ④ 03 ④ 04 ② 05 ㉠ 준거 집단 ㉡ 소속 집단 06 ③ 07 ④ 08 ③ 09 ⑤ 10 ㉠ 관료제 ㉡ 탈관료제 11 ③ 12 ⑤ 13 ③ 14 ⑤

01 (가)에서 가수의 팬클럽 회원들은 둘 이상의 사람들이 소속감이나 공동체 의식을 가지고 지속적인 상호 작용을 하므로 사회 집단에 해당한다. 반면 (나)에서 버스를 타기 위해 줄을 선 사람들은 여러 사람이 모여 있지만 소속감이나 공동체 의식을 가지고 있지 않으며, 지속적인 상호 작용을 하지도 않으므로 사회 집단이라고 볼 수 없다.

바로 알기 ㄱ. 가수의 팬클럽은 특정한 목적을 달성하기 위하여 구성원의 선택적 의지에 의해 형성된 집단이다.

02 ㉠은 외집단, ㉡은 내집단이다. ① 외집단은 '그들'이라는 이질감을 느끼는 집단으로 경우에 따라서 적대감까지 느끼기도 한다. ② 개인은 내집단을 통해 사회생활에 필요한 판단과 행동의 기준을 학습한다. ③ 사회 집단은 소속감의 유무에 따라 내집단과 외집단으로 구분한다. ⑤ 외집단은 내집단 의식을 강화하는 요인으로 작용하기도 한다.

바로 알기 ④ 외집단과 내집단의 구분은 고정불변하는 것이 아니며, 상황에 따라 달라질 수 있다.

03 사회 집단은 결합 의지에 따라 공동 사회와 이익 사회, 구성원 간의 접촉 방식에 따라 1차 집단과 2차 집단으로 구분할 수 있다. 그런데 회사가 (나)와 (라)에 해당하므로 (가)는 공동 사회, (나)는 이익 사회, (다)는 1차 집단, (라)는 2차 집단에 해당한다. ④ 2차 집단은 구성원 간 간접적인 접촉을 바탕으로 특정한 목적을 달성하기 위해 결합한 집단으로, 부분적이고 수단적인 인간관계가 지배적으로 나타난다.

바로 알기 ① 공동 사회는 본인의 의지와는 상관없이 자연 발생적으로 형성된다. 따라서 가입과 탈퇴가 자유롭지 않다. ② 이익 사회는 특정한 목적을 달성하기 위해 결합한 집단이다. 결합 자체가 목적인 집단은 공동 사회이다. ③ 1차 집단은 주로 비공식적인 제재를 통해 구성원을 통제한다. ⑤ (가)는 공동 사회, (다)는 1차 집단이다.

04 공동 사회이면서 1차 집단의 사례에 해당하는 것은 가족과 친족이다. 정당과 학교는 이익 사회이면서 2차 집단이다.

극비 노트 사회화 기관의 유형

분류 기준	유형	내용
접촉 방식	1차 집단	구성원 간의 친밀한 대면 접촉을 바탕으로 전인격적인 만남이 이루어지는 집단
	2차 집단	구성원 간 간접적 접촉과 수단적 만남이 이루어지는 집단
결합 의지	공동 사회	구성원의 본질적 의지에 의해 자연 발생적으로 형성된 집단
	이익 사회	구성원의 선택적 의지에 의해 형성된 집단
소속감의 유무	내집단	자신이 소속해 있으면서, 소속감을 느끼는 집단
	외집단	자신이 소속해 있지 않으면서, 이질감을 느끼는 집단

05 한 개인이 자신의 신념이나 태도, 가치 등을 규정하고 행동의 지침으로 삼는 집단은 준거 집단이고, 한 개인이 실제로 속해 있는 집단은 소속 집단이다. 준거 집단과 소속 집단이 일치할 경우 소속 집단에 만족하면서 안정적인 생활을 영위할 수 있다. 그러나 소속 집단과 준거 집단이 일치하지 않을 경우 상대적 박탈감을 느끼거나 준거 집단을 동경한 나머지 소속 집단에 불만을 가져 집단 구성원과 갈등을 겪을 수 있다.

06 (가)에는 가족과 회사의 공통점을 묻는 질문이, (나)에는 가족과 회사의 차이점을 묻는 질문이 들어가야 한다. ㄹ. 가족과 회사는 둘 이상의 사람이 소속감이나 공동체 의식을 가지고 지속적으로 상호 작용을 하는 사회 집단이라는 점에서 공통점이 있다. ㄱ, ㄴ, ㄷ. 회사는 목표가 구체적이고, 그 목표를 달성하기 위한 구성원의 지위와 역할이 명확하며, 공식적인 규범과 절차가 체계적으로 규정되어 있는 사회 조직이라는 점에서 가족과 차이가 있다.

07 (가) 회사 내 동호회는 비공식 조직이면서 자발적 결사체이다. 반면 (나) 마을 사람들끼리 만든 동호회는 자발적 결사체에만 해당한다. ①, ② 비공식 조직은 공식 조직 내에서 공통의 관심사나 취미를 가진 구성원들이 자발적으로 만든 조직으로, 구성원 간에 친밀한 인간관계가 나타난다. ③ 자발적 결사체는 가입과 탈퇴가 비교적 자유롭다. ⑤ (가)와 (나) 모두 구성원의 선택적 의지에 의해 형성된 이익 사회에 해당한다.

바로 알기 ④ (가)와 (나) 모두 자발적 결사체에 해당한다.

08 공통의 관심사와 목표를 가진 사람들이 자발적으로 형성한 사회 조직은 자발적 결사체이다. 자발적 결사체는 공식 조직과 비공식 조직의 형태를 띨 수 있다. 비공식 조직의 구성원은 모두 공식 조직의 구성원이지만, 공식 조직의 구성원이 모두 비공식 조직의 구성원인 것은 아니다. 따라서 (가)는 자발적 결사체, (나)는 비공식 조직, (다)는 공식 조직이다. ㄴ. 직장 내에 만들어진 동호회, 동문회, 향우회 등은 비공식 조직의 대표적인 사례이다. ㄷ. 공식 조직의 구성원은 규범과 절차에 따라 구조화된 상호 작용을 하므로 일반적으로 구성원 사이에 형식적이고 수단적인 인간관계가 나타난다.

바로 알기 ㄱ. 자발적 결사체는 1차 집단과 2차 집단의 성격이 공존한다. ㄹ. 자발적 결사체와 공식 조직은 모두 구성원의 선택적 의지에 의해 형성된 이익 사회이다.

09 ㉠ ○○ 고등학교는 공식 조직에 해당한다. ㉡ □□ 시민 단체는 공식 조직이면서 자발적 결사체에 해당한다. ㉢ ○○ 고등학교 내 연극 동아리는 비공식 조직이면서 자발적 결사체에 해당한다. ① 학교는 특정 목적을 달성하기 위해 인위적으로 결합된 이익 사회이다. ② 시민 단체는 사회 문제의 해결과 공익 증진을 목적으로 만들어진 자발적 결사체이다. ③ 학교 내 연극 동아리는 공식 조직 내에서 공통의 관심사나 취미를 가진 구성원들이 자발적으로 만든 비공식 조직이다. ④ 공식 조직은 비공식 조직에 비해 구성원의 지위와 책임이 명확히 규정된다.
바로 알기 ⑤ (가)는 공식 조직, (나)는 자발적 결사체이다.

10 관료제는 대규모 조직을 효율적으로 관리할 수 있으나, 환경 변화에 창의적이고 신속하게 대응하는 데 한계가 있다. 이와 같은 관료제의 한계를 극복하기 위한 대안으로 등장한 조직이 탈관료제이다.

11 (가)는 조직의 지속성이 높고 업무의 재량권이 낮으므로 관료제 조직에 해당하고, (나)는 조직의 지속성이 낮고 업무의 재량권이 높으므로 탈관료제 조직에 해당한다.
바로 알기 ③ 구성원이 바뀌어도 지속적인 업무 처리가 용이한 것은 관료제 조직의 특징이다. 관료제 조직은 규칙과 절차에 따라 업무를 처리하므로 구성원이 교체되더라도 안정적인 조직 운영이 가능하다.

12 탈관료제 조직은 조직이 상황이나 목표에 따라 자유롭게 구성되고 해체되므로 환경 변화에 유연하게 대처할 수 있다. 또한 탈관료제 조직은 수평적 의사 결정 구조를 가지므로 구성원 간 자유로운 의사소통이 가능하고, 개인의 창의성과 자율성을 최대한 존중한다.
바로 알기 ㄱ. 탈관료제 조직은 조직의 안정성이 떨어져 조직 구성원들에게 심리적 불안감을 주기도 한다.

13 제시된 사례는 조경이라는 본래의 목적보다도 규정 준수가 우선시되었다는 내용이다. 이처럼 관료제에서는 규정과 절차의 준수가 조직의 목적보다 강조되는 목적 전치 현상이 나타나기도 한다.
바로 알기 ①, ④, ⑤ 관료제의 문제점에 해당하지만, 제시된 사례와는 관련이 없다. ② 관료제는 권한과 책임의 정도에 따라 조직 내 지위가 서열화되어 있으므로 업무의 책임 소재가 분명하다.

14 관료제 조직은 탈관료제 조직에 비해 권한과 책임이 명확하다. 따라서 A는 관료제 조직, B는 탈관료제 조직에 해당한다. ① 관료제 조직은 조직 내의 지위가 권한과 책임에 따라 서열화되어 있으므로 위계질서가 엄격하다. ② 수평적 조직 체계인 탈관료제 조직은 의사 결정 권한이 분산되어 있다. ③ 관료제 조직은 경력을, 탈관료제 조직은 능력이나 성과를 더 중시한다. ④ 관료제 조직은 탈관료제 조직에 비해 업무의 표준화 정도가 더 강하다.
바로 알기 ⑤ 관료제와 탈관료제 모두 조직 운영의 효율성을 추구하므로 '효율적인 과업 수행 지향' 정도를 정확하게 비교할 수 없다.

3단계 등급 올리기

본문 41쪽

01 ⑤ **02** ② **03** ④ **04** (1) 자발적 결사체 (2) 해설 참조

01 제시된 사례에서 반수생들이 현재 다니고 있는 대학은 소속 집단이고, 원하는 대학은 준거 집단이다. 따라서 반수생들은 준거 집단에 속하기 위해 노력하고 있는 것으로 볼 수 있다. 이처럼 소속 집단과 준거 집단의 불일치는 준거 집단에 속하기 위해 노력하는 계기가 되기도 한다.

02 공식 조직, 이익 사회, 비공식 조직, 자발적 결사체의 공통적 특징은 구성원의 선택적 의지에 의해 의도적으로 형성되었다는 것이다. 따라서 가장 큰 범주인 (가)는 이익 사회이다. 그리고 모든 비공식 조직은 자발적 결사체이므로 (라)는 비공식 조직이고, (다)는 자발적 결사체이며, 자발적 결사체 중 일부는 공식 조직의 형태를 띠기도 하므로 (나)는 공식 조직이다.

03 ㄴ. (가)가 '창의적 과업 수행을 중시하는가?'라면 A는 관료제, B는 탈관료제이다. 관료제는 규칙과 절차에 따른 과업 수행을 중시한다. ㄹ. (가)가 '의사 결정 권한의 집중을 지향하는가?'라면 A는 탈관료제, B는 관료제이다. 따라서 (나)에는 '경력보다 업무 성과를 고려한 차등적 보상을 중시하는가?'가 들어갈 수 있다.
바로 알기 ㄱ, ㄷ. 관료제와 탈관료제는 모두 공식 조직이므로 구성원 간 2차적 관계가 지배적으로 나타나고, 공식적인 규범과 절차에 따라 구성원의 행동을 통제한다.

서술형 문제

04 (2) 예시 답안 자발적 결사체는 자아실현의 기회를 제공하고, 사회의 다원화에 기여한다.

채점 기준	배점
자발적 결사체의 긍정적 기능을 두 가지 이상 정확하게 서술한 경우	상
자발적 결사체의 긍정적 기능을 한 가지만 서술한 경우	하

03 사회 구조와 일탈 행동

1단계 개념 짚어 보기

본문 43쪽

01 사회 구조 02 (1) ㄱ (2) ㄴ (3) ㄹ (4) ㄷ 03 (1) × (2) ○ (3) × 04 (1) 낙인 이론 (2) 차별 교제 이론 (3) 머튼 (4) 뒤르켐 05 ㉠ 1차적 일탈 ㉡ 2차적 일탈

2단계 내신 다지기

본문 44~46쪽

01 ⑤	02 ②	03 ①	04 ④	05 ②
06 ④	07 ④	08 ③	09 ④	10 ③
11 ②	12 ③			

01 ㉠은 사회 구조이다. ① 사회 구조는 사회 구성원들의 의지와는 상관없이 어떤 특정한 행동을 하도록 구속하는 강제성을 갖는다. ② 사회 구조는 사회 구성원들이 바뀌어도 계속 유지되는 지속성을 갖는다. ③ 사회 구성원들은 구조화된 행동을 함으로써 사회적 관계를 안정적으로 유지할 수 있게 된다. ④ 사회 구조는 사회적 관계가 긴밀하게 조직되어 하나의 안정된 틀을 이루고 있는 상태이다.

바로 알기 ⑤ 사회 구성원들은 사회 구조의 틀에서 크게 벗어나지 않는 범위 내에서 행동하기 때문에 특정 상황에서 비슷한 양상으로 나타나는 개인들의 행동을 설명할 수 있다.

02 (가)는 학교를 구성하는 구성원들이 바뀌어도 학교의 구조는 크게 달라지지 않고 계속 유지된다는 내용으로, 사회 구조의 지속성을 확인할 수 있다. (나)는 구성원들이 구조화된 행동을 하기 때문에 행동 양식을 예측할 수 있다는 내용으로, 사회 구조의 안정성을 확인할 수 있다.

03 제시문에 따르면 사회 구조는 개인이라는 요소들이 생명체로서 의식을 가지고 생각하고 행동하기 때문에 아무런 움직임이나 변화가 없는 건축 구조와는 다르다. 이를 통해 사회 구조는 의식을 가지고 생각하고 행동하는 사회 구성원에 의해 변화할 수 있음을 추론할 수 있다.

바로 알기 ② 사회 구조는 사회 구성원들의 사고와 행동을 제약하기도 하나 제시문을 통해 추론할 수 없다. ③ 개인은 사회적으로 구조화된 행동을 함으로써 안정적인 사회생활을 영위할 수 있으나 제시문을 통해 추론할 수 없다. ④ 사회 구조는 오랜 세월에 거쳐 형성되나 제시문을 통해 추론할 수 없다. ⑤ 사회 구조는 사회 구성원이 바뀌어도 크게 달라지지 않고 계속 유지된다.

04 ㉠은 일탈 행동이다. 일탈 행동은 사회 규범에 어긋나는 행동으로, 법을 위반하는 행동인 범죄보다 더 광범위한 행동을 포함하는 개념이다. 일탈 행동은 사회의 통합과 존속을 저해할 수 있기 때문에 비난이나 처벌 등 사회적 제재의 대상이 된다. 그러나 일탈 행동은 사회의 문제를 표출함으로써 사회 변화를 이끌어 내는 요인으로 작용하기도 한다.

바로 알기 ㄹ. 학생이 무단결석하는 것은 사회 규범에 벗어나는 행위로서 일탈 행동에 해당한다.

05 제시된 사례는 일탈 행동을 판단하는 기준인 사회 규범이 바뀌면서 과거에는 일탈 행동으로 여겨지지 않았던 행동이 오늘날에는 일탈 행동으로 여겨진다는 내용이다. 이를 통해 일탈 행동은 시대에 따라 상대적으로 규정되는 개념임을 알 수 있다.

06 사회 규범의 혼재를 일탈의 원인으로 보는 이론은 뒤르켐의 아노미 이론이다. ④ 뒤르켐의 아노미 이론은 일탈 행동을 해결하기 위해서 사회적 합의에 바탕을 둔 지배적 규범을 확립하여 사회 통제 기능을 강화해야 한다고 강조한다.

바로 알기 ① 뒤르켐의 아노미 이론은 일탈의 원인을 사회 구조에서 찾는다. ② 뒤르켐의 아노미 이론은 불평등한 사회 구조와는 관련이 없다. ③ 타인과의 상호 작용을 통한 일탈 행동의 학습 과정에 주목하는 이론은 차별 교제 이론이다. ⑤ 낙인 이론에 대한 설명이다. 낙인 이론은 주위 사람들이 특정 개인에게 일탈자라는 낙인을 가하면, 그 사람은 일탈자라는 정체성을 형성하여 계속하여 일탈 행동을 하게 된다고 본다.

07 제시된 내용은 머튼의 아노미 이론의 한계와 유용성에 해당한다. ④ 머튼의 아노미 이론은 문화적 목표와 이를 달성하기 위한 제도적 수단 간의 괴리에 따른 혼란 상태를 아노미로 규정하고, 이러한 아노미적 상황에서 비합법적인 수단을 사용해서 문화적 목표를 달성하려고 할 때 일탈이 발생한다고 본다.

바로 알기 ①, ⑤ 낙인 이론에 대한 설명이다. ② 뒤르켐의 아노미 이론에 대한 설명이다. ③ 일탈의 해결책으로 정상적인 집단과의 교류를 강조하는 이론은 차별 교제 이론이다.

극비 노트 아노미 이론

구분	뒤르켐의 아노미 이론	머튼의 아노미 이론
일탈 원인	사회 규범의 약화나 부재 또는 기존의 규범과 새로운 규범이 혼재하면서 나타나는 아노미 상태에서 일탈 행동이 발생함	문화적 목표와 제도적 수단의 괴리에 따른 아노미적 상황에서 비합법적인 수단을 사용해서 문화적 목표를 달성하려고 할 때 일탈 행동이 발생함
해결 방안	사회적 합의에 바탕을 둔 지배적 규범 확립	문화적 목표를 달성할 수 있는 적절한 제도적 수단의 제공

08 제시문은 주위 환경의 중요성을 강조하고 있다. 따라서 개인이 일탈 행동을 하는 집단과 지속적으로 접촉하면서 일탈 행동의 방법과 일탈 행동을 정당화하는 가치관을 학습한 결과 일탈 행동이 발생한다고 보는 차별 교제 이론과 맥락을 같이한다.

09 제시문은 일탈적 정체성을 형성하게 되면 이후에 일탈 행동을 반복할 가능성이 높아진다는 내용으로 낙인 이론과 관련이 있다. ㄴ, ㄹ. 낙인 이론에서는 특정 행위가 본질적으로 일탈적 성격을 갖는 것이 아니라 낙인을 찍는 사람들에 의해 특정 행위가 일탈이 된다고 본다. 따라서 행동 자체보다도 그에 대한 사회적 반응에 주목한다.

바로 알기 ㄱ. 일탈 집단과의 교류를 일탈 행동의 원인으로 보는 이론은 차별 교제 이론이다. ㄷ. 일탈 행동에 대한 대책으로 일탈자와의 접촉 차단을 강조하는 이론은 차별 교제 이론이다.

10 그림은 1차적 일탈에 대하여 주위 사람들이 낙인을 찍으면 일탈이 고착화됨을 나타내고 있으므로 낙인 이론에 해당한다. ①, ② 낙인 이론에 따르면 1차적 일탈에 대해 낙인이 찍히면 일탈자는 스스로 일탈자라는 부정적인 정체성을 형성함으로써 일탈 행동을 계속하게 된다. 이와 같이 낙인으로 인해 반복적으로 저지르게 된 일탈을 2차적 일탈이라고 한다. ④ 낙인 이론은 일탈자가 되어가는 내면적 과정에 초점을 둔다. ⑤ 낙인 이론은 최초의 일탈이 발생하는 이유를 설명하지 못한다는 한계가 있다.
바로 알기 ③ 낙인 이론은 일탈을 규정하는 객관적 기준이 없다고 본다.

11 낙인 이론은 다른 두 이론과 달리 일탈을 규정하는 객관적 기준이 존재하지 않는다고 본다. 문화적 목표에 도달할 기회 제공을 일탈에 대한 대책으로 보는 이론은 머튼의 아노미 이론이다. 따라서 (가)는 낙인 이론, (나)는 차별 교제 이론, (다)는 머튼의 아노미 이론이다. ② 차별 교제 이론은 일탈자와 지속해서 접촉해도 일탈 행동을 하지 않은 경우를 설명하지 못한다는 한계가 있다.
바로 알기 ① 사회 규범의 부재를 일탈 행동의 원인으로 보는 이론은 뒤르켐의 아노미 이론이다. ③ 일탈 행동이 타인과의 상호 작용에서 비롯된다고 보는 이론은 낙인 이론과 차별 교제 이론이다. ④ 낙인 이론에 대한 설명이다. 낙인 이론은 최초의 일탈, 즉 1차적 일탈에 대한 부정적 인식이 2차적 일탈로 이어진다고 본다. ⑤ 신중한 낙인을 일탈의 해결 방안으로 제시하는 이론은 낙인 이론이다.

12 ①은 낙인 이론, ②는 차별 교제 이론, ④, ⑤는 머튼의 아노미 이론으로 설명할 수 있는 사례이다.
바로 알기 ③ 노인을 공경해야 한다는 의식이 약화하여 일탈 행동이 발생한 경우는 뒤르켐의 아노미 이론으로 설명할 수 있는 사례이다.

3단계 등급 올리기

본문 47쪽

01 ④　　02 ③　　03 ②
04 (1) 갑 – 차별 교제 이론, 을 – 낙인 이론 (2) 해설 참조

01 제시문은 가족이 소중하다는 가치관의 확산에 따라 특정 요일을 '가족의 날'로 정해 야근을 금지하고, 자녀 양육을 위해 근무 시간을 탄력적으로 조정할 수 있는 제도가 도입되었다는 내용이다. 이를 통해 사회 구조는 고정된 것이 아니며, 사회 구성원의 가치관 변화 등에 따라 그 성격이 달라질 수 있음을 알 수 있다.
바로 알기 ②는 사회 구조의 강제성, ③은 사회 구조의 안정성에 대한 설명이나 제시문과는 관련이 없다. ⑤ 사회 구성원들이 구조화된 행동을 하지 않을 경우 사회 구조 자체가 변동한다.

02 제시문은 문화적 목표와 이를 달성하기 위한 제도적 수단 간의 불일치로 인해 일탈 행동이 발생하게 된다고 보고 있다. 이는 머튼의 아노미 이론에 해당한다. ③ 머튼의 아노미 이론은 비합법적인 수단을 사용해서 문화적 목표를 달성하려고 할 때 일탈이 발생한다고 보므로 '모로 가도 서울만 가면 된다.'는 속담과 관련이 있다.
바로 알기 ① 뒤르켐의 아노미 이론에 대한 설명이다. ② 차별 교제 이론과 낙인 이론에 대한 설명이다. ④ 낙인 이론에 대한 설명이다. ⑤ 차별 교제 이론에 대한 설명이다.

03 ㄱ. 뒤르켐의 아노미 이론은 급격한 사회 변동으로 인한 규범의 혼재 및 부재 상태에서 일탈이 발생한다고 본다. ㄷ. 제도적 수단이 제한적인 하층에서 범죄를 저지를 가능성이 높다고 보는 이론은 머튼의 아노미 이론이다. 따라서 (다)에 적절하다.
바로 알기 ㄴ. 정상적인 사회 집단과의 상호 작용 촉진을 일탈에 대한 대책으로 보는 이론은 차별 교제 이론이다. ㄹ. 일탈 행동을 그 자체에 특별한 속성이 있는 것이 아니라고 보는 이론은 낙인 이론이다. 따라서 (가)에 적절하다.

서술형 문제

04 (2) 예시 답안 낙인 이론은 낙인찍히지 않았음에도 반복적으로 일탈 행동을 하는 경우나, 반대로 낙인이 있었음에도 일탈이 일어나지 않은 경우를 설명하지 못한다.

채점 기준	배점
낙인 이론의 한계를 정확하게 서술한 경우	상
낙인 이론의 한계를 서술하였으나 미흡한 경우	하

01 문화의 이해

1단계 개념 짚어 보기

본문 50쪽

01 (1) × (2) × (3) ○ 02 (1) – ㉡ (2) – ㉠ 03 (1) 공유성 (2) 변동성 (3) 전체성 04 (1) 비교론 (2) 총체론 05 (1) ㄴ (2) ㄱ (3) ㄷ

2단계 내신 다지기

본문 50~53쪽

01 ④	02 ④	03 ⑤	04 ②	05 ⑤
06 ③	07 문화의 학습성		08 ⑤	09 ④
10 ②	11 ③	12 ④	13 ①	14 ②
15 ⑤				

01 ㉠은 좁은 의미의 문화, ㉡은 넓은 의미의 문화에 해당한다. 좁은 의미의 문화는 공연이나 예술 등 특정 분야에 관련된 것 또는 교양 있거나 세련된 것을 의미하며, 넓은 의미의 문화는 한 사회 구성원이 공유하는 행동 양식이나 사고방식 등의 모든 생활 양식을 의미한다.

바로 알기 ④ 문화를 우수하고 세련된 것으로 보는 것은 좁은 의미의 문화에 해당한다.

02 제시된 글에서는 문화를 넓은 의미로 규정하고 있다. ㄴ, ㄹ. 의식주 문화와 인사 문화에서의 문화는 한 사회의 구성원이 공유하는 생활 양식을 의미하므로 넓은 의미의 문화에 해당한다.

바로 알기 ㄱ, ㄷ. 신문의 문화면과 문화재에서의 문화는 예술적인 것 또는 교양 있거나 세련된 것을 의미하는 좁은 의미의 문화에 해당한다.

극비 노트 문화의 의미

좁은 의미	공연이나 예술 등 특정 분야에 관련된 것 또는 교양 있거나 세련된 것 예 문화 행사, 문화생활, 문화 시민, 문화인 등
넓은 의미	한 사회의 구성원이 공유하는 의식주, 가치, 규범과 관련된 행동 양식이나 사고방식 등의 모든 생활 양식 예 한국 문화, 청소년 문화, 전통문화 등

03 ㉠에 들어갈 말은 문화이다. ㄷ은 후천적으로 학습된 행동이므로 문화에 해당한다. ㄹ은 개인의 독특한 습관이나 버릇이므로 문화로 보지 않는다.

바로 알기 ㄱ, ㄴ. 인간의 모든 행위가 문화에 해당하는 것은 아니다. 인간의 행위 중에서도 본능이나 유전적 요인에 따른 행동 등은 문화에 해당하지 않는다.

04 제시된 사례는 나라마다 새해를 맞이하는 모습이 다르다는 것을 보여 주는데, 이를 통해 문화의 특수성을 확인할 수 있다. ② 각 사회의 문화는 다른 사회의 문화와 구분되는 고유한 특징을 가진다.

05 제시된 사례에서는 우리나라 사람들이 김장이라는 고유한 문화를 공유하고 있다는 것을 보여 준다. 이를 통해 문화의 공유성을 알 수 있다. ⑤ 한 사회의 구성원들은 같은 문화를 공유하고 있기 때문에 특정한 상황에서 서로의 행동을 이해하고 예측할 수 있다.

바로 알기 ①, ③은 문화의 축적성, ②는 문화의 변동성, ④는 문화의 전체성에 대한 설명이다.

06 제시된 글은 문화의 학습성에 대한 설명이다. ③ 쌍둥이로 태어났더라도 서로 다른 사회에서 자라면 다른 사고방식을 보이는 모습을 통해 문화는 후천적으로 학습된 결과라는 점을 알 수 있다.

바로 알기 ①은 문화의 축적성, ②는 문화의 공유성, ④는 문화의 전체성, ⑤는 문화의 변동성에 해당하는 사례이다.

07 (가)를 통해 문화는 태어날 때부터 가지고 있는 것이 아니라 사회화 과정을 통해 후천적으로 습득하는 것임을 알 수 있다. 이를 문화의 학습성이라고 한다.

08 (나)에서는 분유, 세탁기의 발명이 여성들의 경제 활동 참여 증대, 양성평등 의식 확대 등 사회 전반에 영향을 미치고 있음을 보여 준다. 이처럼 문화를 구성하는 각 요소는 상호 밀접한 관련을 맺고 있는데, 이를 문화의 전체성이라고 한다. ⑤ 문화는 전체성을 띠기 때문에 문화의 한 부분에 변화가 생기면 연쇄적으로 다른 부분에도 영향을 미친다.

바로 알기 ①은 문화의 축적성, ②는 문화의 학습성, ③은 문화의 변동성, ④는 문화의 공유성에 대한 설명이다.

09 제시된 사례에서는 윷놀이 문화가 한 세대에서 다음 세대로 전해지면서 새로운 요소가 추가되어 풍부해지고 있음을 보여 준다. 이를 통해 문화의 축적성을 알 수 있다. 또한 시간이 흐름에 따라 윷놀이 문화의 형태와 내용이 끊임없이 변화하는 모습을 통해 문화의 변동성을 알 수 있다.

10 (가)는 우리나라의 온돌 형태가 시간이 지남에 따라 다른 형태로 변화하였음을 보여 준다. 이를 통해 문화의 변동성을 알 수 있다. (나)는 우리나라의 난방 방식이 주거 형태 및 생활 방식 등과 상호 연관되어 있다는 것을 보여 준다. 이를 통해 문화의 전체성을 알 수 있다.

바로 알기 ㄴ은 문화의 공유성, ㄹ은 문화의 축적성에 대한 설명이다.

극비 노트 문화의 속성

공유성	문화는 한 사회의 구성원이 공통으로 가지는 생활 양식임
학습성	문화는 선천적으로 타고나는 것이 아니라 후천적으로 습득하는 것임
축적성	문화는 언어와 문자를 통해 한 세대에서 다음 세대로 전승되면서 풍부해짐
전체성	문화의 각 요소들은 상호 유기적인 관계를 맺으며 하나의 전체를 이룸
변동성	문화는 시간이 흐름에 따라 끊임없이 변화함

11 ③ 총체론적 관점은 문화의 각 구성 요소가 상호 유기적인 관계를 맺고 있기 때문에 한 사회의 문화는 다른 문화 요소나 전체와의 관련성 속에서 파악해야 한다고 본다.

바로 알기 ①, ②, ⑤는 비교론적 관점, ④는 상대론적 관점에 대한 설명이다.

12 제시된 글에서는 서로 다른 문화 간의 유사성과 차이점을 분석하는 비교론적 관점에서 문화를 바라보고 있다. 비교론적 관점에서 문화를 바라보면 자기 문화의 특징을 객관적으로 이해할 수 있으며 다른 문화에 대한 이해의 폭을 넓힐 수 있다.

바로 알기 ㄱ은 총체론적 관점, ㄷ은 상대론적 관점에 대한 설명이다.

13 오리엔탈리즘은 서양의 관점에서 동양의 문화를 낮게 평가하는 관점이므로 자문화 중심주의적 태도에 해당한다. ① 자문화 중심주의는 다른 문화를 배척하는 국수주의로 연결되어 다른 문화와 갈등을 일으킬 수 있다.

바로 알기 ②, ④ 문화 사대주의의 문제점에 해당한다. ③ 자문화 중심주의는 자기 문화에 대한 자부심을 높이고 집단 내 결속력을 강화할 수 있다는 장점이 있다. ⑤ 문화 상대주의를 극단적으로 적용했을 때 나타날 수 있는 문제점이다.

14 (가)에서 조선 시대 사람들은 중국을 세계의 중심으로 보고 자문화를 낮게 평가하고 있으므로 문화 사대주의적 태도를 가지고 있음을 알 수 있다. (나)에서 서양의 일부 국가는 자기 문화만을 우수하게 여기고 이슬람 사회의 문화는 미개하다고 여기고 있으므로 자문화 중심주의적 태도를 가지고 있음을 알 수 있다.

바로 알기 ② 문화 사대주의적 태도는 타 문화의 좋은 점을 받아들여 자기 문화가 발전하는 계기가 될 수 있다.

15 밑줄 친 부분에서 명예 살인을 그 나름대로 가치와 의미가 있다고 보는 것은 문화 상대주의를 극단적으로 적용하는 극단적 문화 상대주의에 해당한다. ⑤ 문화를 그 사회의 맥락에서 이해하는 것은 필요하지만, 인간의 존엄성과 같은 인류의 보편적 가치를 무시하는 문화까지 존중하는 극단적인 태도는 경계해야 한다.

극비 노트 문화를 이해하는 태도

자문화 중심주의	자기 문화만을 우수한 것으로 여기고 그것을 기준으로 다른 사회의 문화를 낮게 평가하는 태도
문화 사대주의	다른 사회의 문화를 우수한 것으로 여기고 추종하면서 자기 문화를 열등하게 평가하는 태도
문화 상대주의	모든 문화는 서로 다른 자연환경, 역사적 배경, 사회적 맥락에 따라 형성된 것이므로 각자 나름의 고유한 가치가 있다고 보는 태도

3단계 등급 올리기

본문 54~55쪽

01 ④ 02 ⑤ 03 ② 04 ① 05 ⑤
06 ② 07 해설 참조
08 (1) (가) 자문화 중심주의 (나) 문화 사대주의 (2) 해설 참조

01 ㄴ. ㉡은 문화가 한 사회의 구성원이 공통으로 지니는 생활 양식임을 보여준다. 이를 통해 문화의 공유성을 알 수 있다. ㄹ. ㉣은 문화가 한 세대에서 다음 세대로 전승되고 새로운 문화 요소가 추가되면서 풍부해짐을 보여 준다. 이를 통해 문화의 축적성을 알 수 있다.

바로 알기 ㄱ. '음식 문화'에서의 문화는 의식주와 같은 생활 양식을 의미하므로 넓은 의미로 사용되었다. ㄷ. 문화의 변동성에 대한 설명이다. ㉢은 문화가 선천적인 것이 아니라 후천적으로 학습하는 것임을 보여 준다. 이를 통해 문화의 학습성을 알 수 있다.

02 제시된 두 사례를 통해 문화를 구성하는 요소들이 서로 연결되어 있다는 문화의 전체성을 추론할 수 있다. ⑤ 문화의 전체성이란 문화를 구성하는 다양한 문화 요소들이 상호 유기적인 관계를 맺으며 하나의 전체를 이루는 것을 말한다.

바로 알기 ①은 문화의 공유성, ②는 문화의 학습성, ③은 문화의 축적성, ④는 문화의 변동성에 대한 설명이다.

03 (가)는 서로 다른 사회의 청소년 문화의 공통점과 차이점을 비교하여 청소년의 사춘기 스트레스를 이해하려고 하므로, 비교론적 관점에서 문화를 바라보고 있음을 알 수 있다. (나)는 다른 문화 요소와의 관련성 속에서 청소년의 사춘기 스트레스를 이해하려고 하므로, 총체론적 관점에서 문화를 바라보고 있음을 알 수 있다. ② 비교론적 관점은 서로 다른 문화를 비교하여 문화의 보편성과 특수성을 이해하고자 한다.

바로 알기 ①은 총체론적 관점, ③은 상대론적 관점, ④는 비교론적 관점에 대한 설명이다.

04 갑은 문화 상대주의적 태도, 을은 극단적 문화 상대주의를 경계하는 태도, 병은 자문화 중심주의적 태도를 지니고 있다. ㄱ. 문화 상대주의적 태도는 각 사회의 문화를 그 사회의 입장에서 이해하려는 것으로, 문화를 평가의 대상이 아닌 이해의 대상으로 인식한다. ㄴ. 을은 문화 상대주의적 태도를 가지고 문화를 이해하면서도 특정 문화 현상이 인간의 존엄성 및 생명 존중과 같은 인류의 보편적 가치를 훼손하지 않는지 경계해야 한다고 본다.

바로 알기 ㄷ. 자문화 중심주의적 태도는 자기 문화를 우수한 것으로 여기고 그것을 기준으로 다른 문화를 평가하므로 자문화를 객관적으로 파악하기 어렵다. ㄹ. 문화의 다양성을 보존하는 데 유리한 태도는 문화 상대주의적 태도이다.

05 자기 문화의 주체성이 약화될 수 있는 문화 이해 태도인 (나)는 문화 사대주의, 각 사회가 지닌 문화의 고유한 의미와 가치를 인정하는 문화 이해 태도인 (다)는 문화 상대주의에 해당한다. 따라서 나머지 (가)는 자문화 중심주의이다. ⑤ 자문화 중심주의와 문화 사대주의는 문화 상대주의와 달리 특정 문화를 기준으로 문화의 우열을 평가하는 태도이다.

바로 알기 ① 문화 사대주의에 대한 설명이다. ②, ③ 자문화 중심주의에 대한 설명이다. ④ 문화 상대주의에 대한 설명이다. 문화 상대주의는 다양한 문화 현상을 편견없이 이해하며 문화의 상대성과 다양성을 인정하는 태도이다.

06 A는 문화 사대주의, B는 자문화 중심주의, C는 문화 상대주의에 해당한다. ㄱ. 외국 브랜드 제품을 더 좋은 것으로 생각하고 맹목적으로 선호하는 것은 문화 사대주의의 사례에 해당한다. ㄹ. 문화 사대주의는 다른 사회의 문화를 기준으로, 자문화 중심주의는 자기 문화를 기준으로 각 사회의 문화를 평가한다.

바로 알기 ㄴ. 문화 상대주의를 극단적으로 적용할 경우 인류의 보편적 가치를 훼손하는 문화까지도 인정하는 극단적 문화 상대주의에 빠질 수 있다는 문제점이 있다. ㄷ. 자문화 중심주의의 사례이다.

서술형 문제

07 예시 답안 문화의 공유성. 한 사회 안에서 살아가는 사람들은 같은 문화를 공유하고 있기 때문에 특정한 상황에서 서로의 행동을 이해하고 예측할 수 있다. 이를 토대로 사회 구성원 간에 상호 작용이 원활하게 이루어질 수 있다.

채점 기준	배점
문화의 공유성을 쓰고, 그 특징을 정확하게 서술한 경우	상
문화의 공유성이라고만 쓴 경우	하

08 (2) 예시 답안 (가) 자문화 중심주의는 자기 문화만을 우수한 것으로 여겨 다른 사회와의 문화 교류를 거부할 경우 국제적 고립을 초래할 수 있다. (나) 문화 사대주의는 다른 사회의 문화를 무분별하게 받아들일 경우 자기 문화의 주체성을 상실할 수 있다.

채점 기준	배점
자문화 중심주의와 문화 사대주의의 문제점을 모두 정확하게 서술한 경우	상
자문화 중심주의와 문화 사대주의의 문제점을 모두 서술하였으나, 내용이 미흡한 경우	중
자문화 중심주의와 문화 사대주의의 문제점 중 한 가지만 서술한 경우	하

02 현대 사회의 문화 양상

1단계 개념 짚어 보기

본문 57쪽

01 (1) × (2) ○ (3) ○ 02 (1) ㄱ (2) ㄷ (3) ㄴ 03 (1) 넓다 (2) 다수 (3) 쌍방향 04 (1) 대중 매체 (2) 상업성 (3) 획일화

2단계 내신 다지기

본문 58~60쪽

01 ④	02 ③	03 ④	04 ②	05 ⑤
06 ①	07 대중문화	08 ①	09 ②	10 ①
11 ②	12 ④	13 ⑤		

01 ㉠은 주류 문화(전체 문화), ㉡은 하위문화이다. ① 주류 문화는 한 사회의 구성원 대부분이 공유하는 문화이므로 각 사회의 일반적인 생활 양식의 특징을 보여 준다. ②, ③ 하위문화는 같은 하위문화를 공유하는 사람들의 소속감 형성에 도움을 주며 사회가 다원화될수록 하위문화의 수는 다양해진다. ⑤ 하위문화는 주류 문화의 범주를 어떻게 규정하느냐에 따라 상대적으로 규정할 수 있다.

바로 알기 ④ 하위문화에 대한 설명이다. 하위문화는 주류 문화에서는 얻을 수 없는 독특하고 다양한 문화적 욕구를 충족시켜 준다.

02 을. 하위문화는 지역, 세대, 성별, 취미 등 다양한 요인에 의해 형성되기 때문에 전체 사회의 문화를 풍부하고 다양하게 한다. 병. 서로 다른 하위문화 간의 차이를 인정하지 않아 문화적 갈등이나 충돌이 발생할 수도 있다.

바로 알기 갑. 주류 문화의 특징에 해당한다. 정. 하위문화는 같은 하위문화를 공유하는 구성원의 소속감과 유대감을 높여 준다.

03 (가)에는 지역 문화의 기능에 해당하는 내용이 들어가야 한다. 지역 문화가 활성화되면 지역 주민의 정체성 및 유대감이 강화되고 향토 예술과 같은 지역의 고유문화가 발전할 수 있다.

바로 알기 ㄹ. 지역 문화는 각 지역 사람들이 서로 다른 자연환경, 역사적 배경, 사회적 상황 등에 적응하는 과정에서 형성된 것으로 국가 전체의 문화적 다양성을 높이는 효과가 있다.

04 ㄱ. 청소년 문화는 대중 매체의 영향을 많이 받아 충동적이고 모방적인 성향을 보이기도 한다. ㄹ. 서로 다른 세대의 경험이나 사고를 이해하지 못할 경우 세대 갈등을 유발할 수 있다.

바로 알기 ㄴ, ㄷ. 청소년 문화의 특징에 해당한다. 청소년 문화는 기존 문화에 대해 비판적이고 저항적인 성격을 띤다. 또한 새로운 것을 추구하는 변화 지향적인 성격이 강하므로 노인 문화에 비해 새로운 문화 요소를 빠르게 수용하는 편이다.

05 ㉠에 들어갈 문화는 반문화이다. ① 반문화에 대한 규정은 시대나 사회에 따라 달라질 수 있다. ②, ④ 반문화는 주류 문화의 변동을 유도하여 새로운 문화를 형성하거나 사회를 변화시킬 수 있다. ③ 반문화는 하위문화의 한 유형으로, 같은 하위문화를 공유하는 집단 구성원 간의 소속감이나 연대 의식을 강화한다.

바로 알기 ⑤ 반문화는 독자성이 강하고 주류 문화에 적대적인 경우가 많기 때문에 사회적 갈등 및 혼란을 초래하기도 한다.

06 ㈎의 히피 문화는 기존 사회의 지배적인 문화에 반대하며 자유와 평화를 추구하는 문화로, 반문화에 해당한다. ㈏의 김치 문화는 각 지역 사람들이 서로 다른 자연환경 및 생활 방식에 적응하는 과정에서 형성된 것으로, 지역 문화에 해당한다. ㄱ. 반문화는 주류 문화의 변동을 유도함으로써 사회 변화의 원동력이 되기도 한다.

바로 알기 ㄷ. 반문화와 지역 문화는 모두 하위문화에 해당한다. 하위문화는 해당 집단 구성원들의 소속감을 높여 준다. ㄹ. 반문화에 대한 설명이다.

극비 노트 다양한 하위문화

지역 문화	한 사회를 구성하는 여러 지역 사회에서 나타나는 고유한 생활 양식
세대 문화	공통의 체험을 토대로 사고방식이나 생활 양식이 비슷한 일정 범위의 연령층이 공유하는 문화
반문화	한 사회의 구성원 전체가 따르고 누리는 지배적인 문화에 저항하고 대립하는 문화

07 밑줄 친 '이 문화'는 대중문화이다. 대중문화는 특정 계층이나 집단이 아닌 불특정 다수, 즉 대중이 즐기고 누리는 문화를 말한다.

08 대중문화는 대중 매체를 통해 형성되며, 대중이 일상생활 속에서 손쉽게 접하고 즐길 수 있다. 또한 대중의 수준과 기호를 반영해 대량으로 생산되고 다수에 의해 대량으로 소비되며, 대중에게 다양한 지식과 정보를 제공한다.

바로 알기 ① 대중문화는 대중 매체를 통해 전달되므로 공유되는 범위가 넓고 확산 속도가 빠른 편이다.

09 제시된 사례에서는 수많은 사람이 대중 매체를 통해 같은 정보와 지식, 문화 요소를 접하고 그것에 동화됨으로써 대중의 삶의 모습이 획일화되고 있음을 보여 준다. 이처럼 대중문화는 사회 구성원들의 생활 양식이나 가치관을 획일화할 수 있다.

10 제시된 글에서는 대중문화의 상업성이 지나치게 강조됨으로써 대중문화가 선정성과 폭력성을 띠는 등 문화의 질적 저하가 나타나는 모습을 보여 준다.

11 ㄱ. 인쇄 매체는 신문, 잡지 등과 같이 문자와 사진을 이용하여 정보를 전달하는 매체로, 복잡하고 심층적인 정보 전달이 가능하다. ㄹ. 뉴 미디어의 발달로 대중이 수동적인 정보 소비자에서 벗어나 대중문화의 생산에 직접 참여하는 일이 많아졌다.

바로 알기 ㄴ. 뉴 미디어는 정보 전달이 쌍방향으로 이루어지는 쌍방향 매체이므로 정보 생산 과정에서 대중의 의사를 반영할 수 있다. ㄷ. 인쇄 매체는 뉴 미디어에 비해 정보 전달의 범위가 한정되어 있다.

12 제시된 글에서는 뉴 미디어의 등장으로 대중이 문화의 소비자에서 생산자로 변화하고 있음을 보여 준다.

바로 알기 ①, ②, ③, ⑤ 대중문화의 특징에 해당하지만, 제시문과는 관련이 없다.

13 제시된 사례를 통해 대중 매체가 동일한 현상을 서로 다르게 전달하고 있음을 알 수 있다. 따라서 동일한 현상이라도 대중 매체가 현상을 보는 관점에 따라 다르게 평가되므로 대중은 대중 매체가 제공하는 정보를 비판적으로 수용해야 한다.

3단계 등급 올리기

본문 61쪽

01 ⑤ **02** ① **03** ② **04** (1) 세대 문화 (2) 해설 참조

01 ㈎는 한 사회의 지배적인 문화에 저항하는 문화라고 했으므로 반문화, ㈐는 한 사회 내에서 일부 구성원들만 공유하는 문화가 아니라고 했으므로 주류 문화에 해당한다. 따라서 나머지 ㈏는 반문화의 성격이 없는 하위문화이다. ㄷ. 원래 하위문화였던 것이 사회 변동에 따라 주류 문화가 되기도 하고 한 나라에서는 하위문화인 것이 다른 나라에서는 주류 문화인 경우도 있다. 이처럼 하위문화는 시간이나 공간에 따라 상대적인 성격을 띤다. ㄹ. 하위문화와 주류 문화 모두 해당 문화를 향유하는 구성원의 문화 정체성 및 소속감 형성에 도움을 준다.

바로 알기 ㄱ. 반문화를 포함한 하위문화는 모두 주류 문화에서는 얻을 수 없는 다양한 문화적 욕구를 충족시켜 준다. ㄴ. 반문화에 대한 설명이다. 반문화는 주류 문화에 적대적인 경우가 많아 사회 갈등 및 사회적 혼란을 초래하기도 한다.

02 갑은 대중문화가 대중 매체를 통해 대중에게 새로운 지식이나 정보를 전달한다고 본다. 을은 대중문화가 대중 매체에 의해 널리 퍼지고 공유되면서 개인의 독창성과 개성이 쇠퇴하고 생활 양식이 획일화된다고 본다.

바로 알기 ②, ③ 대중문화의 발달로 소수의 특권층이 누리던 문화적 혜택을 다수가 누릴 수 있게 되었고, 이는 모든 사람이 평등하게 다양한 문화적 욕구를 충족할 수 있게 하여 문화의 민주화에 이바지하였다. ⑤ 갑과 을은 모두 대중 매체가 대중문화의 형성 및 확산에 영향을 미친다고 본다.

03 A는 심층적인 정보 전달에 유리하므로 신문, B는 쌍방향 정보 전달에 유리하므로 뉴 미디어에 해당한다. ㄱ. 신문의 이용률 대비 신뢰도(49/31)는 영상 매체인 텔레비전의 이용률 대비 신뢰도(66/94)보다 높다. ㄹ. 텔레비전의 이용률(94%)과 신뢰도(66점)는 신문의 이용률(31%)과 신뢰도(49점)보다 높다.

바로 알기 ㄴ. 뉴 미디어는 정보 소비자가 정보 생산 과정에 적극적으로 참여하는 쌍방향 매체이므로 정보 생산자와 소비자의 경계가 불분명하다. ㄷ. 뉴 미디어는 디지털 방식으로 정보를 제작하고 유통하기 때문에 신문에 비해 정보의 복제와 전송이 용이하다.

서술형 문제

04 (2) 예시 답안 세대 문화는 같은 세대에 속하는 사람들의 일체감과 정체성 형성에 이바지할 수 있다. 그러나 다른 세대의 경험이나 사고를 이해하지 못할 경우 세대 갈등을 유발할 수도 있다.

채점 기준	배점
세대 문화의 특징을 두 가지 이상 정확하게 서술한 경우	상
세대 문화의 특징을 한 가지만 서술한 경우	하

03 문화 변동의 양상과 대응

1단계 개념 짚어 보기

본문 63쪽

01 ㉠ 발명 ㉡ 발견 02 (1) 간접 전파 (2) 자극 전파 03 (1) 강제적 (2) 자발적 04 (1) ㄴ (2) ㄷ (3) ㄱ 05 (1) × (2) ○

2단계 내신 다지기

본문 64~66쪽

01 ② 02 ④ 03 ② 04 ⑤ 05 ③
06 문화 공존(문화 병존) 07 ⑤ 08 ② 09 ①
10 ⑤ 11 ③ 12 ③ 13 ①

01 ㉠은 한글이라는 새로운 문화 요소를 만들어 낸 것이므로 발명, ㉡은 불이라는 알려지지 않았던 문화 요소를 찾아낸 것이므로 발견에 해당한다. ㄱ. 계몽사상이라는 새로운 사상의 등장은 발명에 해당한다. 발명의 대상은 물질적인 것일 수도 있고 종교, 관념, 제도와 같이 비물질적인 것일 수도 있다.

바로 알기 ㄴ. 발명에 대한 설명이다. ㄹ. 발명과 발견은 모두 한 사회의 내부에서 등장하여 문화 변동을 초래하므로, 문화 변동의 내재적 요인에 해당한다.

02 제시된 사례에서는 당나라군과 이슬람군이 직접적으로 접촉하는 과정에서 중국의 제지술이 이슬람 세계에 전파되었으므로, 직접 전파가 일어났음을 알 수 있다.

바로 알기 ② 간접 전파에 대한 설명이다. ③ 직접 전파는 사람이 다른 문화와 직접 접촉하여 문화 요소가 전해지는 것으로, 사회 외부의 요인에 의한 문화 변동이다. ⑤ 자극 전파에 대한 설명이다.

극비 노트 문화 변동의 요인

내재적 요인	• 발명: 이전에는 없었던 새로운 문화 요소를 만들어 내는 것 • 발견: 이미 존재하고 있었지만 아직 알려지지 않은 것을 찾아내는 것
외재적 요인 (문화 전파)	• 직접 전파: 전쟁, 교역 등을 통해 사람이 다른 문화와 직접 접촉하여 문화 요소가 전해지는 것 • 간접 전파: 문화 요소가 인쇄물, 텔레비전, 인터넷 등과 같은 매개체를 통해 간접적으로 전파되는 것 • 자극 전파: 다른 사회의 문화 요소에서 아이디어를 얻어 새로운 문화 요소를 만들어 내는 것

03 (가)에서는 텔레비전, 인터넷 등과 같은 매체를 매개로 우리나라의 대중문화가 외국에 전파되고 있으므로, 간접 전파가 나타났음을 알 수 있다. (나)에서는 체로키족이 백인들과 접촉하면서 전파된 영어에 자극을 받아 세쿼야라는 새로운 문자를 발명하였으므로, 자극 전파가 나타났음을 알 수 있다.

바로 알기 ① 직접 전파에 대한 설명이다. ④, ⑤ (가)와 (나)는 모두 외재적 요인에 의한 문화 변동으로, 한 사회가 다른 문화와 교류하거나 접촉하는 과정에서 새로운 문화 요소가 전달되는 문화 전파에 해당한다.

04 ㉠은 중국과의 직접적인 교류를 통해 우리나라에 한자가 전래된 것으로, 직접 전파에 해당한다. ㉡은 다른 사회에서 전파된 문화 요소인 한자의 영향을 받아 우리나라에서 이두라는 새로운 문자를 발명한 것으로, 자극 전파에 해당한다. ㉢은 한글이라는 이전에는 없었던 새로운 문화 요소를 만들어 낸 것으로, 발명에 해당한다. ㄷ. 발명은 문화 변동의 내재적 요인에 해당한다. ㄹ. 직접 전파와 자극 전파는 모두 사회 외부의 요인에 의한 문화 전파에 해당한다.

바로 알기 ㄱ. 전통 한복을 입기 편한 한복으로 개량한 것은 전파에 의한 문화 변동이라고 볼 수 없다. ㄴ. 간접 전파에 대한 설명이다.

05 제시된 사례에서는 식민 지배의 상황에서 일본이 자기 사회의 문화 요소를 우리 사회의 문화 체계 속에 강제로 이식하는 강제적 문화 접변이 나타났다. 이러한 강제적 문화 접변은 우리의 의지와 상관없이 강제적으로 이루어진 문화 변동이므로 우리 사회에서는 강제적 문화 접변에 대항하는 문화적 저항이 일어났다.

바로 알기 ㄱ. 제시된 사례에서는 발명이나 발견에 의한 문화 변동을 찾을 수 없다. ㄹ. 자발적 문화 접변에 대한 설명이다.

06 제시된 사례는 우리나라의 차이나타운에서 우리나라의 문화와 중국의 문화가 고유한 성격을 잃지 않고 나란히 존재하고 있음을 보여 준다. 이는 문화 공존(문화 병존)에 해당한다.

07 ⑤ 문화 공존이란 서로 다른 사회의 문화 요소가 고유한 성격을 잃지 않고 한 사회의 문화 체계 속에 나란히 존재하는 현상을 말한다.

바로 알기 ①은 발견, ②, ④는 문화 동화, ③은 문화 융합에 대한 설명이다.

08 A는 문화 동화, B는 문화 융합에 해당한다. ㄱ. 돌침대는 문화 융합의 사례이며, 문화 융합은 한 사회의 기존 문화가 외래문화와 결합하여 새로운 성격을 지닌 제3의 문화가 만들어지는 현상을 의미한다. ㄹ. 문화 동화는 한 사회의 문화가 다른 사회의 문화 체계 속에 흡수되어 자문화의 정체성을 상실하는 현상을 말한다. 반면 문화 융합은 한 사회의 문화가 자문화의 정체성을 보존하면서 외래문화와 결합하여 새로운 문화가 등장하는 현상을 말한다. 따라서 문화 동화와 문화 융합은 '자문화의 정체성 보존 여부'로 구분할 수 있다.

바로 알기 ㄴ. 필리핀에서 영어와 필리핀의 고유어인 타갈로그어를 공용어로 사용하는 것은 문화 공존의 사례에 해당한다.

09 ㉠은 문화 공존, ㉡은 문화 융합, ㉢은 문화 동화이다.

바로 알기 ① 죽염 치약은 우리의 소금 양치 문화와 외국의 치약 문화가 결합하여 만들어진 새로운 문화 요소이므로 문화 융합의 사례에 해당한다.

10 제3의 문화 요소가 새롭게 형성되는 현상인 (나)는 문화 융합, 서로 다른 문화 요소가 한 사회 안에 공존하는 현상인 (다)는 문화 공존에 해당한다. 따라서 나머지 (가)는 문화 동화이다. ⑤ 문화 동화는 문화 공존이나 문화 융합과 달리 기존 문화가 다른 사회의 문화 체계 속에 흡수되어 자문화의 정체성을 상실하는 현상이다.

바로 알기 ① 문화 공존은 한 사회의 문화가 다른 사회의 문화 체계 속에 흡수되는 현상이므로 전체 사회의 문화적 다양성이 확대되는 것에 영향을 미치지 못한다. ② 문화 공존의 사례에 해당한다. ③ 강제적 문화 접변은 정복이나 식민 지배와 같은 상황에서 지배 사회의 문화 요소를 피지배 사회의 문화 체계 속에 강제로 이식함으로써 나타나는 문화 변동이다. 이는 문화 융합보다는 문화 동화를 목적으로 한다. ④ (가)~(다)는 모두 문화 접변에 따른 결과이다. 문화 접변은 직접적인 접촉뿐만 아니라 간접적인 매개체를 통해서도 나타날 수 있다.

극비 노트 문화 접변의 결과

문화 공존 (문화 병존)	• 의미: 서로 다른 사회의 문화 요소가 고유한 성격을 잃지 않고 한 사회의 문화 체계 속에 나란히 존재하는 현상 • 사례: 우리 사회에서 한의원과 서양식 병원이 함께 존재하는 것
문화 동화	• 의미: 한 사회의 문화가 다른 사회의 문화 체계 속에 흡수되어 정체성을 상실하는 현상 • 사례: 아메리카 원주민이 백인 문화와 접촉하면서 원주민 고유의 문화를 상실한 것
문화 융합	• 의미: 한 사회의 기존 문화가 외래문화와 결합하여 기존 문화 요소의 성격을 지니면서도 새로운 성격을 지닌 제3의 문화가 등장하는 현상 • 사례: 인도의 간다라 지방에서 인도의 불교문화와 서양의 문화가 만나 간다라 미술이 나타난 것

11 ㉠에 들어갈 말은 아노미 현상이다. 아노미 현상은 문화 변동 과정에서 기존의 가치 규범이 무너졌으나 아직 이를 대체할 새로운 가치 규범이 형성되지 않아 사회적 혼란이 초래되는 것을 말한다.

12 제시된 사례에서는 드론이라는 기술은 발달하였지만, 이를 사용하는 사람들의 예절 및 의식 수준이 그에 미치지 못하는 모습을 보여 준다. 이처럼 물질문화의 변동 속도를 비물질문화의 변동 속도가 따라가지 못하는 현상을 문화 지체 현상이라고 한다.

바로 알기 ㄱ, ㄹ. 문화 변동 과정에서 발생하는 문제점에 해당하지만 제시된 사례와는 관련이 없다.

13 문화 변동 과정에서 발생하는 문제점에 대응하기 위해서는 새로 유입되는 문화 요소를 능동적이고 주체적으로 수용해야 한다. 즉 새로운 문화 요소 중 우리 문화에 필요하다고 판단되는 경우에는 적극적으로 수용하면서도 고유문화의 정체성을 유지하기 위해 노력해야 한다. 또한 빠르게 변화하는 물질문화의 변동을 뒷받침할 수 있는 새로운 사회 규범이나 제도를 확립해야 한다.

바로 알기 병. 문화가 변동하는 과정에서 비물질문화의 변동 속도가 물질문화의 빠른 변동 속도를 따라가지 못하여 문화 요소 간의 부조화 문제가 발생하는 문화 지체 현상이 나타날 수 있다. 따라서 문화 변동에 대응하기 위해서는 물질문화의 변동 속도를 늦이는 것이 아니라 물질문화의 변동을 뒷받침할 수 있는 새로운 사회 규범이나 제도를 확립해야 한다. 정. 새로운 문화 요소 중 자기 문화에 필요하다고 판단되는 것은 적극적으로 수용하면서도 외래문화가 자문화의 정체성을 훼손할 것으로 판단되는 경우에는 그것을 거부하거나 변형하여 받아들여야 한다.

3단계 등급 올리기

본문 67쪽

01 ① 02 ② 03 ④ 04 해설 참조

01 A는 발명, B는 발견, C는 자극 전파, D는 간접 전파, E는 직접 전파에 해당한다. ① 발명은 이전에는 없었던 새로운 문화 요소를 만들어 내는 것으로, 물질적인 것뿐만 아니라 종교, 관념, 제도와 같이 비물질적인 것도 발명의 대상이 될 수 있다.

바로 알기 ② 활의 원리를 이용하여 현악기라는 새로운 문화 요소를 만든 것은 발명에 해당한다. ③ 간접 전파는 문화 요소가 인쇄물, 텔레비전, 인터넷 등과 같은 매개체를 통해 간접적으로 이루어지는 전파이므로 상호 인적 교류가 없는 집단 간에도 간접 전파를 통한 문화 변동이 이루어질 수 있다. ④ 자극 전파는 다른 사회의 문화 요소에서 아이디어를 얻어 새로운 문화 요소를 만들어 내는 것으로, 직접 전파와 간접 전파는 모두 자극 전파의 원인이 될 수 있다. ⑤ A~E는 모두 문화 변동을 일으키는 요인이므로 문화 변동 과정에서 발생하는 문화 지체 현상을 초래할 수 있다.

02 ㄱ. ㉠에서 라면은 일본으로 건너온 중국인과의 직접적인 접촉을 통해 전파된 것으로, 직접 전파에 해당한다. 직접 전파는 사람이 다른 문화와 직접 접촉하여 문화 요소가 전해지는 것으로, 외재적 요인에 의한 문화 변동이다. ㄷ. ㉢은 우리나라가 식량 부족 문제를 해결하기 위해 일본의 라면 생산 기술을 도입한 것으로, 자발적 문화 접변에 해당한다. 자발적 문화 접변이란 문화 수용자의 자발적인 필요와 의지에 의해 나타나는 문화 변동을 말한다.

바로 알기 ㄴ. ㉡에서 어묵을 기름에 튀기는 것에 아이디어를 얻어 새로운 문화 요소인 인스턴트 라면을 만든 것은 자극 전파의 사례에 해당한다. ㄹ. ㉣에서 우리나라의 음식 문화와 일본의 라면 문화가 결합하여 우리나라에서 김치 라면, 사골 라면 등과 같은 새로운 문화 요소가 등장한 것은 문화 융합의 사례에 해당한다. 문화 융합은 한 사회의 기존 문화가 외래문화와 결합하여 새로운 성격을 지닌 문화가 등장하는 현상을 말한다.

03 <자료 1>에서 ㉠은 자극 전파, ㉡은 간접 전파, ㉢은 직접 전파에 해당한다. <자료 2>에서 (가)는 문화 동화, (나)는 문화 공존, (다)는 문화 융합에 해당한다. ④ 중국의 호떡이 교역을 통해 우리나라에 들어온 것은 ㉢ 직접 전파이고, 호떡이 우리나라의 다양한 간식 중 하나가 된 것은 (나) 문화 공존의 사례로 볼 수 있다.

바로 알기 ① 발명에 의한 문화 변동에 해당한다. ② 다른 나라의 종교 교리에서 아이디어를 얻어 신흥 종교를 만든 것은 ㉠ 자극 전파에 해당하지만, 신흥 종교가 기존 종교를 대체한 것은 (가) 문화 동화에 해당한다. ③ 외국인이 인터넷을 통해 우리나라의 드라마를 접한 것은 ㉡ 간접 전파에 해당하지만, 외국인이 자문화의 정체성을 잃어버리고 우리나라의 문화 체계 속에 흡수되었는지는 알 수 없으므로 (가) 문화 동화라고 할 수 없다. ⑤ 문익점이 중국에서 목화씨를 가져온 것은 ㉢ 직접 전파에 의한 사례에 해당하지만, 우리나라에서 새로운 문화 요소가 등장한 것은 아니므로 (다) 문화 융합이라고 할 수 없다.

서술형 문제

04 **예시 답안** 문화 지체. 문화 지체는 비물질문화의 변동 속도가 물질문화의 변동 속도를 따라가지 못하여 나타나게 된다.

채점 기준	배점
문화 지체를 쓰고, 문화 지체의 원인을 정확하게 서술한 경우	상
문화 지체라고만 쓴 경우	하

01 사회 불평등 현상과 사회 계층의 이해

1단계 개념 짚어 보기 본문 70쪽

01 사회 불평등 02 (1) × (2) ○ (3) ○ (4) × 03 (1) 기 (2) 갈 (3) 갈 (4) 기 04 (1) 수직 이동 (2) 개방적 (3) 세대 간 이동 (4) 하층, 중층 05 (1) - ㉠ (2) - ㉡

2단계 내신 다지기 본문 70~73쪽

01 ③	02 ⑤	03 ⑤	04 ②	05 ⑤
06 ①	07 ①	08 ④	09 ①	10 ③
11 ④	12 ②	13 ⑤	14 ③	

01 제시문은 사회 불평등 현상에 대한 설명이다. ㄴ. 사회 불평등 현상은 사회적 자원이 불평등하게 분배되면서 개인이나 집단이 서열화되는 현상으로 개인과 집단 모두에서 나타난다. ㄷ. 사회 불평등 현상은 인간의 욕구는 무한한 데 비해 그것을 만족시켜 줄 수 있는 자원이 부족하기 때문에 나타나는 현상이다.

바로 알기 ㄱ. 사회 불평등 현상은 정도의 차이는 있지만 어느 시대, 어느 사회에서나 존재하는 보편적인 현상이다. ㄹ. 사회 불평등 현상은 사회 구성원의 태도와 가치관, 생활 양식 등에 큰 영향을 미친다.

02 제시문은 소득 수준이 낮을수록 기대 수명이 짧고, 우울증 발생 정도가 높다는 내용이다. 이를 통해 경제적 불평등이 건강에 영향을 미침을 알 수 있다. 즉, 어느 한 영역의 불평등은 그것으로 그치는 것이 아니라 다른 영역의 불평등과 상호 관련성을 가지고 영향을 주고받는다.

바로 알기 ①, ③, ④ 제시된 자료를 통해서 알 수 없는 내용이다. ② 경제적 불평등은 소득과 재산 등이 차등 분배됨으로써 나타난다.

03 제시문은 계층론에 대한 설명이다. ① 계층론은 개인의 지위 중 하나 이상이 일치하지 않는 지위 불일치 현상의 가능성을 인정한다. ② 계층론에 따르면 불평등의 각 측면은 서로 영향을 주고받으나 기본적으로 그 기원이 독립적이다. ③ 계층론은 동일 계층에 속한 사람들 간 계층 의식이 미약하고, 다른 계층에 대해 적대감이 약하다고 본다. ④ 계층론은 경제적 요인, 정치적 요인, 사회적 요인 등 다양한 요인을 가지고 사회 불평등 현상을 설명한다.

바로 알기 ⑤ 집단 간의 관계가 필연적으로 적대적일 수밖에 없다고 보는 이론은 계급론이다.

04 경제적 요인으로만 사회 불평등 현상을 설명하는 A는 계급론이고, 경제적 요인뿐 아니라 다양한 요인으로 사회 불평등 현상을 설명하는 B는 계층론이다. ① 계급론은 경제적 요인, 즉 생산 수단의 소유 여부에 따라 자본가 계급과 노동자 계급이 구분되며, 자본가 계급이 노동자 계급을 착취하는 지배·피지배 관계가 형성된다고 본다. ③ 계급론은 계급 구성원들이 상대 계급에 대해서는 적대감을 가지고 자기 계급에 대해서는 동류의식을 가짐을 강조한다. ④ 계층론은 계층 간의 관계를 연속적인 서열 관계로 파악한다. 반면 계급론은 계급 간의 관계를 불연속적인 위계 관계로 파악한다. ⑤ 계급론과 계층론 모두 사회 불평등 현상이 사회적 희소 자원의 차등 분배에서 비롯된다고 본다.

바로 알기 ② 사회 불평등 구조가 궁극적으로 양극화된다고 보는 이론은 계급론이다.

05 제시문은 차등 보상이 개인에게 성취동기를 부여한다고 긍정적으로 평가하고 있다. 이처럼 차등 보상의 긍정적 기능을 강조하는 입장은 기능론적 관점에 해당한다. 기능론적 관점에서는 직업마다 기능적 중요도가 다르기 때문에 중요한 업무를 수행하는 사람에게 더 많은 보상이 주어지도록 차등 보상이 이루어져야 한다고 본다. 그리고 이러한 차등 보상은 개인에게 성취동기를 부여하고, 경쟁을 유발하여 인재를 적재적소에 배치하기 때문에 사회의 유지 및 발전에 기여한다고 본다. 따라서 기능론적 관점에 따르면 차등 보상에 따른 사회 불평등 현상은 보편적이고 불가피한 현상이다.

바로 알기 ⑤ 사회적 희소 자원이 권력이나 사회적·경제적 배경 등에 의해 차등적으로 분배된다고 보는 것은 갈등론적 관점이다. 기능론적 관점은 개인의 능력이나 노력, 직업의 사회적 기여도 등에 따라 사회적 희소 자원이 합리적으로 분배된다고 본다.

06 제시문은 최고 경영자와 일반 직원의 연봉 격차를 생산성이 아닌, 사회적 희소 자원의 배분 기준이 지배 집단에 유리하게 정해져 있기 때문이라고 보고 있다. 이는 갈등론적 관점에 해당한다. ① 갈등론적 관점에 따르면 사회 불평등은 사회적 희소 자원이 불공정하게 분배된 결과이며, 이것은 집단 간 갈등을 유발하여 사회 전체의 발전을 저해하므로 극복해야 할 현상이다.

바로 알기 ②, ③, ④, ⑤ 사회 불평등 현상을 바라보는 기능론적 관점에 해당한다.

07 (가)는 기능론적 관점, (나)는 갈등론적 관점에 해당한다. ㄱ. 기능론적 관점에서는 직업을 기여도에 따라 서열화할 수 있다고 보고, 더 중요한 직업에 더 능력이 있는 사람을 배치하기 위해서는 사회적 희소 자원을 차등적으로 분배해야 한다고 본다. ㄴ. 갈등론적 관점에서는 사회 불평등 현상이 사회의 유지와 발전에 부정적 영향을 미치므로 사회 구조의 개혁을 통해 이를 극복해야 한다고 본다.

바로 알기 ㄷ. 가정 배경과 같은 귀속 요인이 사회 불평등에 미치는 영향력을 강조하는 것은 갈등론적 관점이다. ㄹ. 균등 분배가 사회 구성원의 성취동기를 저해한다고 보는 것은 기능론적 관점이다.

08 ㄱ. 관노비에서 궁노비가 된 것은 동일한 계층 내에서 위치가 변화한 것이므로 수평 이동에 해당한다. ㄴ. 노비에서 종3품의 대호군이 된 것은 계층적 위치가 상승한 것이므로 수직 이동에 해당한다. ㄹ. 장영실의 어머니는 관노비인데 반해 장영실은 종3품의 대호군이 되었다. 이는 부모 세대와 자녀 세대에 걸쳐 이루어진 계층적 위치의 변화이므로 세대 간 이동에 해당한다.

바로 알기 ㄷ. 구조적 이동은 사회 변동으로 기존의 계층 구조가 변화하여 생기는 계층적 위치의 변화를 의미한다. 이러한 구조적 이동은 제시된 자료에 나타나 있지 않다.

09 (가)는 구조적 이동, (나)는 수직 이동, (다)는 수평 이동에 해당한다. ㄱ. 노예 제도의 철폐로 노예의 신분에서 벗어난 것은 사회 변동으로 인해 계층적 위치가 변화한 것이므로 구조적 이동에 해당한다. ㄴ. 대기업 회장에서 노점상이 된 것은 계층적 위치가 하강한 것이므로 수직 이동에 해당한다. ㄷ. 국내 영업팀 팀장이 해외 영업팀 팀장이 된 것은 동일한 계층 내에서의 위치 이동이므로 수평 이동에 해당한다.

10 ① 세대 간 상승 이동률은 56%(4% + 2% + 50%)이고, 세대 간 하강 이동률은 9%(4% + 0% + 5%)이다. 따라서 세대 간 상승 이동률이 세대 간 하강 이동률보다 높다. ② 중층 비율은 부모 세대가 18%, 자녀 세대가 63%이다. 따라서 중층 비율은 자녀 세대가 더 높다. ④ 부모의 계층을 세습한 자녀의 비율은 35%(10% + 9% + 16%)이고, 그렇지 않은 자녀의 비율은 65%(4% + 0% + 5% + 4% + 2% + 50%)이다. 따라서 부모의 계층을 세습하지 않은 자녀의 비율이 더 높다. ⑤ 부모 세대 상층에서 자녀 세대 하층으로 세대 간 이동을 한 경우(0%)는 없다.
바로알기 ③ 부모의 계층별로 계층 지위가 대물림된 비율은 상층이 약 71%(10/14), 중층이 50%(9/18), 하층이 약 23%(16/68)이다. 따라서 상층의 비율이 가장 높다.

국비 노트 사회 이동의 유형

구분 기준	유형	내용
이동 방향	수평 이동	동일한 계층 내에서의 위치 변화
	수직 이동	계층적 위치가 높아지거나 낮아지는 변화
세대 범위	세대 내 이동	한 개인의 생애 동안에 나타나는 계층적 위치의 변화
	세대 간 이동	두 세대 이상에 걸쳐서 이루어지는 계층적 위치의 변화
이동 원인	개인적 이동	한 개인의 능력이나 노력에 따른 계층적 위치의 변화
	구조적 이동	사회 변동으로 기존의 계층 구조가 변화하여 생기는 계층적 위치의 변화

11 (가)는 피라미드형 계층 구조, (나)는 다이아몬드형 계층 구조이다. ④ 다이아몬드형 계층 구조는 중층이 상층과 하층 사이에서 완충 역할을 하기 때문에 사회가 비교적 안정적이다.
바로알기 ① 피라미드형 계층 구조는 계층 간 수직 이동이 엄격하게 제한되는 신분제에 기초한 전통 사회에서 주로 나타난다. ② 피라미드형 계층 구조는 소수의 상층이 다수의 하층을 지배하는 계층 구조이다. ③ 다이아몬드형 계층 구조는 근대 이후 산업 사회에서 주로 나타난다. ⑤ 계층 구성원의 비율에 따라 피라미드형 계층 구조와 다이아몬드형 계층 구조로 구분된다.

12 2002년 중층/상층의 비율이 3이고, 하층/중층의 비율이 1/3이므로 상층, 중층, 하층의 비율은 1 : 3 : 1이다. 2018년 중층/상층의 비율이 3이고, 하층/중층의 비율이 2이므로 상층, 중층, 하층의 비율은 1 : 3 : 6이다. 따라서 2002년의 계층 구조는 다이아몬드형이고, 2018년의 계층 구조는 피라미드형이다. ㄱ. 2002년 상층, 중층, 하층의 비율이 1 : 3 : 1이므로 중층의 인구가 가장 많다. ㄹ. 다이아몬드형 계층 구조가 피라미드형 계층 구조보다 사회 통합에 더 유리하다.
바로알기 ㄴ. 제시된 자료를 통해서는 계층의 대물림 정도를 알 수 없다. ㄷ. 2002년과 2018년의 전체 인구수가 제시되어 있지 않으므로 인구수를 비교할 수 없다.

13 갑국과 을국의 계층별 비율은 다음과 같다.

구분	갑국	을국
상층 : 중층 : 하층	20% : 30% : 50%	25% : 50% : 25%

⑤ 갑국의 하층 비율과 을국의 중층 비율은 각각 50%이다. 갑국과 을국의 전체 인구수가 동일하므로 갑국의 하층 인구수와 을국의 중층 인구수는 같다.
바로알기 ① 갑국의 계층 비율은 상층이 20%, 중층이 30%, 하층이 50%이므로, 갑국은 피라미드형 계층 구조를 띠고 있다. ② 을국의 계층 비율은 상층이 25%, 중층이 50%, 하층이 25%이므로, 을국은 다이아몬드형 계층 구조를 띠고 있다. ③ 갑국와 을국의 전체 인구수는 동일한데 상층 비율이 갑국은 20%이고, 을국은 25%이므로 갑국보다 을국의 상층 인구수가 더 많다. ④ 제시된 자료를 통해서는 개방적 계층 구조 여부를 알 수 없다.

14 제시문은 정보화를 낙관적으로 보는 시각에 해당한다. ③ 정보화 낙관론자들은 정보화로 인해 계층 간 격차가 줄어들어 다이아몬드형 계층 구조에서 타원형 계층 구조로 변화할 것이라고 예측한다.
바로알기 ①은 피라미드형, ②는 모래시계형, ④는 수직형, ⑤는 수평형 계층 구조에 대한 설명이다.

3단계 등급 올리기

본문 74~75쪽

01 ② **02** ③ **03** ④ **04** ⑤ **05** ①
06 ⑤ **07** (1) A – 계층론, B – 계급론 (2) 해설 참조
08 해설 참조 **09** 해설 참조

01 ㄴ. 계급론은 중간 계층의 존재를 부정하고, 생산 수단의 소유 여부에 따라 계급을 지배 계급과 피지배 계급으로 이분법적으로 구분한다. ㄹ. 계급론에 따르면 정치적·사회적 불평등은 경제적 불평등에 종속되어 나타난다.
바로알기 ㄱ. 계급론과 계층론은 모두 사회 불평등 현상에 경제적 요인이 작용한다고 본다. ㄷ. 집단 간의 위계가 불연속적이라고 보는 이론은 계급론이다.

02 제시문은 여성이 남성보다 승진 가능성이 적은 이유를 생산성의 차이 때문이라고 보고 있으므로, 기능론적 관점에 해당한다. ③ 기능론적 관점에 따르면 사회 불평등 현상은 개인의 능력이나 직업의 사회적 기여도에 따라 사회적 희소 자원을 합리적으로 분배한 결과이며, 이는 사회가 원활하게 기능하기 위해서 불가피한 것이다.

바로 알기 ①, ②, ④, ⑤ 갈등론적 관점에 부합하는 진술이다.

03 하층 자녀의 노력 수준이 높을수록 계층 이동 가능성이 높아진다고 보는 A는 기능론적 관점이다. 반면 하층 자녀의 노력 수준이 높아지더라도 계층 이동 가능성이 낮다고 보는 B는 갈등론적 관점이다. ㄱ. 기능론적 관점은 차등 분배가 개인의 성취동기를 자극하여 인재를 적재적소에 배치한다고 본다. ㄴ. 기능론적 관점은 균등 분배가 개인의 성취동기를 저해한다고 본다. ㄷ. 갈등론적 관점은 차등 분배가 집단 간 대립과 갈등을 유발하여 사회 전체의 발전을 저해한다고 본다.

바로 알기 ㄹ. 갈등론적 관점은 지배 집단과 같은 특정 집단이 자신들의 기득권을 유지하기 위해 사회적 희소가치의 배분 기준을 정했다고 본다.

04 부모의 지위가 자녀에게 세습되지 않은 것으로 보아 갑국에서는 개방적 계층 구조가 나타나고 있음을 알 수 있다. ⑤ 개방적 계층 구조는 타고난 신분보다 개인의 노력이나 능력이 사회 이동의 주요 요인으로 작용한다.

바로 알기 ①, ②, ③, ④ 폐쇄적 계층 구조에 대한 설명이다.

05 ㄱ. 부모의 계층 구조가 피라미드형이므로, A는 중층, B는 상층, C는 하층이다. 표를 다시 정리하면 다음과 같다.

구분		부모의 계층			계
		상층	중층	하층	
자녀의 계층	상층	12%	6%	2%	20%
	중층	5%	15%	30%	50%
	하층	2%	10%	18%	30%
계		19%	31%	50%	100%

ㄴ. 세대 간 상승 이동을 한 비율은 38%(6% + 2% + 30%)이고, 세대 간 하강 이동을 한 비율은 17%(5% + 2% + 10%)이다. 따라서 세대 간 상승 이동이 세대 간 하강 이동보다 많다.

바로 알기 ㄷ. 부모 세대의 계층 비율은 상층이 19%, 중층이 31%, 하층이 50%이며, 자녀 세대의 계층 비율은 상층이 20%, 중층이 50%, 하층이 30%이다. 따라서 피라미드형 계층 구조에서 다이아몬드형 계층 구조로 변화하였다. ㄹ. 부모의 계층이 중층일 때, 세대 간 상승 이동한 자녀의 비율은 6%이고, 하강 이동한 자녀의 비율은 10%이다.

06 제시된 자료를 표로 다시 정리하면 다음과 같다.

구분		부모의 계층			계
		상층	중층	하층	
자녀의 계층	상층	5%	5%	10%	20%
	중층	5%	30%	25%	60%
	하층	5%	5%	10%	20%
계		15%	40%	45%	100%

ㄷ. 세대 간 이동으로 다른 계층에서 유입된 비율은 상층이 15%, 중층이 30%, 하층이 10%이므로, 중층이 가장 높다. ㄹ. 자녀 세대 계층 대비 부모와 자녀의 계층 불일치 비율은 상층이 75%(15/20), 중층이 50%(30/60), 하층이 50%(10/20)이므로, 상층이 가장 높다.

바로 알기 ㄱ. 부모 세대 계층 대비 계층 대물림 비율은 상층이 약 33%(5/15), 중층이 75%(30/40), 하층이 약 22%(10/45)이므로, 중층이 가장 높다. ㄴ. 부모 세대는 상층이 15%, 중층이 40%, 하층이 45%이므로 피라미드형 계층 구조이고, 자녀 세대는 상층이 20%, 중층이 60%, 하층이 20%이므로 다이아몬드형 계층 구조이다. 사회 통합에 유리한 계층 구조는 다이아몬드형 계층 구조이다.

극비 노트 사회 계층 구조의 유형

구분 기준	유형	내용
계층 구성원 비율	피라미드형 계층 구조	• 하층 > 중층 > 상층 • 소수의 상층이 다수의 하층을 지배
	다이아몬드형 계층 구조	• 중층 > 상층, 하층 • 사회가 비교적 안정적임
	수직형 계층 구조	완전 불평등형 계층 구조
	수평형 계층 구조	완전 평등형 계층 구조
사회 이동 가능성	폐쇄적 계층 구조	계층 간 이동 가능성이 엄격하게 제한된 계층 구조
	개방적 계층 구조	계층 간 이동 가능성이 열려 있는 계층 구조

서술형 문제

07 (2) 예시 답안 A. 계층론은 경제적 요인, 사회적 요인, 정치적 요인 등 다양한 요인으로 계층을 구분하므로 개인의 지위 중 하나 이상이 일치하지 않는 지위 불일치 현상을 설명하는 데 적합하다.

채점 기준	배점
A를 쓰고, 여러 요인의 복합적인 상호 작용으로 계층이 형성됨을 근거로 들어 지위 불일치 현상이 나타나는 이유를 정확하게 서술한 경우	상
A만 쓴 경우	하

08 예시 답안 갈등론. 갈등론적 관점은 개인의 노력과 능력에 따라 보상을 달리하는 것이 사회적인 능률을 높일 수 있다는 점을 간과하며, 집단 간 갈등과 대립을 지나치게 부각하여 사회 통합을 저해할 수 있다.

채점 기준	배점
갈등론을 쓰고, 그 한계를 두 가지 이상 정확하게 서술한 경우	상
갈등론을 쓰고, 그 한계를 한 가지만 서술한 경우	중
갈등론만 쓴 경우	하

09 예시 답안 모래시계형 계층 구조. 모래시계형 계층 구조의 사회는 계층이 양극화되어 계층 간 갈등이나 대립이 나타날 수 있어 사회가 매우 불안정하다.

채점 기준	배점
모래시계형 계층 구조를 쓰고, 그 사회의 특징을 정확하게 서술한 경우	상
모래시계형 계층 구조를 썼으나, 그 사회의 특징을 미흡하게 서술한 경우	중
모래시계형 계층 구조만 쓴 경우	하

02 다양한 사회 불평등 현상

1단계 개념 짚어 보기

본문 77쪽

01 사회적 소수자 02 ㄴ, ㄷ, ㄹ, ㅁ 03 (1) 성 불평등 (2) 차별적 사회화 04 (1) × (2) × (3) ○ 05 (1) 상대적 빈곤 (2) 절대적 빈곤 (3) 상향 06 (1) – ㉡ (2) – ㉠

2단계 내신 다지기

본문 78~80쪽

01 ④	02 ⑤	03 ④	04 ②	05 ③
06 ①	07 ④	08 ②	09 ①	10 ④
11 ②	12 ③			

01 ㉠은 사회적 소수자이다. ① 사회적 소수자는 사회적·경제적으로 약자의 위치에 있으므로 사회적 권한의 행사에서 주류 집단보다 열세에 있다. ② 사회적 소수자는 수적으로 반드시 소수인 것은 아니다. 소수자 집단을 규정하는 핵심 기준은 권력의 크기이다. ③ 사회적 소수자는 성별, 피부색과 같은 선천적 요인뿐 아니라 문화와 같은 후천적 요인에 의해서도 규정된다. ⑤ 사회적 소수자는 신체적으로나 문화적으로 주류 집단과 구별되는 차이가 있으며, 이러한 차이 때문에 차별을 받는다.

바로 알기 ④ 사회적 소수자는 사회의 다른 구성원들로부터 차별을 받으며, 자신이 차별받는 집단에 속해 있다는 의식을 지닌 사람들이다.

02 ㄱ. (가)는 우리나라에서 사회적 소수자인 외국인 노동자도 본국에서는 사회적 소수자가 아닐 수 있다는 내용이다. 이를 통해 사회적 소수자는 사회적 상황이나 여건에 따라 변화하는 상대적인 개념임을 알 수 있다. ㄷ. (나)에서 백인들에 의해 각종 차별과 불이익을 당한 흑인들은 사회적 소수자이다. 이를 통해 사회적 소수자는 사회적 권한의 행사에서 지배 집단보다 열세에 있음을 알 수 있다. ㄹ. (가)의 외국인 노동자와 (나)의 흑인은 신체적·문화적으로 주류 집단과 구별되는 특성이 있다.

바로 알기 ㄴ. 다수의 흑인이 소수의 백인에 의해 각종 차별과 불이익을 받았다는 내용을 통해 사회적 소수자는 집단의 크기에 의해 규정되지 않음을 알 수 있다.

03 제시문은 장애인 의무 고용제에 대한 설명이다. 이는 사회적 차별로 인해 기회의 평등을 실현하기 어려운 사회적 소수자를 적극적으로 우대하는 정책으로서 사회적 소수자에게 실질적으로 동등한 기회를 보장하려는 데 그 목적이 있다.

바로 알기 ① 역차별은 적극적 차별 시정 조치로 인해 소수자가 아닌 집단이 도리어 차별받게 되는 상황을 의미한다. ② 적극적 차별 시정 조치는 사회적 소수자의 이익을 보호하려는 데 목적이 있다. ③ 적극적 차별 시정 조치는 서로 다른 것을 다르게 대우하려는 것이다. ④ 적극적 차별 시정 조치는 사회적 소수자에 대한 차별을 해소하기 위한 제도적 차원의 노력에 해당한다.

04 ㉠ 태어날 때부터 타고나는 성은 생물학적 성이고, ㉡ 사회화를 통해 각 개인에게 내면화되는 성은 사회적 성이다. ㉢ 성 불평등은 생물학적 성과 사회적 성에 근거하여 특정 성이 차별받는 현상이다. ① 생물학적 성은 육체적·신체적 특징에 근거하여 결정되는 성이다. ③ 사회적 성은 사회·문화적 환경 속에서 획득·형성되는 성이므로 한 사회의 사회적 가치가 반영되어 나타난다. ④ 성 불평등은 정치, 경제, 사회·문화 등 여러 영역에서 다양한 형태로 나타난다.

바로 알기 ② 사회적 성에 따라 남성다움과 여성다움으로 구분된다.

05 제시문은 남성보다 여성의 외모가 더 중요하다는 고정 관념으로 인해 남성이 차별받아 왔다는 내용이다. 이를 통해 남성들도 성에 대한 고정 관념과 편견으로 차별받는 등 어려움을 겪는다는 것을 알 수 있다.

06 제시된 자료는 여성의 가사 노동 시간이 남성에 비해 훨씬 길다는 것을 보여 준다. ㄱ. 성 역할에 대한 의식을 전환하여 남녀가 공평하게 가사 노동을 분담해야 한다. ㄴ. 가부장제에 따른 성별 분업 방식은 이와 같은 성 불평등 현상의 원인이다.

바로 알기 ㄷ. 여성들의 높은 가사 부담은 여성들의 사회 활동에 장애 요인이 될 수 있다. ㄹ. 성의 차이를 인정하고 이것이 차별로 이어지지 않도록 상호 존중하는 자세를 가질 때 성 불평등 문제를 해결할 수 있다. 따라서 성의 차이를 인정하는 것이 성 불평등 문제를 심화한다고 볼 수 없다.

07 제시된 자료는 출산과 육아 적령기에 있는 여성(A 구간)의 경제 활동 참가율이 급격히 떨어짐을 보여 준다. ㄴ. 출산과 육아 적령기에 남성의 경제 활동 참가율은 증가하는 반면, 여성의 경제 활동 참가율이 낮아지는 것을 통해 출산과 육아를 주로 여성이 담당하고 있음을 알 수 있다. ㄹ. A 구간에서 여성의 경제 활동 참가율을 높이기 위한 방안으로 육아 휴직, 육아기 근로 시간 단축제 등과 같은 일과 가정의 양립을 지원하는 제도가 있다.

바로 알기 ㄱ. 여성의 경제 활동 참가율은 증가하다가 A 구간에서 급격히 감소하고, 30대 후반이 되면 다시 증가하다가 50세 이후 또 감소하는 M자형 구조로 나타난다. ㄷ. 성별 경제 활동 참가율 격차는 15~19세에서 가장 작게 나타난다.

08 제시문은 우리나라의 유리 천장 지수가 최하위로 나타났다는 내용으로, 성 불평등 정도가 다른 나라에 비해 높음을 보여 준다. ② 성별에 대한 선입견과 편견을 토대로 남성과 여성이 서로 다른 성 정체성과 성 역할을 습득하도록 하는 차별적 사회화는 성 불평등 현상을 심화시킨다.

09 ㉠은 빈곤이다. ② 빈곤은 범죄 증가 및 사회 불안 등을 초래하여 사회 통합을 어렵게 만든다. ③ 빈곤의 구체적인 내용은 고정된 것이 아니라 시대와 사회에 따라 변화한다. ④ 빈곤의 원인을 개인적 측면에서 찾는 시각이다. ⑤ 빈곤의 원인을 사회적 측면에서 찾는 시각이다.

바로 알기 ① 현대 사회는 예전보다 풍요로워졌지만 여전히 빈곤 문제가 나타나고 있다.

10 ㈎는 절대적 빈곤, ㈏는 상대적 빈곤에 대한 설명이다. ㄴ. 상대적 빈곤이 심화될 경우 사회 구성원들이 느끼는 상대적 박탈감이 커져 사회 통합이 어려워진다. ㄹ. 상대적 빈곤선(중위 소득의 일정 비율에 해당하는 금액)이 절대적 빈곤선(최저 생계비)보다 높으면 절대적 빈곤 가구는 모두 상대적 빈곤 가구에 속한다.
바로 알기 ㄱ. 선진국이라고 해서 절대적 빈곤 문제가 발생하지 않는 것은 아니다. ㄷ. 사회의 생활 수준이 전반적으로 향상되면 절대적 빈곤보다 상대적 빈곤의 문제가 더 커진다.

11 ② 2010년에는 절대적 빈곤율보다 상대적 빈곤율이 높으므로 최저 생계비보다 중위 소득의 50%에 해당하는 금액이 더 크다. 따라서 중위 소득은 최저 생계비의 2배 이상이다.
바로 알기 ① 2000년에는 절대적 빈곤율과 상대적 빈곤율이 같으므로 최저 생계비와 중위 소득의 50%에 해당하는 금액이 같다. ③ 2010년에는 절대적 빈곤율보다 상대적 빈곤율이 높으므로 절대적 빈곤 가구 수보다 상대적 빈곤 가구 수가 더 많다. ④ 1990년과 2010년의 총가구 수가 제시되어 있지 않으므로 가구 수를 비교할 수 없다. ⑤ 부의 불평등과 관련한 빈곤 지표는 상대적 빈곤율이다. 1990년부터 2010년까지 상대적 빈곤율은 점차 높아졌다.

극비 노트 **절대적 빈곤과 상대적 빈곤**

절대적 빈곤	• 인간이 최소한의 생활을 유지하는 데 필요한 자원이나 소득이 절대적으로 부족한 상태 • 우리나라의 절대적 빈곤선: 최저 생계비
상대적 빈곤	• 한 사회에서 다른 사람들보다 자원이나 소득을 상대적으로 적게 가져 사회 구성원 대다수가 누리는 생활 수준을 누리지 못하는 상태 • 우리나라의 상대적 빈곤선: 중위 소득의 50%

12 ③ 빈곤층에게 기초 생활비, 의료비 등을 지급하여 최소한의 기본적인 생활을 유지할 수 있도록 지원하는 것은 빈곤 문제를 해결하기 위한 사회 제도적 차원의 노력에 해당한다.
바로 알기 ①, ②, ④, ⑤ 빈곤 문제를 해결하기 위한 개인적 차원의 노력에 해당한다.

3단계 등급 올리기

본문 81쪽

01 ③ 02 ④ 03 ②
04 (1) 장애인 의무 고용제, 양성평등 채용 목표제 등 (2) 해설 참조

01 제시문은 사회적 소수자가 사회적 맥락 속에서 상대적으로 규정된다는 내용이다. 이를 통해 누구나 사회적 상황과 여건에 따라 사회적 소수자가 될 수 있음을 도출할 수 있다.

02 자료는 남성 근로자의 임금을 100으로 볼 때 여성 근로자의 임금 비율을 나타낸 것이다. ㄴ. 남성 근로자 대비 여성 근로자의 임금이 100% 미만이므로 여성 근로자는 남성 근로자에 비해 적은 임금을 받고 있다. ㄹ. 남성 근로자 대비 여성 근로자의 임금 비율이 전년도와 같다면 여성의 임금 상승률은 남성과 동일한 3%이다. 그런데 2014년 대비 2015년 남성 근로자 대비 여성 근로자의 임금 비율이 감소하였으므로, 여성 근로자의 임금 상승률은 3% 미만이다.
바로 알기 ㄱ. 남성 근로자 대비 여성 근로자의 임금 비율은 증가하다 약간 감소하였다. 하지만 매년 남성 근로자의 임금이 3%씩 상승하였기 때문에 여성의 임금 역시 지속적으로 증가하였다. ㄷ. 기준이 되는 남성 근로자의 임금이 매년 상승하여 2012년과 2015년 임금액이 서로 다르기 때문에 여성 근로자의 임금이 1.6% 감소하였다고 볼 수 없다.

03 2014년 최저 생계비는 중위 소득의 40%이므로 절대적 빈곤율은 상대적 빈곤율보다 낮다. 2016년 최저 생계비는 중위 소득의 50%이므로 절대적 빈곤율과 상대적 빈곤율이 같다. 2018년 최저 생계비는 중위 소득과 같으므로 절대적 빈곤율은 상대적 빈곤율보다 높다. ② 2016년 절대적 빈곤율과 상대적 빈곤율이 같으므로 절대적 빈곤 가구 수와 상대적 빈곤 가구 수는 같다.
바로 알기 ① 2014년 절대적 빈곤율은 상대적 빈곤율보다 낮으므로 절대적 빈곤 가구는 모두 상대적 빈곤 가구에 속한다. ③ 2018년 최저 생계비는 중위 소득과 같으므로 상대적 빈곤선(중위 소득의 50%)보다 크다. ④ 제시된 자료를 통해서는 상대적 빈곤율의 증감 여부를 알 수 없다. ⑤ 제시된 자료를 통해서는 절대적 빈곤 가구가 지속적으로 증가했는지 여부를 알 수 없다.

서술형 문제

04 (2) 예시 답안 적극적 차별 시정 조치는 사회적 소수자를 우대함으로써 실질적 평등을 실현하는 데 기여한다. 그러나 사회적 소수자 집단에 대한 우대가 사회적 소수자가 아닌 집단의 구성원들을 도리어 차별하고, 그들의 권리를 침해하는 역차별의 문제를 유발하기도 한다.

채점 기준	배점
적극적 차별 시정 조치의 의의와 한계를 모두 정확하게 서술한 경우	상
적극적 차별 시정 조치의 의의와 한계 중 한 가지만 서술한 경우	하

03 사회 복지와 복지 제도

1단계 개념 짚어 보기 본문 83쪽

01 사회 복지 02 (1) 사후 처방적 (2) 사회 03 (1) ㄱ (2) ㄷ (3) ㄴ
04 (1) – ㉠ (2) – ㉢ (3) – ㉡ 05 (1) × (2) ○ (3) ○

2단계 내신 다지기 본문 84~86쪽

01 ③	02 ④	03 ①	04 ②	05 ④
06 ②	07 (가) 공공 부조 (나) 사회 보험			08 ④
09 ⑤	10 ①	11 ③	12 ①	13 ④

01 ㉠에 들어갈 말은 사회 복지이다. 사회 복지는 사회 구성원의 기본적 삶의 요건을 충족하여 안전하고 행복한 삶을 보장하기 위한 사회적 노력으로, 사회 구성원이 언제 닥칠지 모르는 사회적 위험에 대비하는 데 도움을 준다. ⑤ 현대 사회에서는 사회 복지의 의미가 일부 취약 계층의 최저 생활을 보장하는 것뿐만 아니라 모든 국민의 인간다운 생활을 보장하는 것으로 확대되고 있다.
바로 알기 ③ 초기 자본주의 사회에서는 사회 복지의 대상이 일부 취약 계층으로 한정되었다. 그러나 현대 사회에서는 사회 복지의 대상이 모든 국민으로 확대되었다.

02 밑줄 친 '이 보고서'는 베버리지 보고서이다. ④ 베버리지 보고서의 채택 이후 모든 국민의 최소한의 인간다운 생활을 보장하는 것을 목적으로 하는 현대적 의미의 사회 복지가 확립되었다.
바로 알기 ①, ②, ③, ⑤ 초기 자본주의 사회의 사회 복지에서 강조된 내용이다.

03 갑은 보험 방식으로 국민에게 발생할 수 있는 사회적 위험을 대비하는 사회 보험에 대해 설명하고 있다. 을은 국가가 생활이 어려운 국민의 최저 생활을 보장하기 위해 금전적·물질적 급여를 제공하는 공공 부조에 대해 설명하고 있다. 병은 국가나 지방 자치 단체 등의 도움이 필요한 국민에게 돌봄, 장애인 활동 지원 등을 제공하는 사회 서비스에 대해 설명하고 있다.

04 제시된 자료는 국민 건강 보험에 관한 것으로, 사회 보험에 해당한다. ① 사회 보험은 대상자의 강제 가입을 원칙으로 한다. ③ 사회 보험은 미래의 사회적 위험에 대비하는 사전 예방적 성격을 지닌다. ④ 사회 보험은 보험료를 납부하지 않는 경우에는 혜택을 받을 수 없다. ⑤ 사회 보험은 수혜 정도와 무관하게 가입자의 부담 능력에 따라 보험료를 차등 징수하므로 소득 재분배 효과가 있다.
바로 알기 ② 사회 보험은 금전적인 지원을 원칙으로 한다.

05 ㉠에 들어갈 사회 보장 제도는 기초 연금 제도이다. 기초 연금 제도는 국민이 낸 세금을 재원으로 하여 65세 이상인 노인 중 가구의 소득 인정액이 일정 기준 이하인 노인에게 국가가 매월 연금을 지급하는 제도로, 공공 부조에 해당한다. ④ 공공 부조는 조세 부담 능력이 있는 국민이 낸 세금을 재원으로 하여 수혜자에게 무상으로 급여를 지원하는 제도이다.
바로 알기 ①, ⑤ 공공 부조는 생활 유지 능력이 없거나 생활이 어려운 국민을 대상으로 하며, 무상으로 지원하기 때문에 제도가 확대될수록 수혜자의 근로 의욕이 저하될 우려가 있다. ② 사회 서비스에 대한 설명이다. 사회 서비스는 국가와 지방 자치 단체뿐만 아니라 민간 부문의 지원을 받기도 한다. ③ 사회 보험에 대한 설명이다.

06 제시된 사례에서 장애인 활동 지원, 가사 및 간병 방문 서비스는 사회 서비스에 해당한다. ㄹ. 사회 서비스는 국가나 지방 자치 단체 등의 도움이 필요한 모든 국민의 자활 능력과 삶의 질 향상을 위해 마련된 제도이다.
바로 알기 ㄴ. 사회 서비스는 비금전적 형태의 서비스 제공을 원칙으로 한다. ㄷ. 사회 보험에 대한 설명이다.

07 첫번째 자료는 국민 기초 생활 보장 제도에 대한 설명으로, (가)는 공공 부조에 해당한다. 두번째 자료는 국민연금에 대한 설명으로, (나)는 사회 보험에 해당한다.

08 ④ 공공 부조는 생활이 어려운 국민을 대상으로 하기 때문에 모든 국민을 대상으로 하는 사회 보험에 비해 수혜 대상자의 범위가 좁다.
바로 알기 ① 공공 부조는 이미 발생한 사회적 위험에 대응하는 사후 처방적 성격이 강하다. ② 사회 보험에 대한 설명이다. ③ 공공 부조에 대한 설명이다. ⑤ 공공 부조는 국가와 지방 자치 단체가 비용 전체를 부담하여 대상자에게 소득을 제공하므로 사회 보험에 비해 소득 재분배 효과가 큰 편이다.

극비 노트 사회 보험과 공공 부조

사회 보험	• 대상: 모든 국민 • 비용: 가입자, 사용자, 국가의 공동 부담 • 특징: 강제 가입을 원칙으로 함, 사전 예방적 성격을 띰
공공 부조	• 대상: 생활 유지 능력이 없거나 생활이 어려운 국민 • 비용: 국가와 지방 자치 단체의 전액 부담 • 특징: 사후 처방적 성격을 띰

09 (가)는 강제 가입을 원칙으로 하므로 사회 보험, (나)는 모든 비용을 국가에서 부담하므로 공공 부조, (다)는 비금전적 지원을 원칙으로 하므로 사회 서비스에 해당한다. ① 사회 보험은 가입자 간 상호 부조의 원리를 기반으로 한다. ② 공공 부조는 국가가 생활이 어려운 국민의 최저 생활을 보장하기 위해 금전적·물질적 급여를 제공하는 제도이다. ③ 사회 서비스는 도움이 필요한 국민에게 상담, 재활 등의 서비스를 제공하는 제도이다. ④ 미래의 위험에 대비하는 사회 보험과 달리 공공 부조는 이미 발생한 사회적 위험에 대응하므로 사후 처방적 성격이 강하다.
바로 알기 ⑤ 사회 보험은 대상자의 수혜 정도와 무관하게 가입자의 부담 능력에 따라 보험료를 차등 징수한다.

10 제시된 두 사례는 사회 구성원이 복지 제도의 혜택을 받는 모습을 보여 준다. ㄱ, ㄴ. 복지 제도는 개인의 최소한의 인간다운 생활을 보장하고, 개인에게 경제적·사회적 자립의 기회를 제공한다.
바로 알기 ㄷ. 복지 제도는 사회 문제에 대한 사회적 책임을 강조한다. ㄹ. 복지 제도는 소득의 재분배를 통해 빈부 격차를 완화함으로써 사회 안정과 통합을 달성하는 데 기여한다.

11 ① 국가가 복지 증진을 추구하는 과정에서 사회 전체의 생산성과 효율성이 저하되는 복지병이 나타날 수 있다. ② 과도한 복지로 인해 복지 지출이 증가하여 국가의 재정 부담이 늘어날 수 있다. ④, ⑤ 국가가 복지 제도를 운용하는 과정에서 자격이 되지 않음에도 복지 혜택을 받거나 복지 혜택을 받아야 하는 국민이 실질적인 혜택을 받지 못하는 경우가 발생할 수도 있다.
바로 알기 ③ 국가의 복지 정책이 강화됨에 따라 국민이 일하지 않고 국가의 복지 제도에 의존하여 생활하려는 도덕적 해이 현상이 나타날 수 있다.

12 ㉠은 노동을 전제로 복지를 제공하는 제도로, 생산적 복지에 해당한다. ㄱ, ㄴ. 생산적 복지는 일할 능력이 있는 사람들의 근로 의욕을 높여 경제 활동 참여를 장려하며 근로 장려 세제, 직업 교육 실시 등을 통해 복지 수혜자의 자립을 지원한다.
바로 알기 ㄷ. 생산적 복지는 복지 제도에 대한 국민의 의존도가 높아져 사회 전반적으로 생산성이 떨어지는 복지 제도의 한계를 극복하기 위해 등장하였다. ㄹ. 생산적 복지는 경제적 효율성 달성과 사회적 약자 보호를 동시에 추구한다.

13 ① 근로 장려 세제는 근로 소득에 따라 산정된 근로 장려금을 지원하는 제도로, 근로와 복지의 연계성을 강조한다. ② 근로 장려 세제는 복지 수혜자의 근로 의욕을 높이고 스스로 빈곤에서 벗어나도록 돕는다는 점에서 생산적 복지 이념에 부합한다. ③ 근로 장려 세제를 통해 과도한 복지로 인해 사회 전체적으로 생산성이 떨어지는 복지 제도의 한계를 극복할 수 있다. ⑤ 총 급여액이 1,000만 원일 때 맞벌이 가구의 근로 장려금은 230만 원, 홑벌이 가구의 근로 장려금은 185만 원이므로 홑벌이 가구의 근로 장려금이 맞벌이 가구의 근로 장려금보다 더 적다.
바로 알기 ④ 근로 장려 세제는 노동하는 것을 조건으로 지원하는 제도이므로 노약자, 중증 장애인과 같이 노동 능력이 없는 사람은 복지 혜택을 받지 못한다는 한계가 있다.

3단계 등급 올리기

본문 87쪽

01 ② **02** ③ **03** ④ **04** (1) ㈎ 사회 보험 ㈏ 공공 부조 (2) 해설 참조

01 제시된 그림에서 ㈎의 질문에 대한 대답에 따라 사회 보험, 공공 부조, 사회 서비스로 구분할 수 있다. ㄱ. 사회 보험은 모든 국민을 대상으로 하며, 대상자의 강제 가입을 원칙으로 한다. ㄹ. 상담, 사회 복지 시설 이용 등의 지원을 기본으로 하는 제도는 사회 서비스이다. 따라서 A는 사회 서비스이고, B와 C는 각각 사회 보험이나 공공 부조 중 하나이다. 사회 서비스는 비금전적 지원을 원칙으로 한다.
바로 알기 ㄴ. 공공 부조는 사회 보험이나 사회 서비스와 달리 국가와 지방 자치 단체가 비용을 전액 부담하므로, 수혜자는 비용을 부담하지 않는다. ㄷ. 사회 보험, 공공 부조, 사회 서비스 중 소득 재분배 효과가 가장 큰 제도는 공공 부조이다. 따라서 A는 공공 부조이고, B와 C는 각각 사회 보험이나 사회 서비스 중 하나이다. 기초 연금 제도는 공공 부조에 해당한다.

02 갑국의 최저 생계비(1,200달러)가 중위 소득의 40%와 동일하다는 내용을 통해, 갑국의 중위 소득은 3,000달러 임을 알 수 있다. ㈎에서는 월 소득 인정액이 최저 생계비(1,200달러) 이하인 가구에 대해 생계, 의료, 주거 급여 등의 7가지 급여를 모두 지급하였다. 반면 사회 복지 제도가 변화하면서 ㈏에서는 중위 소득의 50%(1,500달러) 이하인 가구에 대해서 소득에 따라 차등적으로 교육, 주거, 의료, 생계 급여를 지급하고 있다. ③ ㈏에서 교육 급여를 받을 수 있는 기준은 중위 소득의 50%(1,500달러) 이하이다.
바로 알기 ① ㈎에서 월 소득 인정액이 1,300달러인 가구는 선정 기준인 1,200달러보다 월 소득 인정액이 많으므로 급여를 받을 수 없다. ② ㈏에서 생계 급여를 받을 수 있는 기준은 중위 소득의 30%(900달러) 이하이다. 따라서 월 소득 인정액이 1,100달러인 가구는 생계 급여를 받을 수 없다. ④ ㈎는 최저 생계비를 기준으로 급여를 지급하므로, 절대적 생활 수준을 반영한 기준을 적용하고 있음을 알 수 있다. ⑤ 월 소득 인정액이 1,000달러인 가구는 ㈎에서는 선정 기준인 1,200달러 이하에 해당하므로 모든 급여를 받을 수 있었다. 그러나 사회 복지 제도가 변화하면서 ㈏에서는 생계 급여를 제외한 교육, 주거, 의료 급여를 받을 수 있다.

03 ○○ 통장 사업은 저소득 근로자 가구를 대상으로 목돈 마련을 도와주는 것으로, 근로 소득이 있는 사람을 대상으로 하며 근로 유인 기능이 있다는 점에서 생산적 복지 이념에 부합한다. ④ 근로 소득이 있고 노동하는 것을 조건으로 지원하는 제도이므로 저소득 근로자 가구의 자활 능력을 강조한다.
바로 알기 ① ○○ 통장 사업은 신청 자격이 있는 저소득 가구의 신청으로 이루어진다. ② ○○ 통장의 지원금은 A 시에서 제공하므로 수혜자는 지원금을 부담하지 않는다. ③, ⑤ 사회 보험에 대한 설명이다.

서술형 문제

04 (2) 예시 답안 사회 보험에 드는 비용은 가입자와 사용자, 국가가 부담하며, 원칙적으로 수혜 정도와 무관하게 각자의 능력에 따라 비용을 부담한다. 따라서 보험료를 납부하지 못하는 경우 혜택을 받지 못한다.

채점 기준	배점
사회 보험의 특징을 비용의 측면에서 정확하게 서술한 경우	상
사회 보험의 특징을 비용의 측면에서 서술하지 않은 경우	하

01 사회 변동과 사회 운동

1단계 개념 짚어 보기

본문 89쪽

01 (1) 사회 변동 (2) 보편적 02 (1) ○ (2) × (3) × (4) ○ 03 (1) 갈 (2) 기 (3) 갈 04 ㄴ, ㄷ 05 ㉠ 개혁적 ㉡ 혁명적

2단계 내신 다지기

본문 90~92쪽

01 ③	02 ②	03 ④	04 진화론	05 ①
06 ⑤	07 ④	08 ⑤	09 ②	10 ③
11 ②	12 ④	13 ⑤		

01 ㉠은 사회 변동이다. ㄴ. 사회 변동의 다양한 요인은 단독으로 사회 변동을 야기할 수도 있지만, 여러 요인이 복합적으로 작용하기도 한다. ㄷ. 사회 변동은 어느 한 영역에서 나타나는 변화가 다른 영역의 변화를 유발하거나 촉진하기도 한다.

바로 알기 ㄱ. 사회 변동의 규모와 형태는 사회마다 다르게 나타난다. ㄹ. 과거에는 사회 변동이 완만하게 이루어졌다면, 최근에는 급격하고 광범위한 사회 변동이 이루어지고 있다.

02 제시된 사례에서는 증기 기관의 발명, 즉 과학과 기술의 발달이 사회 변동에 영향을 미치고 있음을 보여 준다.

03 ④ 양성평등 의식의 확산이 여성의 사회적 지위 향상으로 이어진 것은 가치관이나 이념의 변화가 사회 변동에 영향을 미친 것이다.

바로 알기 ①, ⑤는 인구 변화, ②는 과학과 기술의 발달, ③은 자연환경의 변화가 사회 변동에 영향을 미친 사례에 해당한다.

04 제시된 글에서는 생물 유기체가 진화하는 것과 같이 사회도 진화한다고 보고 있으므로, 진화론적 관점에서 사회 변동을 바라보고 있음을 알 수 있다.

05 ㄱ, ㄴ. 진화론에서는 사회가 일정한 방향성을 가지고 변동하며, 변동은 곧 진보와 발전을 의미한다고 본다.

바로 알기 ㄷ, ㄹ. 순환론에 대한 설명이다.

06 제시된 글에서는 사회의 발전과 더불어 쇠퇴의 가능성도 설명하고자 하므로, 순환론적 관점에서 사회 변동을 바라보고 있음을 알 수 있다. ⑤ 순환론은 장기적인 역사의 관점에서 사회가 생성, 성장, 쇠퇴, 해체를 반복한다고 본다.

바로 알기 ①, ③은 진화론, ②는 갈등론, ④는 기능론에 부합하는 진술이다.

07 갑은 진화론적 관점, 을은 순환론적 관점에서 사회 변동을 바라보고 있다. ㄴ. 순환론은 사회 변동을 거스를 수 없는 숙명과 같은 것으로 여기므로, 인간 행위의 역동성과 자율성을 과소평가한다는 비판을 받는다. ㄹ. 진화론과 순환론은 모두 사회 변동의 방향을 토대로 사회 변동을 파악하는 관점이다.

바로 알기 ㄱ. 진화론은 사회 변동을 진보와 발전으로 보는 관점으로, 사회 변동을 긍정적인 것으로 여긴다. ㄷ. 진화론에 제기되는 비판에 해당한다. 진화론에서는 사회의 다양한 변화 가능성을 부정하고 서구 사회를 가장 진화한 사회로 보기 때문에 서구 중심적이라는 비판을 받는다.

극비 노트 사회 변동의 방향에 관한 관점

진화론	• 사회는 일정한 방향으로 변동하며, 변동이 곧 진보임 • 사회는 단순하고 미분화된 상태에서 복잡하고 분화된 상태를 향하여 변화함
순환론	• 사회는 생성, 성장, 쇠퇴, 해체를 반복함 • 사회는 특정 방향으로 지속해서 진보하는 것이 아니라 발전과 퇴보를 반복함

08 제시된 글에서는 기능론적 관점에서 사회 변동을 바라보고 있다. ⑤ 기능론에서는 사회를 구성하는 부분들 간에 긴장이나 기능적 불균형이 나타나면 이를 조정하는 과정, 즉 균형과 안정을 되찾는 과정에서 사회 변동이 발생한다고 본다.

바로 알기 ①, ③ 갈등론에 대한 설명이다. ② 기능론에서는 사회의 질서와 안정을 중시한다. ④ 진화론에 대한 설명이다.

09 제시된 글에서는 호주제 폐지가 남성 중심적 사회에서 억압받던 여성들이 투쟁한 결과로 나타났다고 보고 있다. 이는 피지배 집단이 지배 집단에 저항하는 과정에서 사회가 변동한다고 보는 갈등론적 관점에 해당한다. ㄱ. 갈등론에 따르면 사회 변동은 사회적 희소가치를 둘러싼 집단 간의 갈등 속에서 자연스럽게 발생하는 것이다. ㄷ. 갈등론에 따르면 사회에는 항상 갈등 요소가 내재해 있고, 지배 집단과 피지배 집단 간의 경쟁과 투쟁 속에 있으므로 사회는 변동할 수밖에 없다.

바로 알기 ㄴ, ㄹ. 기능론에 대한 설명이다.

10 갑은 기능론적 관점, 을은 갈등론적 관점에서 사회 변동을 바라보고 있다. ③ 갈등론은 사회 변동을 갈등과 대립의 산물로만 이해하기 때문에 사회를 구성하는 다양한 요소의 상호 의존성을 간과한다는 비판을 받는다.

바로 알기 ①, ④ 갈등론에 대한 설명이다. ② 기능론에 대한 설명이다. ⑤ 갈등론과 기능론 모두 사회 변동을 구조적 측면에서 바라보는 관점이다.

극비 노트 사회 변동에 관한 구조적 관점

기능론	• 사회를 이루는 각 부분이 기능적으로 통합하면서 사회 전체의 질서와 안정을 유지함 • 사회 변동은 사회의 부분이나 전체가 일시적 불균형을 극복하면서 새로운 균형의 상태를 찾아가는 과정임
갈등론	• 사회 변동은 사회적 희소가치를 둘러싼 집단 간의 갈등 속에서 나타나는 자연스러운 현상임 • 기득권을 유지하려는 지배 집단에 피지배 집단이 저항하면서 사회 변동이 발생함

11 밑줄 친 '이것'은 사회 운동이다. ㄱ, ㄷ. 사회 운동은 일반적으로 뚜렷한 목표와 그 목표를 달성하기 위한 구체적인 활동 방법을 가지고 있다.
바로 알기 ㄴ, ㄹ. 사회 운동은 목표와 활동 방식을 정당화하는 이념을 가지고 있으며, 어느 정도 체계적인 조직을 가지고 있다.

12 ㄴ. 신사회 운동은 환경 운동, 소비자 운동 등과 같이 시민의 다양한 요구를 충족하고 대안적인 가치를 제시한다는 점에서 의의가 있다. ㄹ. 기존의 사회 운동과 신사회 운동 모두 다양한 사회 문제와 갈등을 해결하는 과정에서 사회 변동을 유발하기도 한다.
바로 알기 ㄱ, ㄷ. 기존의 사회 운동과 신사회 운동 모두 사회의 구조적 모순에 대한 해결책을 제시하고자 하며, 추구하는 목표를 달성하려는 체계적인 조직을 갖고 있다.

13 제시된 사례에 나타난 사회 운동의 유형은 개혁적 사회 운동이다. ⑤ 개혁적 사회 운동은 기본적으로 기존 사회 질서 내에서 개혁이 필요할 때 발생하는데, 사회 체계의 일부분을 바꾸려는 제한적인 목표를 가진다.

극비 노트 사회 운동의 유형

개혁적 사회 운동	• 기존 사회 질서에 만족하지만 개혁이 필요할 경우 발생함 • 사회 체계의 일부분을 바꾸려는 제한적인 목표를 가짐
혁명적 사회 운동	• 기존 사회 질서에 불만을 가지고 급진적인 변동을 추구할 때 발생함 • 현재의 사회 문제를 기존의 권력관계를 유지한 현 체제 내에서 해결할 수 없다고 인식하여 체제 자체를 변화시키려 함
복고적 사회 운동	• 급격한 사회 변동에 대항하여 기존의 질서를 고수하고자 할 때 발생함 • 기존 사회에 새로운 이질적인 요소가 개입하면서 기존 구성원이 위협을 느낄 때 발생하기 쉬움

3단계 등급 올리기

본문 93쪽

01 ② **02** ③ **03** ⑤ **04** (1) 순환론 (2) 해설 참조

01 ㈎는 자연환경의 변화, ㈏는 가치관이나 이념의 변화가 사회 변동의 요인으로 작용한 사례에 해당한다.
바로 알기 ㄴ, ㄷ. ㈏에서는 가치관이나 이념과 같은 정신적 요인, 즉 비물질문화의 변화가 사회 변동에 영향을 미치고 있음을 보여 준다.

02 ㈎는 진화론적 관점, ㈏는 순환론적 관점에서 사회 변동을 바라보고 있다. ③ 순환론에 따르면 사회는 진보의 과정을 거친 후에는 필연적으로 퇴보의 과정으로 나아가는 일종의 순환적인 변동을 반복한다.
바로 알기 ①, ② 순환론에 대한 설명이다. ④ 진화론에 대한 설명이다. ⑤ 갈등론은 급격한 사회 변동을, 기능론은 점진적 사회 변동을 설명하기 유용하다.

03 구조적인 측면에서 사회 변동을 바라보는 관점에는 기능론과 갈등론이 있다. 제시된 그림에서 B는 사회가 전체적인 균형과 안정을 되찾는 과정으로서 사회 변동을 이해하고 있으므로 기능론에 해당하며, 나머지 A는 갈등론에 해당한다. ⑤ 갈등론에 따르면 사회는 지배 집단과 피지배 집단 간의 경쟁과 투쟁 속에 있으므로 사회는 변동할 수밖에 없다.
바로 알기 ①, ② 기능론에 대한 설명이다. ③, ④ 갈등론에 대한 설명이다.

서술형 문제

04 (2) **예시 답안** 순환론은 단기적 사회 변동을 설명하기 어렵고, 미래를 예측하여 대응하는 데 한계가 있다. 또한 모든 문명이 생성과 쇠퇴를 반복한다는 운명론적 시각에 해당하므로, 인간 행위의 역동성과 자율성을 과소평가한다는 비판을 받기도 한다.

채점 기준	배점
순환론의 한계를 두 가지 이상 정확하게 서술한 경우	상
순환론의 한계를 한 가지만 서술한 경우	하

02 현대 사회의 변화와 대응 방안
~03 전 지구적 수준의 문제와 지속 가능한 사회

1단계 개념 짚어 보기

본문 95쪽

01 (1) 세계화 (2) 정보화 02 (1) ○ (2) ○ (3) × 03 ㉠ 평균 수명 ㉡ 생산 가능 인구 ㉢ 증가 04 (1) 해소 (2) 증가 (3) 샐러드 볼 05 (1) – ㉡ (2) – ㉠ (3) – ㉢

2단계 내신 다지기

본문 96~98쪽

01 ⑤	02 ⑤	03 ③	04 ①	05 ②
06 ②	07 ⑤	08 ②	09 ⑤	10 ③
11 ②	12 지속 가능한 사회		13 ③	

01 ㉠에 들어갈 말은 세계화이다. ㄷ. 세계 각국으로 상품, 노동력, 자본 등이 자유롭게 이동하면서 전 세계가 단일한 시장으로 통합되고 있다. ㄹ. 세계화로 국가 간 상호 의존성이 증대하면서 어느 한 지역의 문제가 전 세계적으로 영향을 미칠 수 있다.

바로 알기 ㄱ. 세계화로 인해 일부 강대국들이 국제 사회의 중요한 결정을 좌우하면서 다른 주권 국가의 자율성이 침해될 수 있다. ㄴ. 강대국 중심의 일방적인 문화 전파로 소수 민족의 문화적 정체성이 약화될 수 있다.

극비 노트 세계화에 따른 변화

경제적 측면	전 세계의 단일 시장화, 생산자의 넓은 시장 확보, 소비자의 상품 선택의 폭 확대 등 ↔ 국가 간 빈부 격차 심화, 경쟁력 없는 기업 도태 등
정치적 측면	지구촌 문제에 공동 대응, 민주주의나 인권 등의 가치 확산 등 ↔ 주권 국가의 자율성 침해 등
사회·문화적 측면	다양한 문화의 체험·향유 기회 확대, 새로운 문화 창출의 기회 확대 등 ↔ 문화의 획일화, 고유문화의 훼손 등

02 ① 교통·통신 기술의 발달에 따른 국가 간 교류 증가는 세계화의 주요 요인에 해당한다. ② 세계화로 국제 경제가 활성화되면서 소비자가 다양한 상품을 선택할 수 있는 폭이 넓어진다. ③ 세계화로 국가 간 경쟁이 심화되면서 경쟁력이 약한 국가의 산업 기반이 무너지고, 국가 간 빈부 격차가 더욱 커질 수 있다. ④ 세계화로 나타나는 문제를 해결하기 위해 인류 전체의 관점에서 세계 공동체 의식을 고려한 대응 방안을 모색해야 한다.

바로 알기 ⑤ 자문화의 특성만을 고수하려는 정책을 시행할 경우 오히려 다른 문화와 충돌이 발생할 수 있다.

03 제시된 글은 정보화에 따른 변화 모습을 보여 준다. ① 정보화는 다품종 소량 생산 방식을 확산하여 다양한 소비자의 기호를 충족시켜 준다. ② 정보화는 전자 정부, 전자 투표 등의 방법으로 국민이 정치 과정에 더욱 쉽고 효과적으로 접근할 수 있게 하여 직접 민주 정치의 실현 가능성을 높인다. ④ 뉴 미디어의 등장으로 쌍방향적인 정보의 전달이 가능해지면서 정보의 생산자와 소비자 간의 경계가 모호해지고 있다. ⑤ 정보화는 재택근무를 실현하여 기업의 생산성이나 노동자의 노동 환경을 개선한다.

바로 알기 ③ 정보 사회에서는 가상 공간을 통해 구성원들이 접촉하는 비대면적 접촉이 늘어나고 있다.

04 제시된 사례에서는 개인에 대한 특정 기관의 정보 감시와 개인 정보 유출로 인해 사생활이 침해되는 모습을 보여 준다.

바로 알기 ②, ③, ④, ⑤ 정보화의 문제점에 해당하지만, 제시된 사례와는 관련이 없다.

05 제시된 사례에서 갑이 인터넷상에서 특정 개인에 대한 허위 사실을 유포한 행위는 사이버 범죄에 해당한다. ㄱ. 정보 윤리 교육을 강화하여 개인 스스로 사이버 범죄의 가해자 또는 피해자가 되지 않도록 해야 한다. ㄹ. 정보 사회에서 정보 소비자는 정보를 비판적으로 분석하여 정확하게 평가할 수 있어야 한다.

바로 알기 ㄴ, ㄷ. 정보화의 문제점에 대한 대응 방안에 해당하지만, 제시된 사례와는 관련이 없다.

06 제시된 그림을 통해 우리나라에서 저출산·고령화 현상이 심화하고 있음을 알 수 있다. ㄱ. 저출산·고령화 현상이 심화하면 노인 인구 부양에 대한 사회적 비용 부담 및 일자리 문제와 관련하여 세대 간 갈등이 발생할 수 있다. ㄹ. 저출산·고령화 현상이 나타나면 생산 가능 인구가 줄어들어 생산 활동이 감소함으로써 국민 경제의 활력이 저하될 수 있다.

바로 알기 ㄴ. 고령화 사회에서는 노인 부양에 대한 부담이 증가하는데, 핵가족의 보편화 등으로 가족의 노인 부양 기능이 강화된다고 보기 어렵다. ㄷ. 노인 복지에 대한 정부의 지출이 늘어나 정부 재정이 악화될 수 있다.

07 저출산·고령화로 인한 문제에 대응하기 위해서는 출산율을 높이고 노인 인구 증가에 따른 문제에 대비해야 한다. 병. 출산율을 높이기 위해 양육 수당 지급, 국공립 어린이집 개설 확대 등 출산과 양육에 대한 사회적 책임을 강화해야 한다. 정. 노인 빈곤 문제를 해소하기 위해 연금 제도를 개선함으로써 노후 소득을 보장해야 한다.

바로 알기 갑. 저출산·고령화 현상에 따른 노인 빈곤 문제를 해결하기 위해 정년 연장에 대한 사회적 합의가 필요하다. 을. 저출산·고령화 현상에 따른 노동력 부족 문제를 해결하기 위해 외국인 노동력을 수용할 수 있다.

08 ㉠에 들어갈 내용은 다문화 사회이다. 그리고 ㉡에는 국제결혼, 외국인 노동자, 유학생, 북한 이탈 주민의 증가 등의 내용이 들어갈 수 있다. ① 다문화 사회에서는 여러 문화가 한 사회 속에 공존하게 되어 문화 다양성이 증대된다. ③ 다문화 사회에서 서로 다른 문화를 가진 개인 또는 집단이 서로를 이해하지 못할 경우 갈등이 발생할 수 있다.

바로 알기 ② 다문화 사회로의 변화는 저출산·고령화에 따른 노동력 부족 문제를 해결하는 데 도움이 될 수 있다.

09 다문화 사회에서 나타나는 갈등을 해소하기 위해 개인적 차원에서는 다른 문화에 관하여 편견이나 차별적인 태도를 버리고 문화적 차이를 인정하는 관용의 자세를 갖추어야 한다. 그리고 사회적 차원에서는 다문화 교육을 강화하고, 이주민의 권리를 보장하고 편견과 차별로부터 보호받을 수 있도록 법적·제도적 지원을 확대해야 한다.

바로 알기 ㅁ 서로 다른 문화적 배경을 가진 사람들이 우리 사회의 구성원으로서 함께 살아가며 적응할 수 있도록 모든 사회 구성원을 대상으로 다문화 교육과 상호 교류를 활성화해야 한다.

10 제시된 사례는 환경 문제와 전쟁과 테러에 관한 것으로, 전 지구적 수준의 문제에 해당한다. ①, ②, ④, ⑤ 전 지구적 수준의 문제는 그 원인과 영향 측면에서 개별 국가만의 문제가 아니라 국가의 경계를 넘어 유기적으로 얽힌 여러 국가가 공통으로 직면한 문제이다. 전 지구적 수준의 문제는 다음 세대에까지 그 피해가 이어지기 때문에 현재 세대뿐만 아니라 미래 세대에게도 치명적인 영향을 미칠 수 있다. 따라서 문제 해결을 위한 국제적 공동 대응이 필요하다.

바로 알기 ③ 전 지구적 수준의 문제는 특정 국가의 의지와 힘만으로는 해결하기 어려우므로, 전 지구적 차원에서 문제 해결을 위해 협력해야 한다.

극비 노트 전 지구적 수준의 문제

환경 문제	지구 온난화로 인한 기상 이변, 사막화와 열대 우림 파괴, 황사 및 미세 먼지 발생, 토양·수질·대기 오염 등
자원 문제	석유, 석탄 등과 같은 에너지 자원 고갈, 식량 자원과 물 부족 문제 발생, 한정된 자원을 둘러싼 국가 간 분쟁 발생 등
전쟁과 테러	민족 간의 대립, 이념 및 종교 갈등, 정치적·경제적 이해관계의 충돌 등으로 전쟁과 테러 발생

11 제시된 사례는 자원 문제에 해당한다. ㄱ. 한정된 자원을 둘러싸고 국가 간 분쟁과 갈등이 발생할 수 있다. ㄷ. 자원 고갈 및 분쟁 문제를 해결하기 위해서는 기존의 화석 연료를 대신할 신·재생 에너지를 개발하려는 노력이 필요하다.

바로 알기 ㄴ. 자원 사용량이 급증하고 자원에 대한 수요는 계속해서 증가하는 반면, 공급은 한정되어 있어 자원 부족 문제가 발생한다. ㄹ. 자원 문제를 해결하기 위해서는 인류가 끊임없이 자원을 사용하도록 하는 성장 위주의 정책을 개선해야 한다.

12 A는 지속 가능한 사회를 의미한다. 지속 가능한 사회는 현세대는 물론 미래 세대의 삶의 질이 함께 보장되는 사회로, 세계 시민 의식 없이는 실현하기 어렵다.

13 세계 시민은 전 지구적 수준의 문제에 지속적인 관심을 가지고, 국가를 초월한 반성과 참여 및 연대를 할 수 있어야 한다. 또한 특정한 이해관계를 초월하여 보편적인 가치를 추구하고 그것을 위해 행동하는 시민성을 갖추어야 한다.

바로 알기 ③ 세계 시민은 빈곤, 불평등 등과 같은 다양한 문제에 관해 관심을 두고, 이와 관련한 이웃의 아픔에 공감하는 자세를 갖추어야 한다.

3단계 등급 올리기

본문 99쪽

01 ③ **02** ② **03** ① **04** (1) 세계화 (2) 해설 참조

01 (가)는 개인 정보 유출을 방지하기 위한 노력, (나)는 정보 격차를 해소하기 위한 노력에 해당한다.

바로 알기 ㄱ. (가)에서는 인터넷상에서 정보 보안을 확대하고자 한다. ㄹ. (가)에서는 (나)와 달리 개인 정보 보호에 중점을 두고 있다.

02 ㄴ. 2050년 B국의 노년 부양비는 48로, 2005년의 23에 비해 두 배 이상 증가하였다. ㄷ. 2020년 C국의 노년 부양비는 25이다. 이는 생산 가능 인구 100명이 노인 인구 25명을 부양한다는 것이다. 즉 C국에서는 15~64세 인구 4명이 65세 이상 인구 1명을 부양해야 한다.

바로 알기 ㄱ. 2005년과 2015년 A국의 노년 부양비는 10으로 같지만, 전체 인구수가 제시되어 있지 않으므로 65세 이상 인구수가 같은지는 알 수 없다. ㄹ. D국의 2020년 전체 인구수가 제시되어 있지 않으므로, 전체 인구 중 65세 이상 인구 비율이 20% 이상인지는 알 수 없다.

03 (가)는 용광로 정책, (나)는 샐러드 볼 정책에 해당한다. 샐러드 볼 정책은 용광로 정책에 비해 한 사회의 문화적 동질성을 강조하는 정도는 낮은 반면, 타 문화에 관한 관용적 태도를 중시하는 정도와 여러 문화의 공존과 화합을 강조하는 정도가 높게 나타난다.

서술형 문제

04 (2) 예시 답안 세계화에 따라 각국의 문화가 활발하게 교류하면서 여러 나라의 다양한 문화를 접할 수 있고, 이를 통해 더욱 창의적이고 새로운 문화를 창출할 수 있다. 반면 강대국 중심의 일방적인 문화 전파로 지역의 고유문화가 훼손되고 문화의 획일화를 초래할 수 있다.

채점 기준	배점
세계화로 인한 문화적 측면의 변화를 두 가지 이상 정확하게 서술한 경우	상
세계화로 인한 문화적 측면의 변화를 한 가지만 서술한 경우	하

내공 점검

Ⅰ 사회·문화 현상의 탐구 102~103쪽

01 ④ 02 ① 03 ⑤ 04 ③ 05 ②
06 ① 07 ② 08 ① 09 (1) 갑 – 질문지법, 을 – 참여 관찰법 (2) 해설 참조

01 ㉠, ㉢은 자연 현상, ㉡, ㉣은 사회·문화 현상에 해당한다. ④ 자연 현상은 같은 조건에서 같은 결과가 나타나는 필연성의 원리가 적용되지만, 사회·문화 현상은 그 현상이 발생할 가능성이 확률적으로 높다는 점에서 개연성의 원리가 적용된다.

바로 알기 ①, ③ 사회·문화 현상에 대한 설명이다. ② 자연 현상에 대한 설명이다. ⑤ 자연 현상은 같은 조건에서 특정한 현상이 대부분 나타난다는 점에서 보편성을 지닌다. 사회·문화 현상은 보편성을 띠기도 하지만, 시대나 사회적 상황에 따라서 특수성을 띠기도 한다. 따라서 자연 현상은 사회·문화 현상에 비해 보편성이 강하게 나타난다.

02 갑은 기능론적 관점, 을은 상징적 상호 작용론적 관점, 병은 갈등론적 관점에서 노인 소외 문제를 바라보고 있다. ① 기능론에 따르면 사회의 구성 요소는 서로 긴밀한 관계를 맺으며, 사회 전체가 합의한 규범에 따라 사회의 존속과 통합을 위해 필요한 기능을 수행한다.

바로 알기 ②는 갈등론, ③은 기능론, ④는 상징적 상호 작용론에 대한 설명이다. ⑤ 사회 구조적 측면에서 사회·문화 현상을 이해하려는 입장은 거시적 관점으로, 대표적으로 기능론과 갈등론이 있다. 미시적 관점은 개인 간의 상호 작용과 인간의 행위에 담긴 의미 등에 초점을 두는 관점으로, 대표적으로 상징적 상호 작용론이 있다.

03 (가)는 양적 연구 방법, (나)는 질적 연구 방법에 해당한다. ㄷ. 양적 연구 방법은 경험적 자료를 통계적으로 분석함으로써 일반화된 법칙을 이끌어 내는 데 용이하다. 반면 질적 연구 방법은 연구자의 주관이 개입될 수 있어 연구 결과를 일반화하기 어렵다. ㄹ. 질적 연구 방법은 행위 자체를 분석하는 양적 연구 방법과 달리 행위의 동기를 주된 분석 대상으로 삼는다.

바로 알기 ㄱ. 질적 연구 방법에 대한 설명이다. ㄴ. 양적 연구 방법에 대한 설명이다.

04 (가)는 질문지법, (나)는 면접법, (다)는 실험법, (라)는 참여 관찰법에 해당한다. ③ 참여 관찰법은 연구자가 연구 대상자의 일상생활에 직접 참여하여 현상을 관찰하므로, 실험법에 비해 일상생활을 심층적으로 파악할 수 있다.

바로 알기 ① 질문지법은 글을 통해, 면접법은 대화를 통해 자료를 수집한다. 따라서 질문지법과 면접법 모두 언어적 상호 작용이 필수적이다. ② 면접법은 실험법에 비해 연구자의 주관이나 가치가 개입될 가능성이 크다. ④ 참여 관찰법은 조사 대상자의 행위가 발생하는 장소에 특정한 시간에 가서 관찰해야 하므로, 시간과 공간의 제약을 크게 받는다. ⑤ 질문지법과 실험법은 양적 연구에서, 면접법과 참여 관찰법은 질적 연구에서 주로 활용된다.

05 (가)는 연구 문제 인식 단계, (나)는 자료 수집 단계, (다)는 가설 설정 단계, (라)는 자료 분석 단계, (마)는 연구 설계 단계에 해당한다. 따라서 '(가)–(다)–(마)–(나)–(라)' 순으로 연구가 진행된다.

06 ① (가)의 연구 문제 인식 단계에서는 연구자의 주관이나 가치가 고려되는 가치 개입이 허용된다.

바로 알기 ② (가)에서 사용된 질문지법은 양적 연구에 적합한 자료 수집 방법이다. ③ (다)에서 연구 문제에 대한 잠정적 결론인 가설이 설정되었다. ④ (라)에서 가설이 타당하다고 입증되었으므로, 가설은 수용되었다. ⑤ (마)에서 스마트폰 게임 중독 정도는 스마트폰 게임 빈도 및 시간으로, 부모와 자녀 간 유대 정도는 부모와 자녀 간 대화 시간으로 조작적 정의가 이루어졌다.

07 제시된 글에서는 자신의 주장이 잘못될 수 있음을 인정하고 다른 사람의 주장이나 비판을 인정하는 태도인 개방적 태도의 중요성을 강조하고 있다.

08 연구자 갑은 연구 대상자인 을에게 해로운 영향을 줄 수 있는 실험을 함으로써 인권을 침해하였다.

주관식+서술형 문제

09 (2) **예시 답안** 참여 관찰법은 질문지법에 비해 연구 대상에 대해 심층적으로 파악하기 용이하며, 실제성이 높은 생생한 자료를 확보할 수 있다.

채점 기준	배점
참여 관찰법이 질문지법에 비해 갖는 장점을 두 가지 이상 정확하게 서술한 경우	상
참여 관찰법이 질문지법에 비해 갖는 장점을 한 가지만 서술한 경우	중
질문지법과 비교하지 않고 참여 관찰법의 장점을 서술한 경우	하

Ⅱ 개인과 사회 구조 104~105쪽

01 ④ 02 ③ 03 ② 04 ⑤ 05 ⑤
06 ④ 07 ②
08 (1) 머튼의 아노미 이론 (2) 해설 참조

01 ㈎는 사회의 우월성을 강조하는 사회 실재론, ㈏는 개인의 우월성을 강조하는 사회 명목론에 해당한다. ㄴ, ㄹ. 사회 실재론은 사회 규범의 구속성을 강조하며, 사회는 개인과 구별되는 독자적인 속성을 가진다고 본다. ㄱ, ㄷ. 사회 명목론은 사회를 개인들이 모여 있는 집합체에 붙여진 이름에 불과하다고 보므로, 사회 현상을 연구할 때 개인의 특성과 행동 양식에 초점을 둔다.

02 ㉠은 가족, ㉡은 학교이다. ① 가족은 구성원 간 친밀한 대면 접촉을 바탕으로 전인격적인 만남이 이루어지므로 1차 집단이고, 학교는 구성원 간 간접적 접촉과 수단적 만남이 이루어지므로 2차 집단이다. ② 가족은 구성원의 본질적 의지에 의해 자연 발생적으로 형성되었으므로 공동 사회이고, 학교는 특정한 목적을 달성하기 위해 구성원의 선택적 의지에 의해 형성되었으므로 이익 사회이다. ④ 가족은 기초적인 수준의 사회화를 담당하므로 1차적 사회화 기관이고, 학교는 전문적인 지식과 기능의 사회화를 담당하므로 2차적 사회화 기관이다. ⑤ 가족은 사회화를 목적으로 형성되지 않았으나 부수적으로 사회화 기능을 수행하므로 비공식적 사회화 기관이고, 학교는 사회화를 목적으로 설립되었으므로 공식적 사회화 기관이다.

바로 알기 ③ 공식 조직은 특정 목적을 달성하기 위해 의도적이고 합리적인 기준에 따라 만들어진 사회 집단으로, 학교는 이에 해당한다. 비공식 조직은 공식 조직 내에서 공통의 관심사나 취미를 가진 구성원들이 자발적으로 만든 사회 집단으로, 가족은 이에 해당하지 않는다.

03 ㄱ. 배우라는 꿈을 실현했다는 것으로 보아 소속 집단과 준거 집단이 일치함을 알 수 있다. ㄹ. 배우와 교수는 후천적인 노력으로 획득한 성취 지위에 해당한다. 갑은 배우와 교수라는 서로 다른 지위에 따른 역할이 충돌하여 역할 갈등을 겪고 있다.

바로 알기 ㄴ. 대중의 인기는 갑의 역할 행동에 대한 보상이다. ㄷ. 대학은 사회화를 목적으로 설립된 공식적 사회화 기관이며, 전문적인 지식과 기능의 사회화를 담당하는 2차적 사회화 기관이다.

04 제시문은 한국인의 강한 내집단 의식에 대한 내용으로, 내집단 의식이 공동체성을 강화하지만 차이와 다양성을 용인하지 못한다는 단점을 지적하고 있다. 이를 통해 내집단 의식이 외집단에 대한 배타적인 태도로 이어져 사회 통합을 저해할 수 있음을 도출할 수 있다.

05 ㉠은 시민 단체, ㉡은 이익 집단이다. 시민 단체와 이익 집단은 공통의 관심사나 목표를 가진 사람들이 자발적으로 결성한 자발적 결사체에 해당한다. 자발적 결사체의 구성원들은 뚜렷한 목표와 신념을 가지고 적극적으로 조직 활동에 참여한다. 한편, 자발적 결사체의 증가는 사회의 다원화와 민주화를 촉진하는 데 기여한다.

바로 알기 ㄱ. 시민 단체와 이익 집단은 자발적 결사체이면서 공식 조직이다.

06 기업의 조직 형태가 관료제 조직에서 탈관료제 조직의 형태인 팀제 조직으로 바뀌었다. ㄴ, ㄹ. 탈관료제 조직은 외부 환경 변화에 유연하게 대처할 수 있고, 신속한 의사 결정이 가능하다. 하지만 조직의 안정성이 떨어져 개인에게 심리적 부담감을 줄 수 있다는 한계가 있다.

바로 알기 ㄱ, ㄷ. 관료제 조직에 대한 설명이다.

07 ㈎는 특정한 행위를 일탈 행동이라고 규정하기 때문에 일탈 행동이 발생한다고 설명하므로 낙인 이론에 해당한다. ㈏는 일탈자와 접촉하여 일탈 행동을 학습함으로써 일탈자가 된다고 설명하므로 차별 교제 이론에 해당한다. ① 낙인 이론은 주변인의 부정적 반응, 즉 낙인이 일탈 행동을 유발한다고 본다. ③ 차별 교제 이론은 일탈 집단과의 상호 작용 과정에서 일탈이 학습된다고 본다. ④ 낙인 이론과 차별 교제 이론 모두 일탈 행동이 타인과의 상호 작용에서 비롯된다고 본다. ⑤ 낙인 이론은 사회적 낙인에 대한 신중한 접근을, 차별 교제 이론은 일탈자와의 접촉 차단 및 정상적인 집단과의 교류 촉진을 일탈의 해결 방안으로 제시한다.

바로 알기 ② 일탈 행동에 대한 판단 기준이 상대적이라는 것은 일탈을 규정하는 객관적 기준이 없다는 것을 의미한다. 낙인 이론은 일탈을 규정하는 객관적 기준이 없다고 보지만, 차별 교제 이론은 일탈을 규정하는 객관적 기준이 있다고 본다.

주관식+서술형 문제

08 (2) 예시 답안 사회 구성원에게 목표 달성을 위한 공평한 기회를 제공하도록 제도를 개선한다.

채점 기준	배점
사회 구성원에게 목표 달성을 위한 공평한 기회를 제공하도록 제도를 개선한다고 정확하게 서술한 경우	상
제도적 수단을 제공한다고 서술한 경우	하

Ⅲ 문화와 일상생활 106~107쪽

01 ⑤	02 ③	03 ④	04 ③	05 ①
06 ②	07 ④	08 (1) (가) 문화 동화 (나) 문화 융합		

(2) 해설 참조

01 (가)는 학습성, (나)는 공유성, (다)는 전체성이다.

바로 알기 ⑤ 인터넷의 발달로 전자 투표와 전자 상거래가 등장한 것은 한 부분의 변화가 다른 부분에 영향을 미친 것이므로, 문화의 전체성을 설명하는 데 적합한 사례이다.

02 갑은 서로 다른 사회의 젓가락 문화가 지니는 공통점과 차이점을 비교하는 방법으로 젓가락 문화를 이해하려고 하므로, 비교론적 관점에서 연구를 진행하고자 함을 알 수 있다. 을은 우리나라의 젓가락 문화의 의미를 다른 문화 요소와의 연관성 속에서 파악하려고 하므로, 총체론적 관점에서 연구를 진행하고자 함을 알 수 있다. ㄴ. 비교론적 관점은 다른 문화와의 비교를 통해 자기 문화의 특징을 객관적으로 이해할 수 있게 한다. ㄷ. 총체론적 관점은 특정 문화 현상을 다른 문화 요소나 전체 문화와의 관련성 속에서 이해하려는 관점이다.

바로 알기 ㄱ. 총체론적 관점에 대한 설명이다. ㄹ. 비교론적 관점에 대한 설명이다. 비교론적 관점은 서로 다른 문화 간의 유사성과 차이점을 분석하여 문화의 보편성과 특수성을 이해하려는 관점이다.

03 (가)는 문화 상대주의, (나)는 자문화 중심주의, (다)는 문화 사대주의에 해당한다. ①, ⑤ 문화 상대주의는 문화 간에 우열이 존재하지 않으며, 모든 문화는 서로 다른 자연환경, 역사적 배경, 사회적 맥락에 따라 형성된 것이므로 각자 나름의 고유한 가치가 있다고 보는 관점이다. ② 자문화 중심주의적 태도를 가지고 자기 문화만을 우수한 것으로 여겨 다른 사회와의 문화 교류를 거부할 경우 국제적 고립을 초래할 수 있다. ③ 문화 사대주의적 태도를 가지고 다른 사회의 문화를 무분별하게 수용할 경우 자기 문화의 주체성을 상실할 우려가 있다.

바로 알기 ④ 자문화 중심주의는 자기 문화만을 우수한 것으로 여기고 다른 문화를 배척하기 때문에 문화 사대주의에 비해 선진 문물을 수용하는 데 불리하다.

04 A 문화는 주류 문화, B 문화는 하위문화, C 문화는 반문화에 해당한다. ③ 반문화는 주류 문화의 문제를 노출시킴으로써 이에 대한 성찰의 계기를 마련하여 사회가 바람직한 방향으로 변화하는 데 도움을 주기도 한다.

바로 알기 ① 주류 문화는 여러 하위문화를 통틀어서 일컫는 말이 아니다. 따라서 주류문화는 하위문화의 총합으로 설명할 수 없다. ② 하위문화가 주류 문화로 수렴되는 것은 문화가 획일화된다는 것을 의미한다. 그러나 하위문화는 사회가 다원화되고 복잡해질수록 다양해지므로 주류 문화로 수렴되지 않는다. ④ 하위문화와 반문화는 모두 집단 간 갈등을 초래하여 사회 통합을 저해할 수 있다. ⑤ 하위문화와 반문화는 모두 시대나 사회에 따라 상대적으로 규정되므로 사회가 변화함에 따라 주류 문화가 되기도 한다.

05 ㄱ. (가)는 대중문화가 대중 매체를 통해 동일한 정보를 제공함으로써 사람들의 사고나 행동을 획일화한다고 본다. ㄴ. (나)는 대중문화가 지나치게 상업성을 추구할 경우 문화의 질이 낮아질 수 있다고 본다.

바로 알기 ㄷ. (나)는 대중문화의 상업성이 지나치게 강조될 경우 대중문화의 질이 낮아질 수 있고, 이를 접하는 대중의 비판 의식 또한 약화될 수 있다고 본다. ㄹ. (가)와 (나)는 모두 대중문화의 역기능을 우려한다.

06 (가)는 문화 변동의 내재적 요인에 해당하므로 발명, (다)는 다른 문화에서 아이디어를 얻어 새로운 문화 요소를 만들어내는 것이므로 자극 전파에 해당한다. 따라서 나머지 (나)는 직접 전파이다. ㄱ. 불교 사상이라는 새로운 사상의 등장은 발명에 해당한다. 발명의 대상은 물질적인 것일 수도 있고 종교, 관념과 같이 비물질적인 것일 수도 있다. ㄷ. 우리나라 사람들이 다른 사회의 문화 요소인 한자의 영향을 받아 이두라는 새로운 문화 요소를 만든 것은 자극 전파의 사례에 해당한다.

바로 알기 ㄴ. 직접 전파는 한 사회가 다른 문화와 교류하거나 접촉하는 등 사회 외부의 요인에 의해 문화 요소가 전해지는 것으로, 지배 사회의 강제력에 의해서만 나타나는 것은 아니다. ㄹ. 발명, 직접 전파, 자극 전파는 모두 사회의 문화적 다양성에 기여한다.

07 제시된 글에서는 새로운 기술이 적용되는 스마트폰의 발전 속도를 현행 특허 제도가 따라가지 못하는 문화 지체 현상이 나타나고 있음을 보여 준다.

바로 알기 ①, ②, ⑤ 문화 변동 과정에서 발생하는 문제점에 해당하지만 제시된 글과는 관련이 없다. ③ 아노미 현상에 대한 설명이다. 아노미 현상은 문화 변동 과정에서 기존의 전통적 규범과 가치관이 무너졌으나, 이를 대체할 새로운 규범이 아직 정립되지 못하여 사회적 혼란이 발생하는 현상을 말한다.

주관식+서술형 문제

08 (2) 예시 답안 문화 동화는 기존 사회의 문화가 다른 사회의 문화 체계 속에 흡수되는 것으로, 외래문화와 교류하는 과정에서 자문화의 정체성을 상실할 우려가 있다. 그러나 문화 융합은 서로 다른 사회의 문화가 결합하여 새로운 문화가 만들어지는 것으로, 자문화의 정체성이 보존될 수 있다.

채점 기준	배점
자문화의 정체성을 보존 또는 상실하는지 여부를 포함하여 문화 동화와 문화 융합의 차이점을 정확하게 서술한 경우	상
문화 동화와 문화 융합의 의미만 비교하여 서술한 경우	하

Ⅳ 사회 계층과 불평등 108~109쪽

01 ② 02 ③ 03 ① 04 ④ 05 ③
06 ④ 07 ⑤ 08 (1) 성 불평등 (2) 해설 참조

01 (가)는 기능론적 관점, (나)는 갈등론적 관점에서 사회 불평등 현상을 바라보고 있다. ㄱ. 기능론적 관점에서는 사회 불평등 현상이 개인의 성취동기를 자극하여 사회의 유지와 발전에 기여한다고 본다. ㄹ. 갈등론적 관점은 차등 보상이 주는 긍정적인 기능을 간과할 수 있다는 한계가 있다.
바로 알기 ㄴ. 기능론적 관점에 대한 설명이다. 기능론적 관점에서는 사회 불평등 현상을 사회 유지와 발전을 위해 불가피한 것으로 본다. ㄷ. 갈등론적 관점에 대한 설명이다. 갈등론적 관점에서는 사회 불평등 현상을 지배 집단이 자신의 기득권을 유지하기 위해 사회적 자원을 불공정하게 분배한 결과라고 본다.

02 ① (가)에서 동일한 계층 내에서 위치가 이동한 것은 수평 이동에 해당한다. ② (나)에서 백정의 아들이 백정의 신분에서 벗어난 것은 세대 간 이동에 해당한다. ④ (다)에서 가난한 농민의 아들에서 대기업 회장으로 계층적 위치가 변한 것은 세대 간 이동, 일반 사원에서 대기업 회장으로 계층적 위치가 변한 것은 세대 내 이동에 해당한다. ⑤ (나)에는 신분제 폐지라는 급격한 사회 변동에 의한 구조적 이동이 나타나 있다.
바로 알기 ③ (다)에서 일반 사원이 대기업 회장으로 계층적 위치가 변한 것은 수직 이동 중 상승 이동에 해당한다.

03 사회 계층 구조를 계층별 구성원의 비율에 따라 구분할 때 A국의 계층 구조는 다이아몬드형 계층 구조, B국의 계층 구조는 피라미드형 계층 구조에 해당한다. ㄴ. 피라미드형 계층 구조는 소수의 상층이 대부분의 사회적 자원을 독점하는 계층 구조이다.
바로 알기 ㄷ. 사회 안정에 기여하는 중층의 역할은 피라미드형 계층 구조보다 다이아몬드형 계층 구조에서 더 크게 나타난다. ㄹ. 제시된 자료는 A국과 B국의 계층 구성원의 비율만 나타나 있으므로 사회 이동 가능성은 알 수 없다.

04 제시된 글을 통해 특정 사회에서 사회적 소수자로 규정된 사람이 다른 사회에서는 사회적 소수자로 규정되지 않을 수 있다는 것을 알 수 있다. ④ 사회적 소수자는 정해져 있는 것이 아니라 시대, 장소, 소속 집단의 범주 등 상황과 여건에 따라 상대적으로 규정된다.
바로 알기 ① 사회적 소수자는 사회적 요인에 따라 후천적으로 결정된다. ② 사회적 소수자는 그 수의 많고 적음이 아니라 권력이나 사회적 영향력의 크기에 따라 결정될 수 있다. ③ 사회적 소수자는 신체적으로나 문화적으로 다른 집단과 구별되는 뚜렷한 특징이 있다. ⑤ 사회적 소수자는 상대성을 가지기 때문에 한 사회에서 사회적 소수자로 규정된 사람이 다른 사회에서는 사회적 소수자로 규정되지 않을 수도 있다.

05 ㉠은 절대적 빈곤, ㉡은 상대적 빈곤이다. ③ 경제가 성장할수록 상대적 빈곤을 측정하는 기준인 상대적 빈곤선도 함께 높아진다.
바로 알기 ① 상대적 빈곤에 대한 설명이다. 우리나라에서는 중위 소득의 50%를 기준으로 그에 미달하는 경우를 상대적 빈곤으로 본다. ② 절대적 빈곤에 대한 설명이다. 우리나라의 절대적 빈곤선은 최저 생계비이며, 이에 미달하는 가구를 절대적 빈곤 상태에 있다고 본다. ④ 절대적 빈곤과 상대적 빈곤은 모두 객관적인 기준에 의해 정해진다. ⑤ 절대적 빈곤은 생존에 필요한 자원의 결핍, 상대적 빈곤은 부의 불평등과 관련이 깊다.

06 (가)는 사회 보험, (나)는 공공 부조, (다)는 사회 서비스이다. ㄴ. 공공 부조는 무상으로 지원하기 때문에 수혜자들의 근로 의욕을 저해할 수 있다는 비판을 받기도 한다. ㄹ. 사회 서비스는 사회 보험이나 공공 부조와 달리 비금전적 형태의 서비스 제공을 원칙으로 한다.
바로 알기 ㄱ. 공공 부조에 대한 설명이다. 공공 부조는 대상자 선정 과정에서 일정한 자격을 요구하기 때문에 인권 침해나 낙인 문제가 발생할 수 있다. ㄷ. 공공 부조는 이미 발생한 사회적 위험에 대응하는 제도이므로 사회 보험에 비해 사후 처방적 성격이 강하다.

07 ①, ③ 근로 장려 세제는 복지와 노동을 연계하는 제도로, 생산적 복지를 추구한다. ② 근로 장려 세제는 소득이 일정 수준을 넘으면 근로 장려금을 줄임으로써 복지 수혜자가 자립할 수 있도록 돕는다. ④ 근로 장려 세제는 노동하는 것을 조건으로 지원하는 제도이므로, 일할 능력이 없는 계층은 복지 혜택을 받을 수 없다는 한계가 있다.
바로 알기 ⑤ 근로 장려 세제는 과도한 복지 지출을 줄이고 저소득 근로자 가구의 근로 활동을 장려함으로써 경제적 효율성을 높이고자 한다.

주관식+서술형 문제

08 (2) 예시 답안 성 불평등 현상을 해결하기 위해서는 성에 대한 고정 관념 및 편견을 버리고 양성평등 의식을 함양해야 한다. 또한 양성평등 원칙에 어긋나는 법과 제도를 개선하여 평등한 승진 기회 및 근무 환경을 보장해야 한다.

채점 기준	배점
성 불평등 현상을 해결하기 위한 노력을 두 가지 이상 정확하게 서술한 경우	상
성 불평등 현상을 해결하기 위한 노력을 한 가지만 서술한 경우	하

Ⅴ 현대의 사회 변동 110~111쪽

01 ④ 02 ③ 03 ① 04 ② 05 ⑤
06 ③ 07 ③ 08 (1) 다문화 사회 (2) 해설 참조

01 ㈎는 과학과 기술의 발달이 사회 변동을 이끌 수 있음을 보여 준다. 과학과 기술의 발달은 사회 변동을 가져오는 주요 요인이다. ㈏는 가치관이나 이념의 변화가 사회 변동을 이끄는 모습을 보여 준다.

02 갑은 진화론적 관점, 을은 순환론적 관점에서 사회 변동을 바라보고 있다. ③ 순환론은 사회가 생성, 성장, 쇠퇴, 해체를 반복한다고 보기 때문에 현대 사회가 과거 사회보다 모든 면에서 우월하다고 보지는 않는다.

바로 알기 ①, ④는 순환론, ②, ⑤는 진화론에 대한 설명이다.

03 제시된 글에서는 기능론적 관점에서 사회 변동을 바라보고 있다. ㄱ, ㄴ. 기능론은 사회의 안정과 유지를 중시하는 보수적 관점으로, 혁명과 같은 급격한 사회 변동을 설명하기 어렵다는 비판을 받는다.

바로 알기 ㄷ, ㄹ. 갈등론에 대한 설명이다. 갈등론에서는 사회 변동을 사회적 희소가치를 둘러싼 집단 간 갈등 속에서 나타나는 보편적인 현상으로 본다.

04 갑은 세계화의 긍정적 영향을, 을은 세계화의 부정적 영향을 강조하고 있다. 갑의 주장을 을이 비판하기 위해서는 세계화의 부정적 영향에 대한 근거를 제시해야 한다. ①, ③, ④, ⑤ 세계화의 부정적 영향에 해당한다.

바로 알기 ② 세계화의 긍정적 영향에 해당한다.

05 제시된 글에서는 정보의 소유와 접근 정도에 따라 계층 간에 정보 격차가 나타나고 있음을 보여 준다. ⑤ 정보 격차를 해소하기 위해서는 정보 취약 계층이 정보에 쉽게 접근할 수 있도록 정보 통신 기기를 지원하거나 정보 통신 요금을 인하해야 한다. 또한 정보 활용 방법에 관한 교육을 하여 정보 취약 계층이 정보를 이용할 수 있는 능력을 키울 수 있게 해야 한다.

바로 알기 ①, ②, ③, ④ 정보화의 대응 방안에 해당하지만, 제시된 사례와는 관련 없다.

06 제시된 표를 통해 우리나라에서 저출산·고령화 현상이 더욱 심화할 것임을 추론할 수 있다. ㄴ. 저출산·고령화 현상이 심화하면 생산 가능 인구가 줄어들어 생산성이 저하되고, 이는 국민 경제의 활력 저하로 이어질 수 있다. ㄷ. 저출산·고령화 현상은 개인만의 문제가 아니므로 사회적으로 출산을 장려하고 노인 인구 증가에 따른 여러 가지 사회 문제에 대비해야 한다.

바로 알기 ㄱ. 출산율이 낮아지고 전체 인구에서 노인 인구가 차지하는 비율이 증가하면 인구 정체와 감소가 나타날 가능성이 높아진다. ㄹ. 고령화 현상이 심화하면 노인에 대한 복지 지출 증가 등 사회 전체적으로 노인 부양에 대한 부담이 증가할 것이다.

07 ㉠은 자원 문제, ㉡은 환경 문제, ㉢은 전쟁과 테러이다. 이는 모두 전 지구적 수준의 문제에 해당한다. ① 한정된 자원을 둘러싸고 국가 간에 갈등이 발생할 수 있다. ② 자원 고갈 및 분쟁 문제를 해결하기 위해 기존의 화석 연료를 대신할 신·재생 에너지를 개발할 필요가 있다. ④ 전쟁과 테러는 다양한 종류의 폭력을 행사하여 사회적 공포 상태를 일으키며, 인간의 존엄성과 평화와 같은 인류의 보편적 가치를 근본적으로 저해한다.

바로 알기 ③ 환경 문제는 특정 지역이나 국가에서 나타나는 문제가 다른 지역이나 전 지구적 차원에까지 영향을 미친다는 특징이 있다.

주관식+서술형 문제

08 (2) 예시 답안 다문화 사회로의 변화는 문화 다양성을 강화하여 문화 발전의 가능성을 높이고, 저출산·고령화에 따른 노동력 부족 문제를 해결하는 데 이바지할 수 있다. 하지만 여러 문화가 공존하면서 서로 다른 문화를 가진 집단 간의 대립과 사회 혼란이 발생할 수도 있다.

채점 기준	배점
다문화 사회의 영향을 두 가지 이상 정확하게 서술한 경우	상
다문화 사회의 영향을 한 가지만 서술한 경우	하

memo

memo

내·공·의·힘·시·리·즈 단기간에 핵심만 빠르게, 내신 만점을 위한 공부법을 제시합니다.

대표전화 1544-0554
주소 서울특별시 구로구 디지털로33길 48 대륭포스트타워 7차 20층